校长课程规划力提升研究

郑凤姚 ◎ 编著

XIAOZHANG KECHENG GUIHUALI
TISHENG YANJIU

·广州·

版权所有 翻印必究

图书在版编目（CIP）数据

校长课程规划力提升研究／郑凤姚编著.—广州：中山大学出版社，2021.3
ISBN 978-7-306-07147-7

Ⅰ.①校… Ⅱ.①郑… Ⅲ.①小学—校长—学校管理 Ⅳ.①G627.1

中国版本图书馆 CIP 数据核字（2021）第039426号

出 版 人：	王天琪
策划编辑：	张 蕊
责任编辑：	潘弘斐
封面设计：	曾 斌
责任校对：	赵 冉
责任技编：	何雅涛
出版发行：	中山大学出版社
电 话：	编辑部 020-84111997，84111996，84113349
	发行部 020-84111998，84111981，84111160
地 址：	广州市新港西路135号
邮 编：	510275　　传　真：020-84036565
网 址：	http://www.zsup.com.cn　E-mail:zdcbs@mail.sysu.edu.cn
印 刷 者：	广东虎彩云印刷有限公司
规 格：	787mm×1092mm　1/16　13.5印张　260千字
版次印次：	2021年3月第1版　2021年3月第1次印刷
定 价：	48.00元

如发现本书因印装质量影响阅读，请与出版社发行部联系调换

序 言

《校长课程规划力提升研究》一书，是中山市东区朗晴小学郑凤姚校长及其广东省（中山市）名校长工作室全体成员（中山三乡镇大布小学简艳校长、中山市沙溪镇云汉小学宁云志校长、中山市石岐太平小学郑结霞校长、中山市板芙镇新联小学郑少君校长、中山市黄圃镇新沙小学冯祐培校长、中山市东升镇同乐小学李正可校长、中山市阜沙中心小学梁业昌校长、中山市小榄镇联丰小学刘策校长、中山市南朗镇云衢小学阮连凤校长、中山市东凤中心小学黄遂明校长、中山市坦洲镇裕洲小学潘虹校长、中山市三乡镇载德小学彭伶俐校长、中山市西区小学苏文森校长）多年来不断进行课程创新、努力开展科学研究的心血结晶。能有幸为此书撰写序言，是因为我十分幸运地见证了郑校长及工作室全体校长们孜孜以求、不懈探索的过程。

说起与郑校长相识相知的缘分，要衷心感谢中山市教师进修学院的高科院长。2015年，我应中山市教师进修学院的邀请，为中山市的优秀班主任代表进行基于平板电脑的媒介素养课程展示及培训。在观摩一期培训后，高院长特别兴奋地对我说："哎呀，有位校长你一定要见见！"高院长当时热切的语气、炯炯的目光让我至今难忘。在第二期培训中，身材娇小、穿着优雅的郑校长如期而至，但她只是静静地置身于参训教师之中，认真地倾听、记录。课后，我们进行了简短的交流，但限于时间，我除了觉得这位校长言谈恳切、态度谦和，并没能有更多的了解。

2016年年初，当我有幸开始与中山市东区教育事务指导中心开展合作，每月一次赴东区各校进行深入研究后，我对郑校长及她的魅力逐渐有了更多认识。例如，初到东区不久，我就从家长口中听说，郑校长是一位有教育情怀的校长。如果追问家长为什么会这样信赖郑校长，很多家长都会不约而同地提道：十几年来，郑校长只要不是出差在外，每天早上都会风雨无阻地出现在校门口，为每一位孩子送上热情的问候、开心的笑容。试问这么用心、用情的校长怎能不让孩子喜欢、让家长安心？有很多教师跟我说，郑校长有一种魅力，她总能在大家疲劳懈怠时，用短短几句温婉的话便让大家重燃激情。走进朗晴小学,你会发现这里每个月都有新变化:教室的布局、桌椅摆放更利于学生们活动了;校园的公共空间更方便孩子们阅读、合作了;小小露台变成了精巧的菜园,不仅给孩子们提供了参与劳动、认识自然的机会,也让老师的教学更加生动丰富了……我扎扎实实地感受到郑校长对孩子们浓浓的爱,感受到她对教育事业的无限热忱。

然而,郑校长对教育事业的投入、热爱,并不只是情感上的。随着与郑校长及学校师生交流的深入,我意识到郑校长在学校课程建设上的思考及努力更是她用心、着力的重点。因为她深知学校最重要的工作是育人,而优质、前沿的课程是学校顺利实现育人目标的载体。看似平淡无奇的一节节课,正是孩子们健康成长、全面发展的"精神粮食",其营养成分、配比构成,直接决定了孩子们的未来。因此,郑校长在丰富课程种类、创新课程样态方面,从来都是如饥似渴地学习、不遗余力地努力。

郑校长在教育教学上几十年如一日的努力付出,不仅是我这个"外人"很快就能体认到的,上级主管部门的领导们也对郑校长的价值高度认可,希望郑校长开设工作室,系统地帮助更多新晋年轻校长成长。每多一位如郑校长这般对教育怀抱赤诚之心、能够智慧开展工作的校长,便会有更多的孩子受益终身。2016年11月,"郑凤姚名校长工作室"正式启动,郑校长引领工作室全体成员以"课程建设"这一学校最核心、最基础的工作为着眼点,确定了"基于核心素养的校长课程规划能力提升研究"这一研究主题。

2017年3月,我受郑校长之邀就课题研究的一般方法、研究建议等议题与工作室成员进行交流研讨。事实上,我只是抱着跟校长们做一次学术交流、介绍一下课题研究的规范流程、为校长们提供一些思路及参考资料的想法去的。我非常清楚校长们日常工作的繁忙程度,我见过的校长大多只作为研究课题的牵头人,偶尔了解一下研究进展、提供一些方向指导,实际的研究工作通常由其他人员承担。但当我第一次走进郑校长工作室的研讨室时,我立刻感受到了郑校长及工作室全体成员的不同。研讨全程,大家都在认真记录、积极互动,没有任何人看手机、接电话。一所学校的课程整体建设应从校长科学规划开始,而要科学评价校长们课程规划能力的高低,需要开发"中小学校长课程规划力量表"。然而,量表的开发流程从文献梳理到概念界定、草拟题项、信效度检测,最短也要一年半载。此外,量表信效度检测需要600位以上的校长参加调查,从问卷发放到数据整理分析,工作量巨大。如前所述,我原本只想把这些专业的研究方法当作知识介绍给校长们的,但没想到所有的校长听完后都跃跃欲试。大家并不满足于只在知识层面上了解相关内容,而是迫不及待地希望亲身实践整个过程。我反复提醒校长们,真要开发量表可不是一件轻松的事，这意味着在大家本已繁重的工作上再添重担。但校长们几乎立刻同时表态，只要能让学校的课程建设更科学、更有效，哪怕再辛劳他们都甘之如饴、无怨无悔。特别是郑校长，她久久地握着我的手说："一直渴望能用更理性的思考、更科学的方法提升学校的课程建设水平，但苦于难觅手把手的科研指导，您若不嫌弃，就当我们都是您的研究生，就按最严格的标准带领我们好好地进行研究吧。"

说干就干，校长们立刻在郑校长的带领下制订了具体到月、到天的年度研究计划。在接下来的2017年6月、9月、10月、12月，2018年3月、6月，我们的科研聚会每一次都按计划如期举行。每次研讨，校长们都排除万难、避免缺席，很多路途较远的校长，总是提早抵达会场。无论是个人任务还是小组任务，校长们都亲力亲为、超额完成。每次长达三四个小时的研讨结束后，校长们都意犹未尽，迟迟不愿离去。俗话说"日久见人心"，在长期的合作中，我看到了每位校长追求卓越、不畏艰辛的秉性，我更体会到了每位校长为教育负责、为孩子着想的崇高使命感和拳拳责任心。

然而，我参与的还只是郑校长及工作室成员们很小一部分的学习研究活动。为了开阔校长们的视野，帮助大家及时了解中外教育前沿成果，特别是帮助大家把所学用于实践，郑校长还每年积极组织工作室成员外出考察交流，并定期开展成员校间的互访互助。2020年春，校长们多年来开展科学研究、进行管理实践，以及这一路走来形成的无数个人感悟的成果，最终以《校长课程规划力提升研究》这部沉甸甸的书稿的形式出现在我眼前时，我对校长们的敬佩之情油然而生。

诚然，在急剧的社会变革中，我国的基础教育还有很多不尽如人意之处。如果大家浏览教育方面的新闻，隔三差五就能看到各种各样令人气愤、失望的事。郑校长及她工作室的校长们也尚未解决他们学校发展中的所有问题。但我想，只要大家有机会了解郑凤姚校长及她的工作室中每位兢兢业业的校长们的努力，那么，大家一定会感受到力量和希望。

衷心感谢郑校长及每一位热爱教育、努力拼搏的校长！

中国传媒大学传播研究院传媒教育研究中心副研究员/张洁

研究篇

基于核心素养的校长课程规划力提升研究 …………………………………… 2
中小学校长课程规划力量表及信效度分析 …………………………………… 17

案例篇

全纳教育理念下的小学校本课程建构与实施
　　——以中山市东区朗晴小学为例
　　………………………… 中山市东区朗晴小学　郑凤姚　28
"责任教育"课程实践探索　……… 中山市三乡镇大布小学　简　艳　42
自然云汉　向上生长
　　——云汉小学课程体系建构思考与探索
　　………………………… 中山市沙溪镇云汉小学　宁云志　55
传承石岐文化　建构融合课程体系
　　——中山市石岐太平小学的课程规划与实施
　　………………………… 中山市石岐太平小学　郑结霞　73

基于社团活动的校本课程的建构与实施
............................中山市板芙镇新联小学　郑少君　84

"传承·修身"课程的建构与实施
　　——以美育教育课程为例
............................中山市黄圃镇新沙小学　冯祐培　98

"适合教育"理念背景下的课程建设方案
　　——以美育教育课程为例
............................中山市东升镇同乐小学　李正可　112

"国学教育"课程的实践研究
　　——以中山市阜沙中心小学为例
............................中山市阜沙中心小学　梁业昌　117

"新六艺"课程，以传统文化涵育学生综合素养
　　——核心素养视角下的"新六艺"课程构想
............................中山市小榄镇联丰小学　刘　策　127

"四气"德育课程体系建构的探究与实践
............................中山市南朗镇云衢小学　阮连凤　134

"灵雅教育"的校本课程建构与实践
............................中山市东凤中心小学　黄逵明　143

信息技术背景下的"非遗"咸水歌课程的实践研究
............................中山市坦洲镇裕洲小学　潘　虹　155

依托"团队教研"建构教师学习共同体的校本课程的实践探索
............................中山市三乡镇载德小学　彭伶俐　160

发展学生核心素养，打造优质学生团队
　　——以中山市西区小学社团活动和课程教学为例
............................中山市西区小学　苏文森　165

感悟篇

"新六艺"校本课程建构与实施随想

　　……………………………中山市小榄镇联丰小学　刘　策　176

从兴趣爱好到校本课程开发

　　……………………………中山市神湾镇神湾中心小学　谭瑞香　181

提升校长课程规划力的策略………中山市大涌镇旗南小学　梁绮琴　184

教育的理想与情怀…………………中山市坦洲镇裕洲小学　潘　虹　188

研学在路上　课程促成长…………中山市石岐太平小学　郑结霞　191

共研共修　砥砺同行………………中山市阜沙中心小学　梁业昌　194

幸福同行　期待绽放………………中山市三乡镇大布小学　简　艳　197

行走苦乐间　做最好的自己………中山市南朗镇云衢小学　阮连凤　202

后　　记………………………………………………………………205

研究篇

基于核心素养的校长课程规划力提升研究

"基于核心素养的校长课程规划力提升研究"是中山市立项课题。这一课题研究有两个核心概念:一是"核心素养",指学生应具备的能适应终身发展和社会发展需要的必备品格和关键能力;二是"校长课程规划力"指校长依据国家和地方的教育方针和课程政策,遵循学校的培养目标,结合学校的办学条件,从学校课程资源、课程状况、可持续发展需要以及外部环境等因素出发,运行办学自主权,对学校课程定位、课程选择、课程设置、课程组织和相关因素与条件做出整体的设计、统筹与安排的能力。基于核心素养的校长课程规划力提升研究从研究缘由、背景、目标、内容和研究路线图着手,经过扎实有效的研究过程,取得了丰富的研究成果。

一、研究缘由

(一)国内外研究现状

美国学者泰勒认为,课程规划包括课程教材、课程方案和课程标准等内容,以及被人规划妥善了的活动。美国的格伦·哈斯和弗雷斯特·帕克表示课程规划理论的基础是知识和学习的本质、人的发展潜力和来自社会的力量。弗雷斯特·帕克和格伦·哈斯在《课程规划——当代之取向》一书中多维度透视了影响21世纪课程规划的四大关键因素,即社会力量、人的发展理论、学习的本质和知识的本质。这些要素构成了21世纪课程规划的四大基础,也是课程规划和教育决策的重要依据。总体上,国外在课程规划力领域的相关研究多围绕理论类和调查类研究展开,对编制校长课程规划力量表的研究很少见,缺乏信效度高、可作为测量工具的量表。

国内关于课程规划的内涵有许多观点。有学者提出,学校愿望、学校的当前基本情况、教育改革理论、各层级的课程理论、各层级的课程政策这五个方面共同组成了课程规划的相关理论。也有学者指出,对话、深入探究、学校现状、政策方针这四个方面是课程规划的基础前提。还有学者从信息基础的视角入手对课程规划进行了阐述,他们提出课程规划深深受到信息知识的影响,并独创性地认为学校课程规划不应该无视知识信息、社会和学生而存在。郑炽钦认为校长课程规划是校长课程领导的第一步，应重在课程方向的整体把握、课程体系的全面建构、课程资源的总体分配和确定课程评价的基本模式，旨在为课程的具体实施提供目标和基本框架，而不是指向学期课表的具体安排、课程的实施、教学的日常监控与管理、评价制度的具体建立与操作等。李正福、周家荣认为对校本课程规划的评价，可以从规划的计划性、预测性、全面性、合理性四个方面进行。目前，结合我国中小学校长实际情况分析课程规划力量表的实证研究甚少，在国内具有影响力的校长课程规划力量表也极为少见，一些相关研究普遍缺乏实证数据支撑。由此，对校长课程规划力维度及量表进行系统而全面的实证研究显得尤为迫切。

本研究以校长课程规划力为切入点编制量表，不仅是校长自评、考察其他学校的重要指标，也是帮助学校课程重构、融合学校特色、促进学校发展的工具，对于客观分析校长课程规划力现状、探究提高校长课程规划力策略具有一定价值。

（二）研究背景

1. "核心素养"是我国教育领域当前的"热词"

2014年4月，教育部颁布《关于全面深化课程改革 落实立德树人根本任务的意见》，提出将"学生发展核心素养体系"的研制与建构，作为进一步推进课程改革、深化发展的关键环节。

2016年2月26日中国教育学会发布《中国学生发展核心素养（征求意见稿）》，广泛征求各界对"中国学生核心素养"具体内涵的意见。2016年9月13日，"中国学生发展核心素养"研究成果正式发布，这一成果致力于回答"培养什么样的人"的问题，完成了对"立德树人"根本任务的具体化表达。核心素养的提出、讨论及发布成为指引基础教育课程改革的风向标。

2. 学校课程建设是发展学生"核心素养"的关键

课程是学校最重要的产品，是学校一切工作最终的物化体现，是一所学校师生能力与水平最有力的证物，是学校的核心竞争力。如何将核心素养从一套理论框架，落实与推行到具体的教育教学实践当中，进而真正实现其育人功能与价值？这是每一位教育工作者都亟须思考的课题。可以说，一所学校办得好不好，取决于它的课程好不好；有什么样的课程，才能培养什么样的学生。而校长能否高屋建瓴地引导师生按照人的生命成长需要、教育改革需要和学校发展需要规划课程，直接决定学校课程建设的水平和品质。

3. 校长课程规划力影响学校课程建设的水平和品质

在学校教育的现实情况中，在核心素养落地过程中，校长课程规划力是否存在着应然状态与实然状态之间的矛盾冲突，如何评价校长课程规划力，如何提高校长课程规划力,都成为学校"新课改"迈向"深课改"进程中不得不面对的命题。为此,工作室通过调研了解,发现校长的课程规划存在如下问题。

(1)校长课程规划的意识不强。校长对学校现有的课程进行审视并重新规划、实施,寻找最适合学校的课程,是现代学校建设的一种战略自觉,也是校长发展学校的关键要义。这一过程需要校长寻找学校课程中的真实问题,基于问题解决进行课程重构,在课程的有效实施中发展学校,从而让课程成为发展人的真正"通道"。这就对校长的课程规划提出了新的挑战,要求校长积极转变思想观念。但当下一些校长往往长期忙于行政事务,并没有意识到课程规划的重要性,或是即便意识到了课程的重要性也不知道具体做什么。一谈到课程,他们更多地认为课程基本上是教育行政部门的事情,并未意识到学校也应该去设计、规划自己的一套课程体系。课程规划意识淡薄、对课程规划的本质认识不清,导致校长课程规划能力的缺失。

(2)校长课程规划的理论不足。有些校长对课程概念的认识本身就存在偏差,误认为课程就是学科,就是学科教材;对课程建设的认识存在偏差,误认为课程建构就是编制教材,就是按学科知识体系教学;对教学本质的认识存在偏差,误认为教学就是课程实施,就是教好教材。校长的这些不当认识与课程的意义不相适应,与现代课程观相背离,无疑影响着校长课程规划力的提升。

(3)校长课程规划的方案不细。课程规划中没有形成具体的、可操作的、系统的方案设计。或没有根据不同年龄阶段学生的学习基础和认知发展水平设计出合理的课程目标,没有明确在什么阶段完成什么任务,要达到哪种层次和水平,忽视了课程规划的计划性和针对性;或没有根据学校的实际情况进行规划,也就是说没有结合学校特色、办学宗旨、文化传统等进行规划;或没有考虑到国家政策和相关教育行政部门的规章制度,没有与国家课程、地方课程顺畅连接,从而无法达到知识互补、相互促进的目的;或没有建立有效的保障机制,使课程规划能够得到顺利的实施。

如何制定能检测校长课程规划力水平的量表,探究具有实践验证的提高校长课程规划力的研修方式,建构课题组成员所在学校的课程规划框架,总结形成各研究的相关成果,促进校长课程规划力的提高,为校长课程领导力的形成和核心素养的落地打下基础,都成为学校在"新课改"迈向"深课改"进程中不得不面对并亟待解决的问题。

(三)研究目标与内容

本研究旨在通过积极的研究与实践,界定校长课程规划力概念,制定能检测校长课程规划力水平的量表,探究可实践验证的提高校长课程规划力的研修方式,建构课题组成员所在学校的课程规划框架,总结形成各研究的相关成果,促进校长课程规划力的提高,为校长课程领导力的形成和核心素养的落地打下基础。

研究内容包括六方面:一是研究中外课程研究领域的重要理论成果和最新研究进展,二是研究如何界定校长课程规划力的概念,三是研究如何制订校长课程规划力量表的方式方法,四是研究当下校长课程规划力的现状,五是研究校长课程规划力提升的研修方式,六是研究适合课题组成员所在学校的课程规划方案。

(四) 研究路线

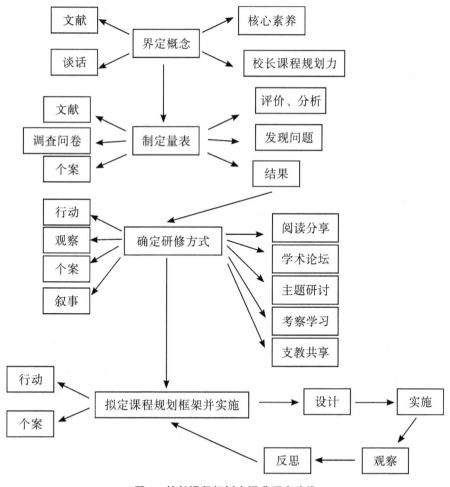

图1 校长课程规划力提升研究路线

1. 界定概念

利用文献资料法、访谈法，梳理选题的背景、成因和现状，界定课题核心概念和概念之间的逻辑关系，确定研究内容。

2. 制定量表

2018年3月23日至4月15日，课题组通过快递邮寄、电子邮件和现场填写等方式向广东、江苏等22个省、直辖市发放初测问卷635份。问卷数据通过 SPSS 20.0 和 Mplus 7.0 进行统计分析。经过项目分析、探索性因素分析、验证性因素分析和内部一致性信度检验，量表确定三个维度："课程定位能力""课程选择能力"和"课程组织能力"，共23个题项。

利用量表评价课题组教师课程定位能力、课程选择能力和课程组织能力，分析课题组成员课程规划力不足的原因。结论为：①课程规划的意识不强，②课程规划的理论不足，③课程规划的方案不细。

3. 确定研修方式

针对校长课程规划力不足的原因，利用行动、叙事、观察、个案等研究方法，制定"1＋7"研修方式，即1项研究——校长课程规划力研究，7种学习样态——共读分享＋学术论坛＋思维训练＋主题研讨＋作业提升＋考察学习＋送教共享。七位一体，多元驱动，引领工作室成员形成螺旋上升的良好科研态度和持久的研究行动，优化同伴影响。

4. 拟定课程规划框架并实施

课题组成员依据量表的三个维度，在实践中逐步设计、完善符合所在学校实际的、基于核心素养的课程规划框架，并进行初步实施，实现课程文化融于学校文化整体，凸显校本特色。同时利用观察法，发现问题并及时纠偏，不断反思与总结，梳理实践心得。

二、研究过程

（一）坚持一种方法

课题组成员基于核心素养不偏移，坚持问题导向抓重点，在课题研究过程中积极反思、总结，以发现的问题和困惑为牵引，探索具有可操作性的解决方法，并且不断实践改进，从而提升课题研究水平。如对校长课程规划力现状的梳理及原因的分析，就为提升校长课程规划力的策略提供了研究方向。

（二）解决两个"读懂"

（1）读懂核心素养。课题组详细、全面地梳理了我国的8次课程改革的脉络，并从历史变迁的系统回溯中，更深刻地理解了教育部提出"核心素养"

概念的背景、原因和意义，同时深入研究了中外课程研究领域中的重要理论成果和最新研究进展。

（2）读懂学校学生。课题组成员从本校的实际情况出发读懂学校，从学校的文化主题和办学理念出发打造特色。同时，以促进学生全面发展为导向，确保学生德、智、体、美、劳有所发展，不断提高学生的核心素养，从而在教育改革之路上不断地认准和把握前进的方向。

（三）强化三个"意识"

（1）引领意识。课题组成员作为学校课程建设的引领者，认真学习先进的教育思想，不断吸收前沿的课程理念，深入挖掘课程文化内涵。工作室先后为课题组成员购置《核心素养学校表达》《21世纪学生发展核心素养研究》《核心素养导向的课堂教学》《理解课程》《世界课程与教学》《学校发展规划》《课程论》《课程发展史》《课程观》《课程与教学》等与"核心素养""课程"有关的书籍，要求课题组成员充分研读，并做好读书笔记。另外，《人工智能》《必然》《爆裂》《未来简史》《重塑组织》等"课程"之外的书籍，也要求课题组成员广泛阅读、多方涉猎。

（2）责任意识。作为课程建设的第一责任人，校长亲自统领、亲自设计、亲自参与、亲自实践，还应积极与各方人员沟通、协调，理顺教学行政、科组长、学科教师等不同层级负责人的关系，让全体教师清楚自己在课程建设中的责任、分工，各司其职，形成课程建设的凝聚力和向心力。

（3）保障意识。在课程建设中，校长除了在时间保证、顶层设计、材料购置、经费给予、培训提升方面都给予全方位的支持之外，还带领学校全员制定了课程建设总体方案、课程建设三年规划、课程建设学年计划、课程建设学期计划、课程建设每月台账，有效保障课程建设有计划、分层次、分步骤地进行，避免工作的盲目性和片面性。

（四）开展四项活动

（1）专家引领，内化理念。课题组聘请中国传媒大学张洁博士及其专家团队（美国教育专家Addie博士、中国香港徐雯博士）为常驻导师，指导工作室的具体工作，有以下几个特点：

指导计划详尽。课题组制定每月一次的研究计划，通过共读一本书、聆听专家讲座、举办主题辩论会、网上小组合作学习、网络专家指导、专家布置作业、作业汇报、实地考察，引领课题组成员通过点滴学习积累，由量变上升到质变，形成螺旋上升的良好科研态度和持久的研究行动，并通过同伴间的互相学习产生积极的影响。

组织策划有序。每位课题组成员自主申报，担任每月研究的组织者、筹划者、主持人，学习陆续在各成员所在学校开展，人人站在舞台中央，没有配角。每月研究活动都成了课题组成员交流、感悟、提升、展示的阵地，为课题组成员搭建起理论探讨与实践研究相结合的平台，实现了立体化的研修方式，促成了个性化的管理风格。

思维训练固定。每月研究的第一环节都是开展思维训练。这种训练改变了过去以内容传授、以单向交流为中心的一言堂传授形式。在操作设计上，难度层级递进、反馈及时、调整跟进，有效提升课题组成员的观察能力、思维能力、表达能力。例如，在"如何用科研引领学校发展"的主题培训中，张洁博士以"想到的""知道的""做到的"三个问题，启发学员深入思考和交流如何针对自身的学校结合"核心素养"进行开拓创新；在"大数据时代下的教育"主题培训中，张洁博士以"央视第一次发布交通预报""青岛港自动化码头"等新闻视频，引导学员发现社会现象与教育教学之间的联系，从而引导课题组成员更宏观地思考教育的未来发展。

阅读分享常态。2017年3月18日，在中山市委党校雨润楼106室，课题组读书分享交流活动举行，南朗云衢小学阮连凤副校长分享了《课程与教学的基本原理》，结合核心素养阐述了学校课程规划目标确定的过程，介绍了学校四气课程的理论体系。这之后，三乡载德小学彭伶俐副校长分享了《学校课程新样态》，对新样态学校的特征、格局、推进举措和策略娓娓道来；石岐太平小学郑结霞校长从课程设计的总体概述、内容阐述、心得体会、收获四个方面分享了《中国基础教育课程改革十年》一书的学习心得等。

（2）布置作业，助推思考。每逢寒暑假，课题主持人都会根据课题研究的进度、重点议题，与课题组成员商议寒暑假研究的主题。

2016学年至今，课题组成员作业及寒暑假研究主题如下：通过阅读，结合自己的理解，给"课程""核心素养"的内涵等概念下定义；结合中国实行的8次课程改革情况，通过整理、对比，结合所在学校的课程实际，谈理解、聊感受；结合课题研究情况，对照所在学校目前的课程设置实际，整理出学校课程规划方案，包括学校原有的课程、目前的课程资源、计划要设置的课程框架等；以小组的形式，制定《基于核心素养的校长课程规划力提升研究项目"课程规划力"量表计划》；采用《"课程规划力"量表》，找测试对象进行调查；思考基于核心素养的校长课程规划力的定义和维度结构。

作业上交形式包括文稿、问卷、讨论、作业单等。每次作业后，课题组均进行交流分享，展示成员们的学习所得。一次次的研讨和碰撞有效地促进了课题组成员对课程规划的深入思考。

(3)学术会议，聚焦前沿。高端的学术会议，开阔了课题组成员的视野，使课题组成员了解到当前国内外教育发展的新趋势、新问题和新思考；让课题组成员对教育的本质有了新的认识，对核心素养的理论和实践也有了更为深入的了解和学习，对学校的课程改革如何进行整体建构的有了更清晰的思路。

2016年11月8日至11月15日，笔者作为课题主持人赴上海复旦大学参加名师名校长教育与管理高端培训班，促进了个人专业发展提高了课程管理水平、开阔了学术视野。

2016年11月23日至11月24日，课题组成员赴北京参加中国教育学会中小学整体改革专业委员会第十八届学术年会。本次年会的主题是"教育质量与基础教育现代发展的整体建构"。会议中，成员们聆听了顾明远教授、熊丙奇副院长、叶澜教授、孙云晓老师、季明明咨询委员等做的题为"对教育本质的新认识——评价<反思教育：向'全球共同利益'的理念转变>""教育现代发展深化改革的整体建构""'新基础教育'的研究精神与方法""良好习惯缔造健康人格""强国崛起与基础教育使命——兼谈教育供给侧结构性改革"的专题分享。而后，成员们又聆听了上海闵行区实验小学何学锋校长、常州市第二实验小学教育集团原校长王冬梅、上海市闵行四中屠红伟校长和常州市局前街小学李伟平校长的专题报告，4位校长分别就近10年"新基础教育研究"的实践成果做了精彩汇报。在聆听他们分享各自的实践体验和丰富的事例实证的过程中，课题组成员对新基础教育的研究成果有了更为全面的了解。

2017年11月29日至12月2日，课题组成员赴杭州参加第四届中国教育创新年会。大会主论坛设置了35场主题演讲，从战略与结构、课程与资源、空间与装备、课堂与评价、关系与成长和流程与管理6个维度，紧紧围绕校长和老师关心的核心素养话题，分享最贴切的实践案例与行动方案，令课题组成员耳目一新。

2018年4月24日，笔者及助理赴清华大学参加广东省中小学名校长工作室团队专项研修班。专家引领、团队学习、文化实践、教学活动的"四维一体"培训模式，有效提升了教育理论素养、教育科研能力及工作室管理水平。

(4)考察送教，学用结合。2016年6月下旬，课题组成员考察了珠海容闳学校、容闳书院，充分感受了容闳小学推行的"许孩子一个未来"的教育思想和"绿色教育"理念的管理成效。

2016年6月下旬，课题组成员考察了珠海香洲区第一小学，认真聆听了严红校长《"互联网+"学生综合素质评价家校互动研究》专题讲座，了解了该校建立在人文、健康、艺术、科学与实践五大素养基础上的新课程框架。

2016年11月下旬，课题组成员考察了北京小学丰台万年花城分校，对该校在自主教育理论引领下的鲜明的办学思想和实践体系表现出极大的兴趣。

2016年11月下旬，课题组成员考察了北京市亦庄实验小学，该校开放多元的设置课程、自由包容的办学精神和一流的硬件设施，令课题组成员大开眼界。北京市特级数学教师张宏伟现场为课题组成员阐释了学校倡导的全课程含义：以培养"全人"为目标，全人即完整的人，人格健全、情感丰富的人。全课程的"始业软着陆""施行包班制"和"耳目一新的教学模式"让课题组成员深受启发。学习归来，不少课题组成员都引进了其先进的做法，利用课程资源为刚入学的孩子经营一天的幸福生活；引导老师认识到学生的长处，灵活地安排学生开展有趣的游戏生活；通过整合学科，开发主题课题；等等。

2017年9月28日，课题组成员考察了东莞莞城中心小学，该校梁惠权校长"悦纳至正"的教育思想落实在课程、落实在活动、落实在评价，以根基性课程、延展性课程和绽放性课程三个板块为内容的"榕树课程"根深叶茂。

2017年11月29日，课题组成员考察了杭州市萧山高桥小学，该校李国方校长以"为每一个学生的终身幸福奠基"为理念，以"打造一所提供优质教育和服务的精品学校"为办学目标，与杭州的人文精神"精致和谐，大气开放"相融合，坚持不懈地全方位打造"最美文源""最课程的校园文化"，从柔性制度建设、物态文化环境、教师队伍建设、品位学生培养、智慧家长培植和特色群体建构这六个方面坚定不移地走以"文源"为核心的品牌建设之路，逐渐积淀了以"文源"为核心的校园特色文化。

2019年6月4日，课题组成员考察了西藏拉萨市城关区拉鲁小学。

2019年6月6日，课题组成员考察了西藏林芝工布江达县错高乡中心小学和林芝市第一中学。

笔者基于校长课程规划力提升的学习需要，带领课题组成员走进旗帜学校。这些考察活动像一面镜子，让工作室成员们在别样的空间里审视自己。在"远离作秀，回归本真""远离浮躁，回归实践"的教育价值观的一次次洗礼下，课题组成员们且行且借鉴！

2019年3月21日至3月23日，课题组成员赴潮州市饶平县所城镇中心小学送教。课题组成员们听取了该校杨校长对学校的自我诊断报告，了解学校发展状况和具体存在问题，对该校课程建设、校园文化及师资队伍建设等方面的工作进行分析，提出研究假设和诊断方向。小榄镇联丰小学刘策校长的精彩课例"璀璨的明珠——楹联"，以对联教学为切入点，带领学生感受中国传统文化的魅力，反响热烈。

2019年6月5日至6月7日，课题组成员赴西藏林芝工布江达县朱拉乡中心小学送教。教师进修学院的高科院长做题为"人工智能驱动未来教育"的讲座，从核心素养出发，理论联系实际，展望未来教育发展趋势；笔者做题为"全纳教育，润泽生命"讲座，用全新的教育理念、深厚的教育情怀感染了与会教师；三乡镇大布小学简艳校长做题为"怀责任之心，致育人之远"的讲座，真诚分享课程建设的实践经验；教师进修学院章帆老师紧扣"不忘初心，牢记使命"的内涵意义，对为何坚持、如何坚持进行了深入浅出的讲解；神湾小学的谭瑞香校长执教"削菠萝"，让学生既学会了劳动技能又品尝了神湾特产，兴趣盎然；石岐区太平小学郑洁霞校长上了一节心理课，互动巧妙，氛围活跃；中山市东区朗晴小学唐嘉临老师通过绘本课《大脚丫跳芭蕾》，呈现了生动有趣、亮点颇多的课堂。

三、研究成果

（一）界定"校长课程规划力"的概念

在研究过程中，课题组通过研讨、论证，界定了"校长课程规划力概念"，一定程度上填补了我国该领域研究的空白。校长课程规划力指校长依据国家和地方的教育方针和课程政策，遵循学校的培养目标，结合学校的办学条件，从学校课程资源、课程状况、可持续发展需要以及外部环境等因素出发，运行办学自主权，对学校课程定位、课程选择、课程设置、课程组织和相关因素与条件做出整体的设计、统筹与安排的能力。

（二）编制《基于核心素养的校长课程规划力量表》

国外在课程规划力领域的相关研究多围绕理论类和调查类研究展开，对编制校长课程规划力量表的研究很少见，缺乏信效度高、可作为测量工具的量表。国内中小学校长分析课程规划力量表的实证研究甚少，有影响力的关于校长课程规划力量表更是微乎其微，一些相关研究普遍缺乏实证数据支撑。

本研究以培养学生核心素养为重点，以校长课程规划力为切入点编制的量表，不仅是校长自评、考察其他学校的重要指标，也是帮助学校课程重构、融合学校特色、促进学校发展的工具，对于客观分析校长课程规划力现状、探究提高校长课程规划力策略具有一定价值。其积极意义在于，在一定程度上弥补了因研究工具的缺失使该领域的研究缺乏实证性和针对性的不足。

课题组在国内外相关研究综述的基础上，结合我国中小学校长实际情况，对校长课程规划力进行概念界定，拟定校长课程规划力由课程定位能力、课程选择能力、课程设置能力和课程组织能力 4 个维度、26 个项目构成，并在初步建构的维度上编写相关项目内容，整理、修改和校对后形成初测问卷。于

2018年3月23日至2018年4月15日，通过快递邮寄、电子邮件和现场填写等方式共发放初测问卷635份，样本来自广东、江苏、湖南、北京、上海等22个省、直辖市，其中，有效样本619份，有效样本率为97.5%。

样本包括两个部分：第一部分为个人信息，包括性别、出生年代、最高学历、任校长年限、学科背景、校长职级等；第二部分为待检验的《校长课程规划力量表》。量表拟定了四个维度，即课程定位能力、课程选择能力、课程设置能力和课程组织能力，由26个描述项分别体现，采用李克特5级量表分级计分方法，从"1"到"5"依次计分，"1"代表"非常不符合"，"2"代表"不太符合"，"3"代表"不确定符合"，"4"代表"基本符合"，"5"代表"非常符合"。

待检验的《校长课程规划力量表》维度结构如图2所示。

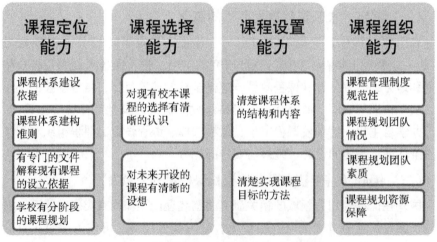

图2　《校长课程规划力量表》维度结构

调整后的《校长课程规划力量表》维度结构示意图如图3所示。

图3　《校长课程规划力量表》维度结构示意

为保证量表的科学有效性，问卷数据通过SPSS 20.0和Mplus 7.0进行统计分析。经过项目分析、探索性因素分析、验证性因素分析和内部一致性信度检验，量表由四维度模型调整为三维度模型，其中的"课程设置能力"维度中的题项被重新划分到"课程选择能力"和"课程组织能力"维度，整体量表由原来的26个题项调整为23个题项。调整后的三维度结构基本与理论预期相符，分别命名为"课程定位能力""课程选择能力"和"课程组织能力"。经过调整后的量表更加精简、结构更加清晰、一致性更高，能更精准地测量校长课程规划能力。

删减调整后的正式版《校长课程规划力量表》如表1所示。

表1 删减调整后的《校长课程规划力量表》

维度	题号	题项	具体情况				
			非常符合	基本符合	不确定符合	不太符合	非常不符合
课程定位能力	Q01	我能准确说出学校课程体系的理念、整体目标和总体要求					
	Q02	我了解学校的课程体系与学校办学理念及育人目标之间的关系					
	Q03	我清楚学校的课程体系建构受到了哪些因素的影响					
	Q04	我了解当前国家的教育方针和本省、本市的教育政策					
	Q05	我了解我校的建校历史和管理方针的沿革情况					
	Q06	我了解我校教师、学生和家长的实际情况（包括家庭背景、学历信息和社会经济地位等）					
	Q07	我校在建构课程体系时广泛查阅教育学、课程学及心理学等理论书籍或研究成果					
	Q08	我校有论述学校课程体系设立依据的规范性文件					
	Q09	我校教师了解并认可学校的课程体系					
	Q10	我校有未来三至五年的学校课程规划文件					
	Q11	我校教师对自己承担的课程有清晰且可执行的一至三年规划					

(续表1)

维度	题号	题项	具体情况				
			非常符合	基本符合	不确定符合	不太符合	非常不符合
课程选择能力	Q12	我能清楚地说出学校目前开设了哪些校本课程					
	Q13	我清楚我校目前开设的校本课程的依据					
	Q14	我清楚知道我校未来三至五年将开设哪些校本课程					
	Q15	我清楚我校课程体系结构的发展历史					
课程组织能力	Q17	我能简要说明我校课程管理文件的主要内容					
	Q19	我能对学校课程开设效果进行评价并有能力做出调整					
	Q21	我能清楚说出我校课程管理规定的内容					
	Q22	我校有专门的课程规划工作团队					
	Q23	我经常参与课程规划工作					
	Q24	我校课程规划团队有明确的活动制度、建设方案和相关规定					
	Q25	我校有开展课程规划工作的专项经费					
	Q26	我校有保证课程规划团队素质提升的制度或方案					

（三）以量表为依据建立学校课程规划方案

课题组成员依据量表的三个维度，在实践中逐步设计、完善符合所在学校实际的基于核心素养的课程规划框架，并进行初步实施，实现了课程文化融入学校文化整体，并凸显了校本特色。同时利用观察法，发现问题、及时纠偏，不断反思与总结，梳理实践心得。各校的课程体系主旨鲜明、特色凸显、布局合理、功能卓越，不仅是落实校长课程领导权的一种探索，也是推动校长课程开发的一种实践。

作为课题主持人，笔者完成的《朗晴小学"新时期"课程体系建构方案》以全纳教育理念，潜心研究学生的成长规律，准确把握学生核心素养，充分发扬学校优势特色，把学校精神、办学理念和办学目标等核心要素融入到课程建设中。

大布小学简艳校长以"培养有核心素养的责任少年"为引领目标，通过责任制度、责任团队、责任德育、责任课程、责任才艺、责任活动、责任校园的建构来提升学科核心素养、营造尚雅崇艺氛围、搭建责任文化平台、强化责任少年培养。该方案特别注重在基础课程中夯实责任意识的培养、在专门课程中突出责任精神的强化、在独特课程中引领责任能力的发展，主题鲜明、目标明确、思路清晰、体系完整。

云衢小学的"四气课程"将国家、地方和学校课程进行统筹和整合，积极开发富有学校特色、教师特长的拓展性课程，为学生的个性化发展奠定基础。

三乡载德小学彭伶俐副校长"载德蓝"传统文体课程的建构理念、策略及实施，是围绕学校"崇孝、笃学、尚武"的办学理念，以体艺团、艺术团、文化团、成长团为抓手，开设丰富多彩的才艺课程、文化课程、传统课程、生命课程、公民课程、成长课程、启蒙课程和梦想课程，并通过明确的课程体系、系统的操作模式和有效课程评价达到了初期效果，学生的核心素养得到了很大的提升，逐步成长为具有现代化国际视野的载德学子。

石岐太平小学郑结霞校长立足学校实际，依据课程开发和德育管理的相关理论，在现有德育模式和途径的基础上发扬课程的优点，将学科教学、活动校本和社会实践活动按照孩子成长的需求进行整合与研究，创设阵地，努力打造具有实践性、趣味性、可操作性的德育校本课程。建立班队活动课程，对学生进行系统教育；建立活动校本课程，让学生了解家乡文化；建立家庭作业课程，助学生养成良好品格；建立假期实践课程，促学生提高实践能力。不仅把校训等学校主题文化的核心要素与课程目标、课程内容、课程评价紧密联系起来，而且还形成了颇有特色的课程规划蓝图。

（四）总结提高校长课程规划力的"1+5"研修方式

针对校长课程规划力不足的原因，利用行动、叙事、观察、个案等研究方法，制定"1+5"研修方式，即1项研究——校长课程规划力研究，5种学习样态——阅读分享+学术论坛+主题研讨+考察学习+支教共享。五位一体，多元驱动，引领工作室成员成螺旋上升的良好科研态度和持久的研究行动，优化同伴影响。

（五）梳理成员校的研究心得，撰写并发表论文。

工作室多篇论文发表和获奖，现整理如下。

郑凤姚论文《让每个孩子都"朗晴"——朗晴小学课程文化建设思考与实践》发表在《学校品牌杂志》（CN44－1674/C ISBN）。

郑凤姚论文《全纳教育理念下的小学课程建构与实施的实践探索》入选《2018 粤港澳大湾区中小学校长论坛论文集》。

郑凤姚论文《朗晴小学特色项目品牌化之路》获中山市论文一等奖。

阮连凤论文《小学德育校本课程建设的探究》发表在《广东教学》（CN44-0702F）。

阮连凤论文《"四气"德育课程体系建构的探索与实践》发表在《中山教育研究》，获中山市学术论文一等奖。

冯祐培论文《开设传承传统节日课程　促进学生发展核心素养》发表在《素质教育》（CN11-4350/G4），获 2017 年中山市小幼中国学生发展核心素养与德育征文三等奖。

李正可论文《学校发展规划制订的实践与反思》发表在《广东教育（综合版）》（CN44-1145/G4）。

李正可论文《关于制定学校五年发展规划的几点思考》发表在《中山教育研究》。

郑结霞论文《乡土文化传承的校本文化策略》发表在《中山教育研究》。

简艳论文《基于核心素养的学校课程体系建构的整体性思考》发表在《中山教育研究》。

简艳论文《学校责任教育课程的建设与思考》发表在《中山教育研究》。

四、研究成效

（一）树立课题组成员的课程领导威信

校长是学校管理关系的承担者和创造者，是学校教育改革的关键人物。高水平的校长应该注重自身素质的锻炼和提高，以专业的综合素质获得教师的佩服和尊重，这其中校长的课程规划力是必不可少的。

（二）增强课题组成员的课程开发意识

实践过程中，许多校长自觉学习教育部文件及国内外课程改革研究成果，把"选择性""统筹式""文化型""精准化"等一系列深化课程改革的新思想、新理念融入学校课程规划中。

（三）促进课题组成员共享氛围的形成

由于教师教、学生学、校长领导的传统模式和应试竞争的压力，校长在校内外都缺乏课程规划的同行者，这让校长在推行课程改革时必然会遇到来自学校内外部的阻力。而本课题的研究，让一种共享的氛围逐渐形成，为成员搭建了交流互助的平台与机会。

中小学校长课程规划力量表及信效度分析

这是"基于核心素养的校长课程规划力提升研究"课题组形成的一篇完整的研究论文。本研究通过对22个省、直辖市的619名中小学校长的课程规划力进行实证调查,系统全面地分析校长课程规划力的维度,并进行探索性和验证性因子分析,从而建构一份具有良好信度和效度的校长课程规划力量表。该量表包括课程定位能力、课程选择能力、课程组织能力三个主要因子,其内部一致性信度系数高达0.963,内容效度和结构效度均较理想,能作为评估中小学校长课程规划力的测量工具。

本研究以校长课程规划力为切入点所编制的量表,不仅是校长自评、考察其他学校的重要指标,也是帮助学校课程重构、融合学校特色、促进学校发展的工具,对于客观分析校长课程规划力现状、探究提高校长课程规划力策略具有一定价值。

一、研究问题

本研究主要回答两个问题:①校长课程规划力量表的维度是什么;②校长课程规划力量表的信效度是什么。

二、研究样本

本研究的样本来自广东、江苏、湖南、北京、上海等22个省、直辖市的619名中小学校长,具体样本结构如表1所示。

表1 《校长课程规划力量表》信效度检验调查样本结构分布

变量	类别	人数	百分比
性别	男	436	70.4
	女	183	29.6

（续表1）

变量	类别	人数	百分比
出生年代	60年代前	11	1.8
	60年代	142	22.9
	70年代	388	62.7
	80年代	72	11.6
	90年代	6	1.0
最高学历	大专及以下	62	10.0
	本科（全日制）	142	22.9
	本科（在职）	372	60.1
	硕士研究生（全日制）	3	0.5
	硕士研究生（在职）	40	6.5
任校长年限	5年（含）以下	171	27.6
	6~10年	178	28.8
	11~15年	153	24.7
	16年（含）以上	117	18.9
学科背景	文科	362	58.5
	理科	171	27.6
	体艺科	37	6.0
	其他	49	7.9
校长职级	初级校长	367	59.3
	中级校长	124	20.0
	高级校长	40	6.5
学校所在地	广东	431	69.5
	江苏	60	9.7
	北京	34	5.5
	上海	32	5.2
	云南	19	3.1
	黑龙江	13	2.1
	甘肃	3	0.5

(续表1)

变量	类别	人数	百分比
学校所在地	河南	3	0.5
	湖南	3	0.5
	内蒙古	3	0.5
	山东	3	0.5
	贵州	2	0.3
	辽宁	2	0.3
	陕西	2	0.3
	四川	2	0.3
	福建	1	0.2
	河北	1	0.2
	湖北	1	0.2
	江西	1	0.2
	吉林	1	0.2
	青海	1	0.2
	浙江	1	0.2

注：其中有88名校长未填写有效职级信息。

三、研究调查

本研究量表设计主要以拉尔夫·泰勒的《课程与教学的基本原理》[①] 为理论基础，使用李克特5级量表测量（所有题目均为自陈式描述）。

样本包括两个部分：第一部分为个人信息，包括性别、出生年代、最高学历、任校长年限、学科背景、校长职级等；第二部分为待检验的《校长课程规划力量表》。量表拟定四个维度，即课程定位能力、课程选择能力、课程设置能力和课程组织能力；由26个描述项分别体现，采用李克特5级量表分级计分方法，从"0"到"5"依次计分，"1"代表"非常不符合"、"2"代表"不太符合"、"3"代表"不确定符合"、"4"代表"基本符合"、"5"代表"非常符合"。

---

① 拉尔夫·泰勒：《课程与教学的基本原理》，罗康等译，中国轻工业出版社2014年版。

本研究于 2018 年 3 月 23 日至 2018 年 4 月 15 日，通过快递邮寄、电子邮件和现场填写等方式共发放问卷 635 份，其中，有效样本 619 份，有效样本率为 97.5%。问卷数据通过 SPSS 和 Mplus 进行统计分析。随机选取 202 份样本用于探索性因素分析，417 份样本用于验证性因素分析。首先对问卷数据进行结构效度分析——因子分析，通过探索性因子分析找出影响校长课程规划力的关键性因子个数，以及各因子与其观测变量之间的相关程度；随后对问卷量表进行信度分析，检验量表内在一致性；最后进行验证性因子分析，对校长课程规划力量表进行模型拟合度评价。

四、研究结果

1. 项目分析

为了确保各题项的区辨度，研究使用两个指标予以衡量：一是各题项的标准差应大于等于 0.75，二是量表高分组和量表低分组均值的 t 检验应达到显著性水平。同时，为了确保量表的一致性，各题项与量表总分间应在 0.3 以上，且达到显著性水平（见表2）。表3 至表5 为各分量表的项目分析摘要表，其中 Q01、Q02、Q04、Q05、Q06、Q12 和 Q13 7 道题的标准差小于 0.75，表明这些题项的区辨度不大，即各样本在这些题目的答题情况趋于一致，无法很好地鉴别差异；同时，Q04、Q05、Q06 3 道题删题后的 α 值升高，即这些题项会影响量表的内部一致性信度。综合考虑了本项目的理论背景和探索性因素分析结果后，对这些题项考虑做删题处理。

表2 《校长课程规划力量表》项目分析各指标

题项	均值	标准差	决断值	相关系数	删题后 α 值
标准	[2.852, 5.397]	>0.75	sig.	>0.3	<0.929
Q01_1	4.35	0.684	17.306	0.696**	0.964
Q02_1	4.51	0.616	16.909	0.657**	0.965
Q03_1	4.38	0.702	15.078	0.626**	0.965
Q04_1	4.49	0.624	11.585	0.478**	0.966
Q05_1	4.59	0.577	11.373	0.473**	0.966
Q06_1	4.29	0.686	11.176	0.454**	0.966
Q07_1	4.02	0.790	20.323	0.741**	0.964

(续表2)

题项	均值	标准差	决断值	相关系数	删题后α值
Q08_1	3.74	0.983	25.178	0.791**	0.963
Q09_1	4.12	0.786	21.033	0.770**	0.964
Q10_1	4.14	0.989	19.437	0.725**	0.964
Q11_1	3.96	0.917	22.818	0.759**	0.964
Q12_2	4.68	0.581	10.385	0.520**	0.965
Q13_2	4.51	0.674	14.719	0.674**	0.964
Q14_2	4.27	0.773	20.711	0.748**	0.964
Q15_3	4.21	0.826	19.556	0.751**	0.964
Q16_3	3.76	1.039	30.323	0.838**	0.963
Q17_3	4.01	0.936	26.323	0.862**	0.963
Q18_3	3.86	0.945	26.947	0.830**	0.963
Q19_3	4.05	0.822	23.032	0.793**	0.963
Q20_4	4.00	0.932	23.358	0.812**	0.963
Q21_4	4.09	0.856	25.160	0.823**	0.963
Q22_4	3.71	1.149	27.987	0.826**	0.963
Q23_4	4.10	0.992	23.100	0.815**	0.963
Q24_4	3.89	1.034	27.972	0.853**	0.963
Q25_4	3.66	1.175	25.520	0.767**	0.964
Q26_4	3.85	1.072	27.905	0.821**	0.963
总体	4.12	0.636	—	—	0.965

2. 探索性因子分析

为了保证量表的结构效度，本研究对数据进行了探索性因素分析，使用与 Promax 斜交转轴，以特征值大于 1 作为因子萃取标准。其中，各题项的因素负荷应大于 0.3，每个题项对单一因子的贡献应与其他因子贡献相差 0.05 以上。如果题项未符合理论预期或同时贡献多个因子，也考虑做删题处理。

待检验的《校长课程规划力量表》共 26 个题项、4 个维度，分别为：课程定位能力、课程选择能力、课程设置能力和课程组织能力。以特征值大于 1 作为因子萃取标准，量表萃取三个维度。Q16、Q18 和 Q20 由于同时对两个因子的贡献相差过少，做删题处理。此外，Q17 和 Q19 由原先的课程设置能力维度划分到课程组织能力维度,其中,Q17 题项为"我能简要说明我校课程管理文件的主要内容",Q19 题项为"我能对学校课程开设效果进行评价并有能力做出调整",均涉及课程管理的相关内容,与课程组织能力的内涵一致,因此认为这样的划分具有合理性,予以保留。同时,Q15 由原先的课程设置能力维度被划分到课程选择能力维度,Q15 原题项为"我清楚我校课程体系结构的发展历史",考虑到题项涉及学校课程的发展沿革,符合课程选择能力的内涵,因此认为这样的划分具有合理性,予以保留。

综上所述,经过探索性因素分析后,《校长课程规划力量表》由原先的四维度模型修改为三维度模型,其中"课程设置能力"拆分到其他维度,其他三维度结构基本与理论预期相符,确定命名为"课程定位能力""课程选择能力"和"课程组织能力"。

表3 《校长课程规划力量表》探索性因素分析因子负荷摘要

题号与题项	因子负荷			共同性
	因子1	因子2	因子3	
Q25 我校有开展课程规划工作的专项经费	0.988	−0.166	−0.039	1.005
Q26 我校有保证课程规划团队素质提升的制度或方案	0.963	−0.028	−0.081	0.935
Q22 我校有专门的课程规划工作团队	0.887	0.009	−0.040	0.788
Q24 我校课程规划团队有明确的活动制度、建设方案和相关规定	0.838	0.086	−0.031	0.711
Q23 我经常参与课程规划工作	0.775	−0.202	0.326	0.748
Q17 我能简要说明我校课程管理文件的主要内容	0.578	0.179	0.166	0.394
Q21 我能清楚说出我校课程管理规定的内容	0.490	0.367	0.013	0.375
Q19 我能对学校课程开设效果进行评价并有能力做出调整	0.436	0.310	0.160	0.312
Q03 我清楚学校的课程体系建构受到了哪些因素的影响	−0.104	0.725	0.117	0.550
Q01 我能够准确说出学校课程体系的理念、整体目标和总体要求	0.041	0.709	0.077	0.510
Q09 我校教师了解并认可学校的课程体系	0.021	0.696	0.117	0.499
Q02 我了解学校的课程体系与学校办学理念及育人目标之间的关系	−0.067	0.668	0.149	0.473
Q07 我校在建构课程体系时广泛查阅教育学、课程学及心理学等理论书籍或研究成果	0.176	0.667	−0.015	0.476

（续表3）

题号与题项	因子负荷			共同性
	因子1	因子2	因子3	
Q11 我校教师对自己承担的课程有清晰且可执行的一至三年规划	0.314	0.609	-0.112	0.482
Q06 我了解我校教师、学生和家长的实际情况（包括家庭背景、学历信息和社会经济地位等）	-0.107	0.593	-0.002	0.363
Q08 我校有论述学校课程体系设立依据的规范性文件	0.440	0.549	-0.183	0.528
Q10 我校有未来三至五年的学校课程规划文件	0.282	0.549	-0.082	0.388
Q04 我了解当前国家的教育方针和本省、市的教育政策	0.013	0.533	0.062	0.288
Q05 我了解我校的建校历史和管理方针的沿革情况	-0.009	0.386	0.240	0.207
Q12 我能清楚地说出学校目前开设了哪些校本课程	-0.073	-0.039	0.897	0.811
Q13 我清楚我校目前开设的校本课程的依据	-0.040	0.149	0.778	0.629
Q15 我清楚我校课程体系结构的发展历史	0.191	0.262	0.491	0.346
Q14 我清楚知道我校未来三至五年将开设哪些校本课程	0.214	0.298	0.380	0.279

3. 信度分析

研究使用克朗巴哈阿尔法系数测量量表的内部一致性信度。表4展示了《校长课程规划力量表》课程定位能力、课程设置能力和课程组织能力三个维度和总体量表的 α 系数。各维度的系数范围为 0.886～0.948，总体量表系数为 0.963，量表整体信度较高。

表4 《校长课程规划力量表》克朗巴哈阿尔法系数摘要

项目	α 系数	题项数量
课程定位能力	0.914	11
课程选择能力	0.886	4
课程组织能力	0.948	8
校长课程规划力	0.963	23

4. 验证性因子分析

为了评估验证性因素分析的结果，研究使用比较拟合指数（comparative fit index, CFI）、标准化残差均方根（standardized root mean square residual, SRMR）、近似误差均方根（root mean square error of approximation, RMSEA）

和卡方检验等模型拟合指标。模型修正检验发现个别题项间存在残差相关，模型修正后 RMSEA 为 0.076～0.126，SRMR 小于 0.100，说明量表拟合度良好。表5和图1为各分量表和总体量表的验证性因素分析和各模型拟合指数摘要表。

表5 《校长课程规划力量表》验证性因素分析

项目	卡方检验			CFI	RMSEA	SRMR
	X²	DF	P			
课程定位能力	245.592	42	<0.001	0.909	0.106	0.058
课程设置能力	155.645	20	<0.001	0.956	0.126	0.030
课程组织能力	4.339	1	0.037	0.996	0.088	0.010
校长课程规划力	771.470	224	<0.001	0.925	0.076	0.051

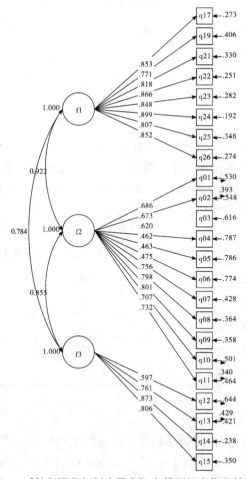

图1 《校长课程规划力量表》各模型拟合指数摘要

5. 研究讨论

本研究在国内外相关研究综述的基础上，结合我国中小学校长的实际情况，对校长课程规划力进行概念界定，拟定校长课程规划力由课程定位能力、课程选择能力、课程设置能力和课程组织能力4个维度、26个项目构成，并在初步建构的维度上编写相关项目内容，整理、修改和校对后形成初测问卷。

对初测样问卷施测后收集的数据进行细致处理，包括五个步骤：第一步是项目分析，采用高分组和低分组均值的 t 检验和相关分析，保留符合区分度和相关标准的项目。第二步是探索性因素分析，使用与Promax斜交转轴，以特征值大于1作为因子萃取标准，经过反复探索和尝试，得出3个维度23个题项的量表。第三步是验证性因素分析，检验建构的模型，显示模型修正后RMSEA为 $0.076 \sim 0.126$，SRMR小于 0.100，说明量表拟合度良好。第四步是内部一致性信度分析，各维度的系数范围为 $0.886 \sim 0.948$，总体量表系数为 0.963，量表整体信度较高。

本研究在理论预设的基础上编制了校长课程规划力量表，经过开放式问卷调查和项目分析，拟定并筛选了量表的初测项目，通过探索性因素分析和验证性因素分析，确定校长课程规划力的三个维度，分别为课程定位能力、课程选择能力、课程组织能力，即三个分量表。最终形成的《课程规划力量表》为自陈式量表，共包含23个题项。所有题项均为正向计分题，采用5点计分方法，从"非常不符合"到"非常符合"分别记为 $1 \sim 5$ 分。该量表的总分越高，反映个体的课程规划力越高。该量表的内部一致性系数为 0.963，具有良好的信效度。

本研究的积极意义在于开发了适用于中小学校长的课程规划力量表，在一定程度上弥补了研究工具的缺失使该领域的研究缺乏实证性和针对性的不足。在未来的研究中，笔者认为可以在以下两个方面进行拓展：一是尝试通过实证分析来探讨中小学校长的课程规划力现状，进一步了解三个维度之间的相互关系和作用；二是进行提升校长课程规划力的策略研究。

参考文献

[1] 郑炽钦. 加强校长课程规划 打造学校办学特色［J］. 基础教育参考, 2012（23）：11 – 15.

[2] 崔允漷. 学校课程规划的内涵与实践［J］. 上海教育科研, 2005（8）：4 – 6.

[3] 尹红. 美国加利福尼亚州高中学校课程规划现状研究［D］. 重庆：重庆师范大学, 2016.

案例篇

全纳教育理念下的小学校本课程建构与实施
——以中山市东区朗晴小学为例

中山市东区朗晴小学　郑凤姚

郑凤姚点评：

"全纳教育"是联合国教科文组织在1994年西班牙萨拉曼卡召开的"世界特殊需要教育大会"上通过《萨拉曼卡宣言》正式提出的。宣言指明全纳教育是增加学习、文化与社区参与，减少教育系统内外的排斥，关注并满足所有学习者多样化需求的过程。我们以中山市东区朗晴小学为例，具体阐述"全纳教育"理念指导下的学校校本课程的建构理念与内容。这集中展现了我们在学校课程定位、选择、设置与组织上的整体设计、统筹与安排能力。

中山市东区朗晴小学是一所由东区党工委、办事处投资兴建的现代化小学。为实现每个学生个性、全面的成长，朗晴小学全力以赴地为学生打造最适宜的成长空间：以温润的校园文化滋养人，带给学生更多的人文关怀，注重学生的心灵成长；以多元的课程设计发展人，培养学生的综合素养，为学生的个人成长提供最适合的土壤；以开放的展示平台激活人，为每个学生搭建属于自己的舞台，展示个人风采，帮助学生形成独特的个人魅力。朗晴小学致力为每一个孩子未来的精彩人生做最坚实的基石，让每一个孩子更具活力、张力和潜力，让每个孩子都朗晴，让每一个孩子都能成为具有幸福能力的人。在"朗晴人"十年的不懈坚守与追求之下，朗晴小学形成了鲜明的品牌特色。学校荣获全国首批文明校园、全国数字化教学示范学校、全国首批校园足球特色学校、省基础教育研究实验基地学校等荣誉称号；学校美育工作受教育部的高度认可，是全国美育工作推进会上唯一的小学发言单位。

一、全纳教育理念下的校本课程建设背景

（一）全纳教育的内涵延伸

为保障全纳教育宗旨的实现，"世界特殊需要教育大会"上通过的

《萨拉曼卡宣言》提出了全纳教育的五大基本原则：每个儿童都有平等的受教育的基本权利；每个儿童都有各自不同的特性、兴趣、能力和学习需求；学校必须关注学生的不同特性和需求差异；学校应该接纳所有的学生并满足他们的不同需求；学校应该提供一种有效教育，反对排斥和歧视学生。随着教育平等、教育民主化和全民教育的兴起，随着各国对教育平等、教育民主化的追求，全纳教育的理念得到世界各国的认可，许多国家开始把全纳教育的思想付诸实践。在过去的二十年间，这一旨在惠及特殊儿童、推动特殊教育改革和发展的理念，对我国的特殊教育产生了深远而富有成效的影响。

事实上，站在今天教育公平的潮头看，在我国，无论是在基础教育领域，还是在职业教育，甚至高等教育的范围内，全纳教育理念都具有非常广泛和深邃的指导意义。作为基础教育工作者，我们认为这一教育思想更应被广泛应用于整个教育体系。

首先，全纳教育符合中国优秀传统文化中教育思想的标准。全纳教育理念的内涵，与我国古代教育家孔子提出的"有教无类"教育思想高度契合。孔子提出"有教无类"的教育思想，并在长期教育实践中积极地加以倡导。他的学生来自不同的阶层，但不管贫富贵贱，都公平地接受教育。孔子具有鲜明的追求教育平等的倾向，在当时的社会环境下积极推动了普及教育。"因材施教"也是孔子教育思想的一大特色，他认为在教学过程中应根据学生性格特点施教。对学生个体差异了解得越多，施教的针对性就越强，效果就越明显。

其次，实施全纳教育是推进教育公平优质发展的重要保障。全纳教育理念的实施，符合社会主义新时代国家推进教育公平优质发展的新战略。习近平总书记在十九大报告中指出"中国特色社会主义进入新时代，我国社会主要矛盾已经转化为人民日益增长的美好生活需要和不平衡不充分的发展之间的矛盾"。在这一历史发展的新时代，享受优质均衡的教育无疑是人民最为重要的"美好生活需要"之一。教育部朱之文副部长曾指出："我国的社会主义性质，决定了我们举办的是社会主义教育，必须坚持以人民为中心的理念，大力发展面向所有孩子的教育。基础教育属公共产品，义务教育还是基本公共产品，无论发展到哪个阶段，都要将公平作为根本价值取向，任何时候都不可偏废。"[①] 从国家发展战略来看，实施全纳教育是推进教育公平优质

---

① 朱之文：《牢牢把握正确办学方向　大力推进基础教育公平优质发展》，载《中国教育报》2018年10月19日。

发展的重要保障。

最后，全纳教育符合充分发展学生个性这一教育理念。全纳教育的理念与霍华德·加德纳的多元智能理论相互映衬。多元智能理论被教育界广泛认同和运用。加德纳认为，人有八种不同的智能，每一个个体的智能表现是有差异、各具特点的，教育应该多方面、多维度地促进每个个体不同智能的充分发展，让个性得到充分的张扬和完善。事实上，这也是全纳教育倡导的"关注并满足所有学习者多样化需求的理念"。

以全纳教育理念审视我们的学校教育，会发现因为用一把尺子来评价千差万别的学生而导致的诸多不公平现象。作为以公平为根本价值取向的基础教育，以全纳教育理念为引领，建构一个不嫌弃、不放弃任何一个孩子的大爱生态教育环境；从全纳教育的视角去反思我们的课堂教学，重新思考和规划学校的课程建设；并通过卓有成效的努力，唤醒学生的学习兴趣，使人人都能参与、人人学有所得。这不仅直接关乎教育公平，也是落实"以人为本"的根本举措。

（二）双重背景下的朗晴小学

从建校背景上看，中山市东区朗晴小学是一所由东区党工委、办事处投资兴建的现代化公办小学。建立朗晴小学之前，东区还存在东区小学、长江小学和槎桥小学，这三所学校的规模小、场地少、师资缺乏，在此就读的学生所享受的教育资源远远比不上同区的其他学校。为了实现基础教育优质化、均衡化这一目标，2008年东区兴建了朗晴小学，以解决东区原八条自然村居民子女和学校周边学区居民子女的入读问题。学校占地面积40亩（约26667平方米），建筑面积23000平方米；原计划设置36个教学班，现已达43个教学班，有120名在职教师和2188名在校学生。学校配备了现代化的教学设施设备，其教室与功能室比例达到1：1.3。良好的硬件设施为学校的发展奠定了坚实的基础。

学校开办之初至2015年6月，为学校发展的第一个阶段。期间，朗晴小学致力成为中山市有影响力的现代化学校典范，在整合资源、完善管理、培植特色等方面做了许多积极的探索，取得了较大的成效。第二个发展阶段是2015年7月以后，在东区推进校长轮岗制度的背景下，学校的行政团队发生了较大的变化。学校面临一个新的发展时期，致力做有温度的教育，推进学校的内涵发展。

从文化背景上看，立足全纳教育理念，学校以校名"朗晴"为学校的文化内涵，并通过对校名"朗晴"的解读，逐步建构朗晴小学文化特色。

"朗晴"寓意朗朗的晴空。朗晴小学努力打造适合孩子成长发展的空间。我们将学校打造成学生有充分自主、个性、全面发展的空间,以"自然、人文、变化、内生"为校园文化的核心主题。从营造温情的氛围着手,倡导师生间、教师间、家校间建立共同理解、共同维护、彼此温暖的氛围。

"朗晴"寓意阳光的事业。朗晴小学努力打造共性与个性发展的教育。我们将用阳光般的胸怀全纳所有的学生,培养健康、开朗、有朝气的阳光学子,努力造就阳光般的事业。基于学生"各美其美、美美与共"的发展需要,学校要以成长的眼光看待每一个学生,从本真的教育着手,着眼于人的综合素养,为每一个学生搭建属于自己的舞台,为学生的个人成长提供最适合的土壤,让每个孩子立足超越自我,帮助学生共性与个性都得到最好的发展,形成独特的个人魅力。

二、全纳教育理念下的校本课程目标体系

围绕落实学生核心素养的培养目标,在理解学生个体差异的基础上,我们以全纳教育理念为引领,建构有助于培养学生"朗晴心、健康体、科学脑、世界眼、民族情"的课程体系。

《教育部关于全面深化课程改革落实立德树人根本任务的意见》指出:"教育部将组织研究提出各学段学生发展核心素养体系,明确学生应具备的适应终身发展和社会发展需要的必备品格和关键能力,突出强调个人修养、社会关爱、家国情怀,更加注重自主发展、合作参与、创新实践。""新时期课程改革在立德树人工作中发挥了重要作用"。结合国家的育人目标,围绕培养学生核心素养,朗晴小学以课程建设促进学校内涵发展,明确"以学生的发展为本"是课程改革的出发点和落脚点,让学生在学校的学习经历既丰富多彩而又能实现个性发展,建构帮助学生"激活潜能、发展个性、发现价值"的课程体系。

全纳教育理念倡导让每个孩子都得到平等的、促进每个孩子全面发展和个性发展的教育机会。结合我国的培养目标,朗晴小学拟定校本化培养目标为:培养具有朗晴心、健康体、科学脑、世界眼、民族情的21世纪"朗晴"学子。

(一)"朗晴心"——阳光的心态

朗晴小学把培育学生的阳光心态放在首要位置,是因为从人类社会发展进程来看,在当今物质极为富足的时代,积极阳光的心态已成为最重要的人生底

色。只有具备了积极阳光的心态，学生才能真正享有物质进步的福祉，用前所未有的丰富资源实现发展自我的重要目标。

（二）"健康体"——强健的体魄

在过度关注知识传递和追求应试效果的年代，学生的身体素质常常被忽视。如今，随着教育的重点转移和人们生活方式的变化，对学生身体健康的关注变得日益迫切。学校不仅要确保学生每天在校一小时的体育锻炼时间，还要强化体能训练和意志力锻炼，并将此作为促进学生养成阳光心态的重要手段。

（三）"科学脑"——理性的思维

朗晴小学着力培养学生理性缜密的科学思维，特别是分析、判断、综合运用和创造、创新的高级思维能力。我们认为，面向纷繁复杂、变幻莫测的未来世界，只有具备了这种探究事物本质的能力，才能让学生洞察世间规律、游刃有余地生活。

（四）"世界眼"——宽阔的视野

放眼宇宙、胸怀世界的广阔视野即所谓的"世界眼"，这一育人目标是学生体味人生乐趣、增添生命色彩的重要保证。学生应立足于学校，放眼于世界，关注社区、关注社会、关注国际，从宏观的角度，体会作为世界公民的责任与担当，为未来走向社会打下坚实的基石。

（五）"民族情"——人文的情怀

我们认为帮助学生养成阳光心态、锻炼健康体魄、培养科学思维、广泛涉猎世界知识的最终目的，是让学生最终意识到自己及本民族在大千社会中的独特价值。因此，珍爱自己民族特性的情怀，以及与世界各民族和而不同、美美与共的状态是一个人真正认识自己、了解自己的表现，也是我校育人目标的最终落脚点。

"朗晴学子"的五大目标中，"朗晴心"是确保学生终身健康发展的人生底色，"健康体"是学生享有愉悦生命历程的重要保证，"科学脑"是学生认识世界、探索世界的重要方法，"世界眼"是学生学习探索的广阔范围，"民族情"是学生终身发展、成熟自我的落脚点。五者之间的关系如图1所示。

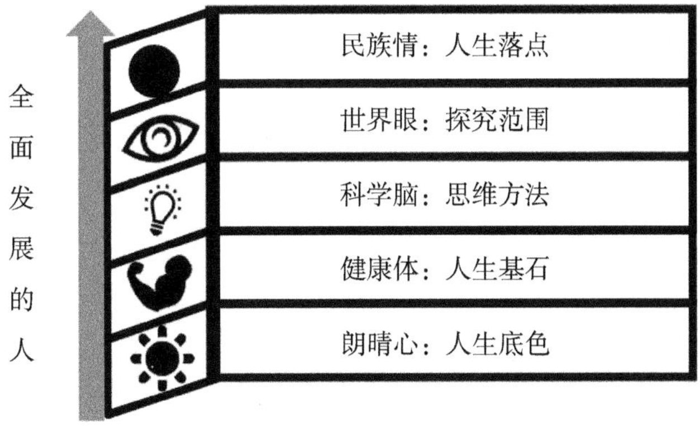

```
                    ┌─────────────────────┐
                  ● │ 民族情：人生落点      │
   全              ├─────────────────────┤
   面            👁 │ 世界眼：探究范围      │
   发              ├─────────────────────┤
   展            💡 │ 科学脑：思维方法      │
   的              ├─────────────────────┤
   人            💪 │ 健康体：人生基石      │
                    ├─────────────────────┤
                  ☀ │ 朗晴心：人生底色      │
                    └─────────────────────┘
```

图 1　朗晴小学育人目标

三、全纳教育理念下的校本课程体系

依据全纳教育理念，我校对课程进行了重新梳理融合、优化创新，在坚持均衡性、综合性、多元性、选择性原则的前提下，重构了学校的课程体系，把国家—地方—校本三级课程规划成五维课程。

（一）第一维度——基础课程，以均衡发展为原则

学校按照国家课程标准，落实课程方案，配足配齐师资，开足开齐全学科课程，并结合自身的特点及学生的兴趣爱好，以"基础课程＋特长课程"的方式规划学校的课程。美术课程引进的特色项目有版画、软陶等内容，在普及基础知识和基本技能的同时，螺旋分阶式推进两个特色项目，让全体学生能在常态课堂上熟练地掌握这两个项目。音乐课程在三年级每周上一节舞蹈课，四年级每周上一节古典吉他课，对全体学生进行通识教学，培养学生感受美、发现美、创造美的能力。体育课程以年级项目的方式开展，一年级为田径＋形体，二年级为健美操＋形体，三年级为定向越野，四年级为篮球，五、六年级为足球。这样的课程规划努力做到"全面普及"，让每个学生均有爱好与选择。

以语文课程为例，各年级备课组整合、梳理教材内容，在落实大纲的前提下，采用单元主题学习、同类课文整合等多种方式开展教学，把课外阅读统一纳入课表。每周一节课外阅读课，并以"互联网＋背景下的小学生深度阅读指导"课题为统领，探索研究互联网＋背景下，小学生课外深度阅读指导的课型研究（如图 2 所示）。其中包括读物推荐课研究、阅读方法指导课研究、阅读欣赏课研究、阅读汇报课研究、读写迁移课研究等。通过开展整本书深度阅读，引进大量的经典文章、书籍，开展大量阅

读进课堂的教学研究,不再是教材绑架教学,而是使学生在大语文的框架下提升核心素养。

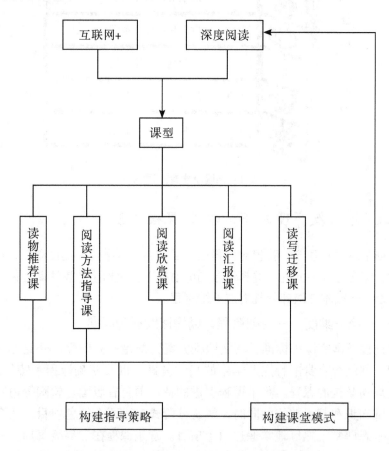

图 2　互联网+背景下的小学生深度阅读指导课型

再以心理健康课程为例,每周开设 0.5 节心理健康课,根据学生认知特点和身心发展规律设计课程,根据课程内容选择教室、团辅室、校园作为教学场所,通过引用素材、创设情境、游戏体验等方式,以团康课的方式设计班级辅导课。同时,基于学生出现的共性问题,对于特定的、具有同质性的群体,学校定期开展心育专题课程(如图 3 所示),以及时帮助学生进行疏导情绪,建立阳光向上的心态。例如,每年 4 月,针对人际关系不好、不受欢迎的高年级学生,开展"做一个受欢迎的人"主题课程;每年 6—7 月,针对需要提升情商的学生开展"EQ 加油站""情绪魔法师"主题课程;每年 9—10 月,针对插班生和适应不良的一年级学生开展"你好,朗晴!"团辅课程;每年 11—12 月,开展青春期成长营课程。

图3 朗晴心育专题课程

（二）第二维度——自主课程，以多元发展为原则

朗晴小学认为好的课程制度是有弹性的、可选择的。依据"左右半脑协同""多元智能"等原理，为了满足学生的多元需求，让学生在基础课程上彰显自己的特殊爱好，并针对不同学生的爱好、个性发展的需要进行有针对性的训练与培养，以化爱好为特长，学校开发80多门自主拓展课程供学生自主选择参与。

相对广义的自主课程而言，学校开发的自主课程主要是让学生基于个人兴趣或需求在学校提供的多元课程里选择。学校鼓励与支持学生全员参与自主课程学习，希望让不同的学生都可以自主选择适合自己优势潜力、促进自身最佳发展的课程，让潜质充分而和谐地发展。协调和整合校内外教育资源，课程的开设主要依靠校内外师资（包括校外辅导员、社区资源师资、家长义工、学校教师等），打破学科间的壁垒，打破年级班级间的界限。每周固定两节课，定场室、定人员、定课程大纲及教材，混龄混班参与。其特征是选择性、融合性、多元化。学校开发的自主课程为具有天赋的学生和有兴趣的孩子搭建专长平台，扶持他们走个性发展道路，为学生多元发展创造条件，帮助学生认识自我、建立自信、培养自我发展的能力。

（三）第三维度——探索课程，以拓宽视野为原则

探索课程围绕"让每位学生得到卓越发展"的教育理念，遵循教育规律和人才成长规律，深化教育教学改革，拓宽学生视野，注重因材施教，让学生在自然、社会、自我的三重生态体验里自育其心、自健其德，促进学生个体的人格完善。

探索课程以综合实践活动为主要方式，引导学生经历问题研究的过程，用研究问题的方法开展体验活动。通过活动学习收集、处理和运用信息的技能，从而培养学生发现问题、探索问题和解决问题的能力。学校主要开展亲子课程、博物馆研学课程，通过课程教化、环境感化、过程内化的基本途径，凸显体验、感动生命、激发潜能、开启生态智慧、优化生命样态，促使学生德性自主、自由、和谐地发展，从而培育健康、开朗、有朝气的积极精神品格。

"亲子课程"是整合家委会力量，充分发挥家长的资源优势，结合本班的学生兴趣、爱好，由家长和老师一起以课程开发的方式策划亲子户外拓展学习课程。以班级为单位开展，每学期以课程规划的方式至少开展一天的亲子课程。其主题是"亲近自然、参与社会、关注他人、提升自我"，其特征是多元性、开放性、参与性。"博物馆研学课程"是通过学校博物馆研学项目组统筹，以博物馆为大课堂，联动不同地区的博物馆，通过馆校合作协议，依据学生的年龄特征，以"导引课—实践课—分享课"模式开发各年级的系列研学课程。这些系列研学课程旨在让学生在课程学习中获得对自然、社会、他人和自我的体验，学会欣赏他人，形成合作和分享的意识，发展创新精神，具有公民意识和社会责任感。

（四）第四维度——个性课程，以精准定制为原则

个性课程是希望让具有不同天赋、能力和兴趣的学生（指向优势潜能、特长类课程）和因为各种原因造成某方面有特殊需求的学生（指向弱势智能、障碍类课程），在原有基础上得到最大发展。个性课程希望能适应不同学生的发展水平，从潜能开发的角度（发展优势智能和激活短板智能）入手，开设精准定制型课程。本着"下要保底，上不封顶"的原则，朗晴小学把个性课程分为两类：一类为有特长的学生所开发，为某方面有天赋或个人意愿希望得到发展的学生提供机会和平台；另一类为有某方面障碍的学生所开发，帮助学习、人际交往、心理等方面有障碍的孩子。

随着随班就读的推进，特殊儿童不断进入普校读书，融合教育成为普校的一大挑战。对患有阿斯伯格综合征、自闭症、多动症的孩子，学校往往爱莫能助。朗晴小学关注到这些弱势群体在学校的学习情况，通过调研和分析，基于

他们的实际问题，为他们提供适合的学习机会、学习环境和学习内容。为此，专门配备资源教室、感统室、心理咨询室、团康室、社工工作室等专用场室。同时开设了针对特殊儿童的"小苹果课程"系列课程，为需要帮助的学生进行一对一教学。

（1）特教老师的社会适应性课程。学校通过购买服务引进资源教师，为随班就读的特殊儿童（患有自闭症、阿斯伯格综合征、重度感统失调、脑瘫等）提供个性化训练课程，为他们进行社交训练、感统训练、语言训练等。并定期开展融合活动，引导普通学生接纳身边的每一个人，帮助特殊孩子融入学校、找到同伴。

（2）社工的家庭辅导课程。社工主要是针对有心理行为问题的学生（偏向由于家庭原因，如家庭暴力、离异、酗酒等造成的问题），开展小组辅导、个案辅导、家访、家长沙龙等活动，结合家庭辅导帮助学生。

（3）心理老师的个案跟进课程。通过心理问题筛查、班主任提供咨询、学生"悄悄话信息"等方式，发现心理有问题的学生。心理健康老师会针对学生的不同问题，设计沙盘、心理辅导、绘画投射等不同形式的课程，帮助学生重获"朗晴心，心晴朗"。

（4）"天天向上学习营"课程。针对有学习困难的学生，由社工、义工（老师、家长、大学生）当导师，开设"天天向上学习营"课程。对缺乏自信、自我约束能力的学生，以专题项目、学习辅导、团康活动等方式设计课程，重点是帮助他们建立自信，获得成就感。

这些课程的特征是关注差异性，帮助学生更好地适应未来的社会与生活。

（五）第五维度——融合课程，以面向未来为原则

前四个维度的课程是从单学科的层面满足不同学生的学习需要。融合课程打破学科的边界，运用近年来"项目式课程""以学生为中心""以学习为中心"等新概念、新理念，"学习金字塔"的学习原理（如图4所示），以及讨论、实践、同伴间相互学习的方式，提升学生主动学习的能力，让学生在学习过程中，达到自我实现的效果。开发基于项目的有技术支撑的融合课程——TIPS教学模式（TIPS得名于该课程四大特点的英文短语首字母：T，由技术和媒体支撑的；I，跨学科融合的；P，基于项目的；S，重在培养学生社会技能的）（见表1）。在融合式教学模式中，教师把各学科结合在一起进行教授。因此，教师在课前合作设计教学活动，教学过程中让学生充分参与其中，综合应用不同学科的技能。基于项目的融合教学模式的核心理念是学生运用多个学科的知识和技能完成一项真实项目中包含的任务。

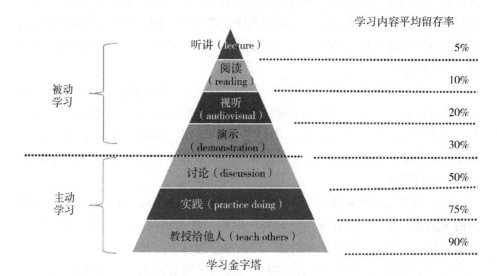

图 4　学习金字塔模型

表 1　传统教学模式与 TIPS 教学模式的比较

传统教学模式	TIPS 教学模式
教师为中心	学生为中心
内容为中心	方法为中心
激励机制：害怕	激励机制：奖励
竞争	合作
单学科	融合学科
理论知识的掌握	基于项目的学习
简单的定量评价	复杂的科学评价
技术是次要的	技术的重要性凸显

朗晴小学的"基于项目的由技术支撑的融合课程",使用了纵横交错、协同教改模式的方法,组织各年级、各学科老师实施。以年级组为团队,拟定项目主题,各学科老师围绕主题选择契合年级主题的学科课程内容,共同研讨,确定教学目标、任务及成果,制作项目指南。由于融合课的建构包含了不同的学科,因此,为了保证学科的专业性,横向由科组长领头,带领学科专业老师,对不同年级、不同学段的学习目标、学习内容进行分析处理,让整个学科分年级形成学科教材;纵向以级组长为领头,带领级组老师根据自己年级的特征、学生的学习特点和不同学科的学习内容,组合成融合课的教材。不但让每个老师都动起来,还让每个老师知道课程是如何来的、应该如何去上。学习过程中,孩子们也需要以小组合作的形式完成他们的任务,最终的作品需要体现出传统课程所要求的学科技能。通过实践体验,老师们发现,新的学习模式对自己的成长和对学生的发展都有很大帮助,与以讲授为主的课程相比,融合课程更容易让学生的自主性得到发挥和施展。在融合课程中,老师们需要做到放手,科学地培育学生的自主性,还要掌握好尺度,不把"学生自主"等同于教师放任不管。在尝试打破学科壁垒、探索跨学科的融合课程中,能真正让老师关注到每个学生,让每个学生成为课堂的主人,学生也可以充分发挥自己所长,主动参与课堂学习。同时,帮助学生逐渐拓宽视野,形成具有项目意识的学习习惯,不再局限于学科,真正将知识为我所用。

四、全纳教育理念背景下的多元评价方式

评价是导向,评价到哪里,育人方式就会到哪里,可以说评价方式直接影响着学校课程改革的力度和效度。然而,纵观我们的教育评价,从学校到家庭再到社会,分数至上仍是评价学生的主流。全纳教育倡导的是关注并满足所有学习者多样化需求的理念,为此,我们积极探索并注重过程性评价和发展性评价的方式,变革传统评价模式。

(一) 改进教学评价制度

学校培养学生树立"每个学科都重要"的思想,全面推进全学科考评机制,着力建构立体化的教学质量综合考评新体系。一是严格控制考试的次数,不搞任何形式的排名,以淡化等级考试对学生及家长思想观念的影响,从根源上消除唯分数论的狭隘思想。如个别家长需了解具体成绩,学校以发个人成绩条的方式告知,目的是避免私下排名。二是各学科注重学生基础知识和基本能力的考核,开启卷面测试+综合能力测试"双评价"的模式,促进学科素养提升,强调学科独特的育人价值和功能。表2以语文综合能力测试评价为例。

表2 语文综合能力测试评价标准

能力	评价标准			
朗读	8.5~10分：能用普通话正确、流利、有感情地朗读课文，做到发音正确、口齿清楚、声音响亮。其中，句子读破、漏字、添字、前后鼻音混淆、平翘舌音搞错等错误不超过3处	7~8.5分：能用普通话正确、流利朗读课文，做到发音正确、口齿清楚、声音响亮。其中，句子读破、漏字、添字、前后鼻音混淆、平翘舌音搞错等错误不超过6处	6~7分：基本能用普通话正确、流利地朗读课文，做到发音正确、口齿清楚、声音较响亮。其中，句子读破、漏字、添字、前后鼻音混淆、平翘舌音搞错等错误不超过9处	6分以下：发音含糊，口齿不清。其中，句子读破、漏字、添字、前后鼻音混淆、平翘舌音搞错等错误超过9处
背诵	25~30分：能用普通话正确、流利地背诵文段，做到发音正确、口齿清楚、声音响亮。其中，句子读破、漏字、添字、搞错等错误不超过3处	21~24分：能用普通话正确、流利地背诵文段，做到发音正确、口齿清楚、声音响亮。其中，句子读破、漏字、添字搞错等错误不超过6处	18~20分：基本能用普通话正确地背诵文段。其中，句子读破、漏字、添字、搞错等错误不超过9处	18分以下：发音含糊，口齿不清，不能用普通话背诵文段
口语交际	34~40分：具有日常口语交际的基本能力，态度自然大方，有礼貌，表达有自信心。能根据交流的对象和场合，稍做准备后，做简单的发言，表达流畅，有条理。与人交流时，具有良好的倾听习惯	28~33分：具有日常口语交际的基本能力，态度比较自然，比较自信。能根据交流的对象和场合，稍做准备后，做简单的发言，表达比较流畅。与人交流时，能注意听别人发言	24~27分：态度不太自然，缺少自信心，根据交流的对象和场合准备后，表达不够流畅，不大注意倾听别人的发言	23分以下：态度不太自然，缺少自信心，根据交流的对象和场合准备后，表达不够流畅，不大注意倾听别人的发言

（续表2）

书写	17～20分：作业页面整洁，笔画标准、到位	14～16分：作业页面整洁，笔画基本标准、到位	12～13分：作业页面不大整洁，笔画不大标准、到位，比较马虎	11分以下：作业页面不整洁，经常涂改，书写笔画不标准，非常马虎

（二）尝试建立科学的"目标跟踪管理"评价体系

"目标跟踪管理"评价体系，是以"侧重起点、承认差异、嘉奖进步"为原则，用目标生发展参数这一评估指标，对教师进行评价的一种评价体系。此评价体系要求教师立足学生的长远发展，更加关注学生的思想和学习的动态变化，对目标生进行长期的跟踪与管理，为其制定有针对性的教育方法或学习指导。学校则以数据分析为依据，对教师进行评价，及时帮助教师发现问题，优化方法，总结经验。此举重研究而不重经验，重量化而不重直觉，重过程而不只看结果，确保学校对学生的"过程性评价和发展性评价"落到实处。

（三）优化评价教师方法

在教师绩效考核中，把教师的学科成绩占比调整到合理的范围，扩大学科合格率和全科合格率的评价权重，引导教师更关注全体学生的全面发展，不让一个学生掉队，更注重培养学生的综合素养。此外，学校更关注教师教育教学过程的研究、专业发展的提升、团队协作能力的提高，以及教育教学活动的创新，让教师彻底地从唯分数论的泥潭中走出来。

"责任教育"课程实践探索

中山市三乡镇大布小学　简艳

郑凤姚点评：

中山三乡镇大布小学以"做一名有责任、有担当的新时代大布人"为教学理念，以课程为保障、以课堂为依托，培养有责任心的学生，打造有思想、善决策、敢实践的责任教师团队。课程规划尊重教育规律和学生身心发展规律，设计合理、层次清晰、重点突出，既有前沿的理念引领，又能联系校情，有具体的操作路径。这一课程规划展现了校长简艳极强的课程规划力，尤其在课程定位与设置上，在贯彻国家教育方针政策的同时，实现文化坚守和课程建设的有机统一，真正丰富了学生发展的内涵，切实提升了学校发展的品质。

中山市三乡镇大布小学，始建于1934年，坐落于中山的南部。抗战时期，这里是中山抗日第五区区委和中山抗日县委总部，有中山"小延安"之称。特殊的历史，留下了厚重的红色教育资源，呼唤着莘莘学子挑战自我、超越自我、挑战极限、奉献社会。红色，不仅是时代精神内涵的象征，也是大布小学育人的内核：传承革命精神，做富有责任的人。"责任"主要有两层意思：对事、对他人、对己、对社会都有应尽的义务和应承担的过失。从实践层面看，责任是一个系统：根据责任文化研究专家唐渊在《责任决定一切》（清华大学出版社2010年版）的阐述，责任是一个完整的体系，包含五方面的基本内涵：责任意识，是"想干事"；责任能力，是"能干事"；责任行为，是"真干事"；责任制度，是"可干事"；责任成果，是"干成事"。

学校秉承培养"品德高尚有责任，乐学善创巧思考，多才多艺爱运动，进退有度懂礼仪"的人的教育精神，倡导"做一名有责任、有担当的新时代大布人"的教学理念，坚持"责任在我心中"的校训，时刻提醒我校师生强化责任意识，做一个对自己、对他人、对学校、对社会负责的人。践行责任教育，建构责任教育框架下的课程体系，打造责任教育品牌学校。

一、学校历史与责任教育课程建设的背景

(一) 大布小学开展责任教育的历史沿革

责任教育课程体现了学校文化的主核,也是开展学校教育的载体。追溯学校历史,寻找学校文化的基因,大布小学是中山市第三个全国文物普查不可移动单位,也是中山市中江纵队第五区区委革命旧址。传承革命精神,不仅能促进责任意识内涵发展,也能凸显大布小学的责任担当,形成大布小学独特的办学品牌。

大布小学是一所历史悠久的学校。从 1934 年建校至今,紧紧围绕责任教育理念。在抗战时期,这里曾是第五区区委,许多革命前辈以教师身份为掩护开展地下党活动。特殊的历史留下了厚重的教育资源。1987 年,学校把"责任在我心中"确立为大布小学校训,拉开了大布小学开展责任教育的序幕。学校的责任教育研究大致经历了如下五个发展阶段。

第一阶段:责任教育酝酿期(1987—1998 年)。发掘学校红色革命历史,梳理学校红色革命的历史,初步设想在教育教学中传承革命精神。具体体现在学校的德育活动确立以"责任教育"为主题。

第二阶段:责任教育尝试期(1998—2005 年)。提出"责任在我心中"的学校德育的核心概念,学校活动的开展围绕责任教育,培养具有责任心、责任意识的人。在活动开展中,班会课中要有责任教育的渗透。

第三阶段:责任教育阶段性、层次性研究期(2005—2013 年)。确立"责任在我心中"为校训,开展了"责任教育阶段性、层次性研究"研究,开发了低、中、高三个年龄段的《责任教育》校本教材,围绕对自己负责、对他人负责、对集体负责、对学校负责、对社会负责、对国家负责六个方面展开了详细的研究。本课题获得了中山市课题评选二等奖、广东省创新成果三等奖,学校的责任教育有了较为系统的研究。

第四阶段:打造责任教育品牌学校的策略研究期(2013—2016 年)。基于责任教育的前期研究成果,大布小学如何将责任教育内涵的责任意识外显为学生的责任行为与担当,如何培养"少年君子",如何在学生的身上彰显责任的行为?基于这些问题的思考,学校开展了"打造责任教育品牌学校的策略研究"的省级课题研究,并于 2016 年 6 月顺利结题。学生已初步具备大布小学"少年君子"的品格,学校的责任教育品牌初步形成。

第五阶段:责任教育课程体系建构期(2016 年至今)。如何将学校的校本课程、德育、培养目标进行整合,把原来单一的德育培养目标、零散的教育活

动进行梳理和整合？如何让责任教育真正确立为学校课程的整体目标，围绕"责任在我心中"校训展开教学？让责任教育成为全方面、可培养、能落地的课程？为解答这些问题，学校进行了责任教育课程体系建设的探究。

大布小学责任教育的研究历时30余年，"责任在我心中"的文化深入师生的心中，借助几十年责任教育的良好积淀，以学生素养培养作为切入点，让责任教育不再局限于班会、队会等德育活动的开展，而是在常规的课程教学中可以实施，与国家的核心素养培养目标和学校的校本课程良好对接。在贯彻国家教育方针政策的同时，真正丰富学生发展的内涵，凸显学校教育发展的个性化，创新学校文化的特色，这也是大布小学责任教育课程建设的初衷。

"责任在我心中"的精神内核，已深深地植入大布小学的文化中，学校将培养有责任的人作为培养目标，让每一位学生成为更好的自己，成为中国特色社会主义建设者和可靠的接班人，将责任文化内涵延展至个人品质的培养中。

（二）基于责任教育框架下的课程开发背景

1. 国家对课程改革的政策依据

明确政策依据才能让课程规划有边界。学校认真落实《教育部关于全面深化课程改革落实立德树人根本任务的意见》《中长期发展纲要（2010—2020）》《义务教育课程设置实验方案》等文件精神，创新开展学校课程和教学的改革。课程改革要在国家教育的方针政策、各级政府对课程和教育的政策指导的框架下开展，要明确"规定动作"和"自选动作"之间的关系和区别，才能确保学校的课程改革是符合规定的。学校根据教育部颁发的课程计划，着眼于提高教与学的实效，着眼于学生全面个性的发展，着眼于展现学校办学理念。

2. 课程和课程实施

责任课程是指学校学生所应学习的学科总和与安排。责任课程是对育人目标、内容、教学活动方式的规划和设计，是教学计划、教学大纲等诸多方面实施过程的总和。责任课程强调教师履行课程的责任，增强教师的课程责任意识，提升教师的课程责任能力，学校应建立相应的课程责任制度，保障责任教育课程顺利开展。

3. 责任教育的理论依据

中国学生发展核心素养以培养"全面发展的人"为核心，分为文化基础、自主发展、社会参与三个方面，综合表现为人文底蕴、科学精神、学会学习、健康生活、责任担当、实践创新六大素养，具体细化为国家认同的18个基本要点。可以看出，培养责任心、责任担当的人是切合时代要求的。同时，责任意识也是《中小学德育工作指南》的总体目标之一，是建构社会主义思想道德体系的首要基础。因而，大布小学建构责任教育体系，通过责任管理和责任教育形成"责任文化"主目标，尊重原有的探究与探索，将学校的教育进行统领，实现责任教育的探究与核心素养的培养对接，把国家课程的培养目标与校本化的课程相结合，实现文化坚守和课程建设有机统一，既是顺应时代发展的必然，又是学校现实发展的必然。

（三）师生意愿

学校课程规划的关键是师生发展的需要。校长的课程规划不是空中楼阁，应该是扎根在教师、学生、家长的共同愿景中的。要想课程规划合理，就要把民主程序、调查和宣传做足，这样才能逐步将学校的教学发展、育人目标转化为学校的整体行为，提升教学质量，实现教师、学生乃至家长的共同教育愿景，激励各方协作，让课程规划顺利实施。如我们通过了解师生的家庭背景、学历、社会经济等个人情况和教育诉求，确立课程目标为培养具有责任的人，课程规划思路为落实国家课程、夯实校本课程、凸显责任特色、浸润责任文化。

二、责任教育课程力求解决的问题

责任教育课程首先要保障国家课程落实，我们称之为基础课程，在此基础上再设置我校专门性、独特性的课程，最终形成合力，凸显责任教育课程的特点，培养具备关键能力与必备品格的责任少年。

（一）需要设置怎样的课程来满足学生的需求

除了基础性课程开齐开足，如何在满足学生要求的基础上结合我校实际，开展学生、家长需求的专门性课程？为此，大布小学成立了"童韵飞扬俱乐部"，在充分调研的基础上开设了民乐、民族舞蹈、球类、武术、乐高、陶艺、语言艺术等22个才艺课程，外加学校15个校定训练课程，共37个项目；并将红色文化经典课、传统文化朗诵、武术课、形体课、中国舞、语言表演艺术项目进行课程化推广，保证了"人人有课程，个个有才艺"。每学期开学，还广泛征集老师、家长、学生的意见，不断调整、完善课程设置。

课程选择能力的提升重在规划过程中在扎根学校课程发展的基础上，对课程规划进行系统性的整体创建、发展性的构思设想、可行性的预设预判。发展是目的，规划是手段，作为手段的规划必须是一种发展性的谋划，是指向未来的，是为学校课程在原来的课程基础上寻求新空间的。学校课程规划的价值在于校际的差异性，体现责任教育的独特性，是根据学校的实际情况进行的课程选择。

（二）责任课程倡导怎样的课堂

责任教育的教学理念是"以生为本"，倡导"学生站在学校中央，站在课堂中央"，教学的出发点和落脚点都在学生素养的发展。建立由传统教学"三中心"走向一个中心（以学生为中心）的智慧学习，真正做到规划纲要强调指出的："尊重教育规律和学生身心发展规律，为每个学生提供适合的教育。"

聚焦学生的自主学习、探究、合作交流，建构基于智慧环境下的学科融合教学模式，以学生为中心视角，教师作为协作、引领的角色帮助学生完成教学目标。鼓励教师在课堂中适当的"退"，鼓励学生大胆的"进"，把舞台、课堂、发言的机会让给学生，让学生敢于挑战、质疑，敢于提出问题，从关注文本的教学，逐步过渡到关注学生成长的课堂教学。

（三）责任教育课程提供怎样的独特性教学

要从学科融合的理念出发，发现传统课堂教学中存在的问题，进行比较分析；基于智慧环境下对学科融合的问题在实践层面进行探索，最终建构出智慧环境下的学科融合教学模式。要找准切入点，利用互联网。在主题统领下，一个较好的问题可以涵盖语文、数学、英语、体育、信息技术等知识，用同一主题相互关联的教学方式，能提高学生综合运用知识解决问题的能力，也能帮助学生打破学科之间的坚实壁垒，便于学生融合与运用知识。如主题学习过程中，可以利用网络搜集资料，可以欣赏其中的数学问题，可以用诗歌或者英语介绍的方式进行说明，用信息技术的方式呈现，用报告的形式揭示主题。能在一个智慧环境下，实现学科之间的自然融合、探究，提升学生单位时间内的探究效率，提高学生的学习自主性。

三、责任教育的目标体系

责任教育要立足大布小学校训——"责任在我心中"——在学校办学的全程促进师生具备责任担当，成就有责任的教师，培养有责任的学生。据此，我们以课程为保障、以课堂为依托、以"责任少年"为育人方向，打造有思想、善决策、敢实践的"责任教师"团队，培养有责任心的学生。

（一）责任教育成体系——以课程为保障

建构责任教育体系，实现大布小学责任课程。什么是责任课程？责任课程和原来的课堂区别是什么？责任课堂体系中既要有老师，也要凸出学生，还不能与原来的课程违背。大布小学的"实践性"课程，既落实国家课程，也基于学校体量小的特点，做出一些自己的教育实践与尝试。责任教育课程是涵盖国家课程、专门性课程、独特性课程于一体的"整体性"课程（如图1所示）。

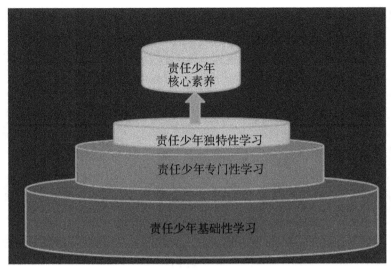

图1 "整体性"的学习

（二）责任教育能落实——以课堂为依托

责任课堂如何显性地体现出来？为此，我们打造了"乐于学习、善于沟通、敢于质疑、勇于承担、敢于创新"的责任课堂。具体为：语文教学中端正的字体、大声的朗读、勤奋的阅读、乐于思考与表达；数学教学中敢于思考、质疑、动手操作、说理；英语中，通过感知、预测、获取、分析、概括、比较、评价等活动，建构文化结构，发展思维品质，形成文化理解。因此，责任课堂的追求可以概括为：师生松弛有度，教师不"累"，学生既不轻松也不累；平等的交流、积极的讨论、大胆的质疑、智慧的互动。

（三）责任少年培养有方向——以责任少年为目标

大布小学绘制的责任少年自画像包括三个方面：主人意识、自主能力、快乐体验。具体来说是主动热情、自律自主的主人意识，善学善思、合群合作的学习能力，自信担当、乐学乐创的快乐体验（如图2所示）。

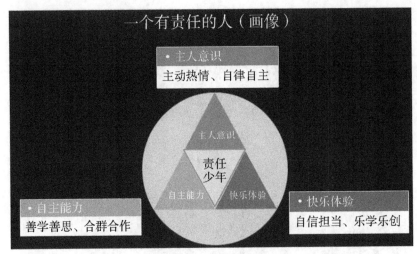

图2　责任少年自画像

到底怎样的人是责任少年？围绕责任少年这一概念，我们把责任教育不仅仅局限在德育，而是在日常教学中渗透立德树人的教育理念。因此，第一个指向是课堂中对学生的要求即教学的第一个指向，指向于培养怎样的人。第二个指向是学校课程开发要满足学生综合素养的发展，同时也要基于教师的情况，设置与学生需求相关联的课程。如体操、合唱、舞蹈、科技创新、书画，有重点、有方向、有步骤、分阶段地做好独特性课程的开发，原则是开设一门课程就做好一门课程。责任少年不仅仅是道德的要求，更是由内而发，生长出的一种儒雅，是有明责笃行的能力和本领的。第三个指向是努力帮助学生在课堂、在活动、在行为习惯中都表现出责任少年的担当。

（四）责任教师——实施责任教育有依靠

围绕责任课堂，培训一批具备责任能力、责任教育课程实施的教师。为此，我们提出了教师的"三专"，具体指的是"专业阅读、专业写作、专业共同体"。责任教师是阅读的倡导者，学生阅读的推广人、领路人，专业提升的自助之人。学校通过营造书香校园，培育阅读传统，提升教师自身专业水平来推动专业阅读；专业写作就是教师的专业性要求与发展撬动学生整体的发展。专业共同体，通过打破学科界限的"教材解读聚焦问题""一人一课尝试解决问题""团队研修集中研磨问题""成果展示、答辩问题的解决过程""回顾整理升华提炼"五个环节让教师在问题驱动下具备跨学科整合的能力。这是全体教师跨越式团队发展的方向，团结、共享、共进就是责任教师的自画像。

2018年，大布小学申请了中山市智慧校园示范培育推广项目，该项目已经顺利开题。学校借助信息技术，打造新型的教师专业共同体，以学科融合的方式，基于信息技术融合，对多科学、跨学科进行了一些创新性的尝试。这是责任课堂的独特之处。

四、责任教育课程体系的内涵

（一）责任教育的整体框架

大布小学的责任教育体系包括两大部分：责任管理、责任教育。其中，责任管理包括责任制度与责任团队。责任教育包括责任德育、责任课程、责任才艺、责任活动、责任校园。责任德育通过对责任理论的进一步研究、品牌策略的建构、责任队部的建设来培养责任少年；责任课堂旨在培养学生乐于学习、善于沟通、敢于质疑、勇于承担、敢于创新的责任学科素养；责任才艺是将学校"俱乐部课程"与科技创新纳入尚雅崇艺的培养目标；责任活动（阳光体育、学科活动）与责任校园（书香校园、传统文化、校史室）的建设旨在打造责任文化，让学生接收责任文化熏陶。以上几点最终形成责任教育课程体系（如图3所示）。

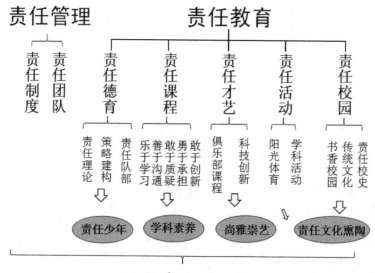

图3 责任教育课程体系

1. 责任制度与责任管理

通过制定《大布小学教师责任制度》，明确教师应该在责任教育中承担的责任、应尽的义务，强调全体教师育人的职责；打造敢于承担责任、敢于担负责任、敢于创新、敢于解答问题的管理团队，形成学校独特的责任管理文化，形成责任教育体系下"观念聚合、领域整合、意义融合"的责任教育实施的保障体系。

2. 责任教育

（1）责任德育。围绕"责任在我心中"的校训，依据学生的年龄、心理特点，开展生涯课程、研学课程、年级成长课程；尊重学生个性发展，开设毕业班课程、特色班课程、雏鹰课程等横向课程；借用外力，开设木偶戏课程、咸水歌课程、"爷爷奶奶一堂课""心灵下午茶"等课程。责任德育已经形成了涵盖各个年龄段、兼顾学情、凸显责任特色的校本课程体系，让责任德育在课程的具体支撑下得到有效实施。

（2）责任课程。责任课程包括三个部分：基础性课程、专门性课程、独特性课程。（如图4所示）基础性课程是对国家课程的落实与实施，以确保国家课程的开齐开足。专门性课程包括传统文化、数智汇、课本剧场、阳光体育。其中，传统文化包括诗歌朗诵、古诗吟诵、红歌唱响校园、少年军校展演等；数智汇包括走迷宫，七巧板，四、六、九宫数学，二十四点，九连环，魔方，开设趣味数学课程，打造数学实验室一间；课本剧场包括英语剧本表演、音乐剧、语文小话剧表演；阳光体育包括团体操、健美操、百人书画大赛、冬季晨跑、校田径运动会、跳绳、仰卧起坐、足球、乒乓球、篮球、羽毛球比赛，每学期举行一个月的"阳光体育"竞赛活动。独特性课程包括"童韵飞扬"俱乐部课程、科技创新与学科融合（如图5所示）。通过"三阶一体"的三阶课程设置，旨在责任少年核心素养的培养。

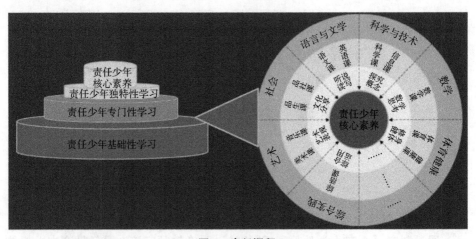

图4 责任课程

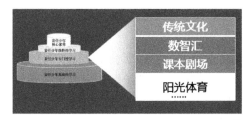 

图5　专门性课程

（3）责任才艺。责任才艺将"童韵飞扬"俱乐部课程与科技创新相结合，将学校设置的引进课程与校内课程相结合，包括了航模、科技创新、乐高、电子竞模、田径、声乐、器乐、舞蹈等项目，以"一人一艺、一人一技"的责任少年为培养目标。

（4）责任活动。除了学科活动，还开设了专题性活动，如航模飞机、弹射飞机、纸飞机比赛，高空抛"蛋"、电子竞模、科技创新周，阳光体育活动之班级跳绳、拔河比赛等。

（5）责任校园。全体师生共同努力打造责任校园，让整个校园变成一门流动的责任课程，让学生在儒雅的氛围中接受责任文化的熏陶，在优秀文化的滋养下成长。大布小学门楼前，"责任在我心中"的校训镌刻在校门左侧醒目的位置。走进校园，地板上有关责任的成语映入眼帘。步入教学楼中，名为"团结、向上、知书、有礼"四个宽敞楼梯直达四楼，提醒学生要做团结、向上、知书、有礼的人。责任厅中大幅的红色历史铜壁画，让学生铭记历史；博学堂、笃行堂中有《中庸》《大学》中的名段，警醒学生要做一个博学、有礼、知行合一的人。二楼有"责任"的五种字体（篆书、隶书、楷书、行书、草书）书法醒目地悬挂在书画室前。每个教室外墙上设置了责任栏，上面的班级图腾、班级口号给学生以昂扬向上的激励。在班级图书角、"开放式书吧"、读书角处，校园内责任德育、责任队活动、书香活动的图片随处可见。展示橱窗内，学生自制书签、手工作品、书画作品，每月不断有新作品的涌现。五楼是校史室，每年新生入校时，每年校庆日，学生可以重温历史，体会作为一名大布学子的荣誉与自豪。多样的文化课程和榜样的力量使"责任"真切而厚重。

（二）责任教育课程体系的整体性追求

责任教育课程体系，是一个完整的体系。学校应在责任教育整体框架下，进行学校管理的制度建设——责任管理；进行全体的教师培训——教师经营；进行责任体系课程建构；确立育人的目标导向——培养具有核心素养的责任少年；推行我们的价值宣示——责任教育。应建立责任教育的课程评价，促进课程体系的建设；不断反思，完善责任课程的评价，完善责任教育课程体系的整体性建构（如图6所示）。

以责任文化为底色，以责任课程体系建设统领学校各项工作。以教师的发展促进学校的发展，落实为促进学生的发展：打造一群懂学生、懂课堂、懂教育的教师，培育富有教研激情、拥有教学智慧、饱含教育情怀的教师团队，通过完善师资、搭建平台、培育社团、建构课程体系等形成教育合力。让好的学校管理服务教师、好的教师育好学生、好的学生反过来促进学校的发展与壮大。实现学校、教师、学生三个关键核心要素的发展是治校的出发点和落脚点。

责任教育体系的整体性追求为观念聚合、领域整合、内容融合。即责任教育育人观念上的聚合是全体师生共同的价值追求；学习领域内容的整合，将国家课程与校本个性化课程进行有意义的对接。意义融合，指不同的领域、不同的教学内容、不同的课程学习，但其本质的意义是融合的，就是要培养学生的核心素养，让学生具备关键的学科知识能力、必备的品格、责任担当的品性。

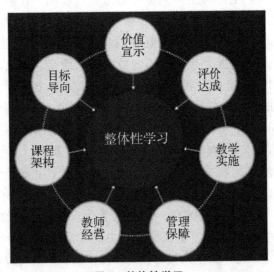

图6 整体性学习

五、"责任教育"的实践总结、思考与展望

（一）"责任教育"实践取得的成果

1. 校园文化得到有效的统整

责任教育体系不仅在课堂、活动中育人，而且应该在可以育人的所有场域内都有教育发生。将文化育人、制度育人、环境育人有效整合。放眼责任文

化，从历史的渊源找红色基因，在办学的路途中梳理经验，在现实的发展中提炼成果，形成责任教育。2019年6月，在少先队视角下开设省级德育"基于红色文化少先队活动课程的实践研究"课题并获得立项。几十年来，大布小学坚持责任教育，初步形成了责任教育的校本文化，并进行了硬件、软件的打造，资源得到进一步的优化与整合。

2. 以儿童为中心的课程体系逐步建立

无论是落实学生学科素养的基础性课程，还是责任少年的专门性课程、责任少年的独特性课程，都已经建立了相关的完整课程，并在基础性课程中落实了学生学科素养的培养。在专门性课程，如传统文化、数智汇、课本剧场、阳光体育等学科中，培养学生素养；在独特课程中依据学生、家长的需求，依据学校教师的实际情况开设"才艺"等独特性课程以满足学生的需要。经过实践，学生责任意识有明显的增强，善学善思、合群合作的责任课堂正在逐步形成，学生的快乐体验因课程这一载体越发变得实在、可行，一个有责任的学生画像正逐渐清晰。

3. 责任教育的育人观念得到有效的聚合

在教师原有的认识中，责任就是在校园文化的硬件、课程的落实、体育活动、德育活动、才艺社团、俱乐部课程中落实学生应该做好自己的事，教师做好本职的事……但这些责任是零散的，不成系统的。还有教师认为责任更多应该是班主任班会、辅导员队会、德育主任教育中的内容。经过我们的实践，我们打消了教师们对责任教育的片面认识，从传统、现实、未来期待，提出大布小学的责任教育，充分打造学校的责任管理、责任团队、责任德育、责任课堂等系统。所有项目目标一致，就是围绕我们要培养怎样的人、具体怎么培养。如今，培养"一个有责任的人"成为大布教师认同的价值，做"一个有责任的人"成为全体学生的追求。育人的观念得到了有效的聚合。

（二）对课程设置与开发的建议

要推进整体的课程建设，提出一种可以凝聚人心、立足校情、着眼当下、放眼长远的课程，不是头脑一热或者在书斋中"闭门"就可以打造出来的，课程的提出还需要一定的历史渊源和一定的现实基础，也要有与时代同步、与国家教育方针政策相吻合的价值追求，才会富有生命力。

首先，要发掘学校的历史和学校的实际情况，立足校本实际情况。基于有什么、缺什么、能做什么，大布小学责任教育才能在三年的时间内顺利开展。因为大布小学曾开展过责任教育，历任校长在开发的过程中积淀了丰富的资源，学生、教师在开展责任教育方面已经具备了相当的经验，只是把原来零散的进行统一、整合，让目标更为清晰，不再拘泥于某个方面，而是聚焦在学生的培养，聚焦在完整的人的培养上。

其次，课程要相对稳定。无论是基础性、专门性，还是独特性课程，要在调查的基础上，基于校本的实际情况进行开设；要保障课程的相对稳定性，反复进行论证，确保课程的延续性。让学生的发展有持续性与发展性，才能保障学生素养发展的通畅。当然，在课程之前学校还需要进行充分的论证如何操作、怎么操作、怎样优化的问题。

再次，要转变观念，要有全体的价值认同。责任教育课程不是一个无根生长起来的课程，它既基于学校原有的基础，也与时代的发展相吻合，与国家的教育方针、政策、育人的大方向相一致，因此，全体的教师首先要转变观念，责任课程需要有全体认同的价值。如清华大学附属小学教师招聘中的第一条就是"认同成志教育"，没有全体教师的认同与付出，仅依靠小部分老师的肯定与付出是很难将一个课程顺利开展下去的。

（三）课程展望

1. 进一步以责任教育课程建设为载体，提高课程的综合度

2016年，高中核心素养培养目标的出台，为我国育人提出了明确的方向。为祖国培养必备品格与关键能力的人是学校办学的方向，但如何界定与区别核心素养与学科素养？如何具体落实在课堂中？跨学科的素养是不是有利于学生对知识综合运用及解决问题能力的培养？为此，责任课程将以学科融合为视角，基于信息环境，进行学科融合的尝试，提高课程的综合度。

2. 加强对所有课程的整合与充实

目前，学校设置了基础性、专门性与独特性课程。近年由于学校的发展，不断有新教师加入大布小学教师队伍，也带来了很多有专业特长的教师，要尽快让这一批新教师也融入责任课程的实施中，要在论证的基础上对原有的课程进行审视，也要适当地将新课程纳入原来的课程体系，不断完善与整合原有的课程，在专门性、独特性课程的教师、学生人数上进行调整，确保课程的顺利推进。

3. 不断完善责任教育的评价方式

责任教育课程如果要长远实施下去，离不开评价机制的完善与保驾护航。目前，关于责任教育课程的评价还是一些大方向的定性描述，没有具体量化的定量指标。没有具体的、实证研究的数据支持，是很难具有指导意义的。因此，在下一步责任课程的推进过程中，我们将在专家的指导下，逐步为基础性课程、专门性课程、独特性课程建立相对科学的、可操作的评价体系。

自然云汉　向上生长
——云汉小学课程体系建构思考与探索

中山市沙溪镇云汉小学　宁云志

郑凤姚点评：

中山市沙溪镇云汉小学从社会发展需要出发，从学生发展需要与学校发展实际出发，以突破课程教育瓶颈为抓手，在"向上文化"的引领下，选择自然教育作为创新教育理念的落脚点，大刀阔斧地进行改革，有力促进了学生发展、学校发展。一是以先进理念为指导，与时俱进，敢为人先；二是以人为本，强化德育，德育改革与课程改革双管齐下；三是课程改革与教科研紧密结合，相互促进；四是既抓住阶段重点，又注重整体配套，在课程、教学手段、学习方法、学业管理和评价方面均有探索。这彰显了校长宁云志在课程规划方面的文化视野——宁校长善于回望过去又立足当下，对课程规划有面向时代、走向未来的统筹能力。正如宁云志所说："学校课程体系的建构与探索是一个不断完善更新的过程，是一项没有终点的事业。倘若能够认真、坚持、创新地做，肯定可以走出符合时代要求、学生需求、学校追求的课程改革之路，实现学校师生培养目标——向上心、智慧脑、体魄美、云汉梦从而促进学校内涵发展。"

中山市沙溪镇云汉小学办学历史悠久，迄今已逾100年。学校位于中山市沙溪镇凤岭山麓，风景优美，绿树成荫，素有"小华南植物园"的美称。学校占地面积15394平方米，建筑面积5760平方米，绿化面积超40%。学校设施设备先进，硬件完善。

近年来，学校陆续被认定为全国青少年校园足球特色学校、广东省校园足球推广学校、中山市文明校园、中山市篮球传统项目学校、中山市龙狮训练基地……在社会各界获得了良好的办学口碑，呈现出蓬勃向上的发展态势。2019年7月，学校扩建工程正式动工，预计两年内建成一幢多功能体育馆和一幢新教学楼，办学条件将进一步得到优化，办学质量也将得到提升。

一、向上文化催生机——学校办学思想提炼与升华

2015年8月，由于换岗交流，学校成立了新的行政班子。我们始终认为学校所有的工作，都应该在一个学校精神文化的统领下才能持续发展。基于校情分析，结合专家意见，经过充分梳理与酝酿，我们提炼出学校办学思想体系。

办学哲学：自然教育

办学理念：让师生行走在教育的春天里

办学愿景：绿色田园、活力学园、人文家园。建设一所富有活力、生机、向上，具有乡村田园诗意的学校。

师生培养目标：向上心、智慧脑、体魄美、云汉梦。向上心——勤实践，勇担当；智慧脑——会学习，有底蕴；体魄美——体格美，精气神；云汉梦——学科学，敢创新。

校训：邈邈云汉，学子向上

校风：正心正德，向上向美

教风：乐教善导，教人向上

学风：乐学善思，学攀高峰

学校卡通形象：小云雀

学校校歌：邈邈云汉少年志

自然教育理念起源于启蒙思想家卢梭，1767年其他《爱弥儿》中提出："应该是自然教育孩子，自然的教育可以使一个人适合所有一切人的环境。"自然教育是以自然环境为背景，以人类为媒介，利用科学有效的方法，使儿童融入大自然，通过系统的手段，实现儿童对自然信息的有效采集、整理、编织，形成社会生活有效逻辑思维的教育过程。自然教育，是以自然为师的教育形式，可以增强学生自我认知并习得、发展社交品格及技能。自然教育同时也是贯彻素质教育、培养学生核心素养的有效途径。

我校的自然教育是指充分利用云汉小学得天独厚的自然资源，在自然教育的道路上大胆地开展探索，激发孩子们对自然、对生命的探究热情，促进身心成长。学校提出"自然教育"这一办学哲学，核心理念"自然云汉 向上生长"既是结合学校地势环境特性的提炼，也是对民族传统品性的继承；既是社会发展对学校的要求，也是学校自身可持续发展的需要。其提炼过程是凝聚师生心力的过程，通过定理念、绘愿景、立校训、树三风，从态度言行的要求到精神品德的养正再到价值追求的引导，以"崇尚自然"与"向上生长"为核心，形成一条贯穿学校全面工作的主线，搭建立体化的教育框架，将校园文化碎片上升为具有底蕴的精神文化，再使之内化为师生自我的价值观念，锻造

出云汉小学独特的文化气场。

二、林间课堂促生长——学校课程体系建构与探索

围绕学校的师生培养目标——向上心、体魄美、智慧脑、云汉梦，我们结合已有的优势项目与独特的自然环境，对国家课程进行梳理和整合，初步建构起学校的三级课程体系，并不断加以丰富和完善。

（一）课程背景

1. 突显国家课程改革的时代要求

为贯彻《中共中央国务院关于深化教育教学改革，全面推进素质教育的决定》（1999年6月）和《国务院关于基础教育改革与发展的决定》（2001年5月），教育部决定大力推进基础教育课程改革，调整和改革基础教育的课程体系、结构、内容，建构符合素质教育要求的新的基础教育课程体系。

《教育部关于全面深化课程改革 落实立德树人根本任务的意见》（2014年3月）指出，学生核心素养就是指学生在接受相应学段的教育过程中，逐步形成的适应个人终身发展的和社会发展需要的必备品格与关键能力。意见突出强调个人修养、社会关爱、家国情怀，更加重自主发展、合作参与、创新实践。

《中共中央国务院关于深化教育教学改革 全面提高义务教育质量的意见》（2019年6月）提出，要坚持立德树人，着力培养担当民族复兴大任的时代新人；要坚持"五育"并举，全面发展素质教育：突出德育实效、提升智育水平、强化体育锻炼、增强美育熏陶、加强劳动教育。

2. 落实省市教育政策的发展要求

《广东省人民政府关于深化教育领域综合改革的实施意见》（2015年2月）指出，要坚持立德树人基本导向，促进学生全面发展。意见要求坚持以学生为中心，以落实国家规定教学要求为基本，深化课程改革，合理设计教学流程，创新教学方法，探索多种培养方式，注重因材施教，坚持教育教学与生产劳动、社会实践相结合。

中山市人民政府办公室《关于深入推进义务教育均衡发展的实施意见》（2015年1月）指出，要深化地方课程和校本课程建设，建立符合教育教学规律和有助于学生全面发展的义务教育课程体系。要全面落实课程方案，坚持知识教育和能力培养并重，引导学生养成良好的生活和学习习惯，切实增强学生的社会责任感、创新精神和实践能力，促进学生健康、快乐成长。

3. 传承学校历史文化的现实要求

（1）学校地势环境的特性。云汉小学坐落于凤岭山下，依山而建，从校

门口拾级而上，步步登高，可以体味到渐次递进、一步一"向上"。校园内绿树葱郁，花香扑鼻，鸟语蝉鸣，充满着自然和谐的原生态气息。得天独厚的环境条件与奋进向上的学校气质浑然天成，达到和谐合一的境界。

（2）学校办学理念的体现。学校办学的根本在于师生的共同成长。我们认为师生作为个性的生命体，学校要做的是给他们营造一个适宜的成长"气候"。春天是一个生机盎然的季节，欣欣向荣、万物向上，我们要给师生一个教育的春天，赋予师生自我成长的力量，让师生在适宜自然生长的"气候"中向前行、向上长。

（二）课程目标与结构

1. 课程目标

课程是教育的心脏，课程目标的本源是学校的育人目标。学校以培养"全面发展的人"为高度，强调国家的教育方针与育人目标的内在一致性，围绕学校课程理念"自然云汉、向上生长"来回答学校"自然教育"课程体系如何培养"向上心、智慧脑、体魄美、云汉梦"的向上好少年的问题，体现出今天的学生与未来社会之间的联系。

2. 课程结构

（1）划分课程领域。学校围绕育人目标，以课程功能为逻辑依据，明确地把课程内容划分为三大课程领域。"基础型课程"指向学生基本素质的形成和发展，体现国家对公民素质最基本的要求；"拓展型课程"指向开发学生潜能，促进学生个性化发展；"探究型课程"指向发展学生思维，利用项目式学习推进，同时体现学校办学特色。课程详情可见图1。

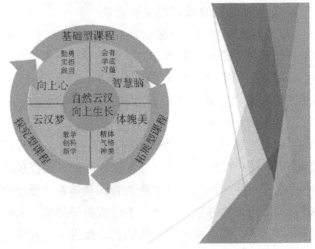

图1　云汉小学课程体系

（2）搭建课程结构。依据课程功能，学校先在横向上划分出基础型课程、拓展型课程和探究型课程，再把每一个领域内容视为一个课程群，形成纵向上的课程类别。基于横向上课程功能的划分和纵向上课程领域的划分，形成了学校课程的结构，即课程图谱（如图2所示）。

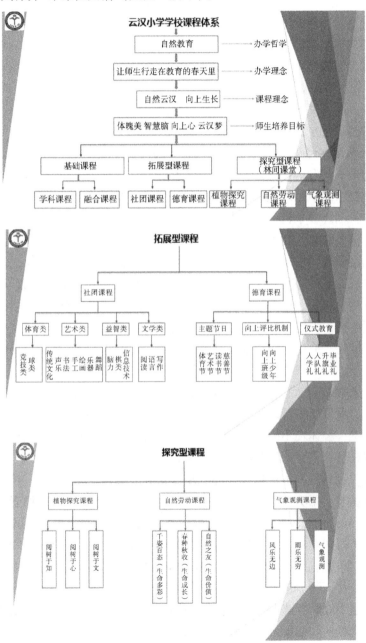

图2 课程图谱

（三）课程实施与评价

1. 课程实施策略

课程的实施与管理体现了对课程理念的贯彻与执行，这就要求学校创设各种条件开设更加丰富的、民主的、人性化的课程，着眼于培养、激发和发展学生的兴趣爱好，开发学生潜能。

实施基础型课程，要考虑学生的认知规律，知识内在逻辑关系，做到重点突出，厘清学科性质，以教材为依托，落实好国家课程。实施拓展型课程，要考虑学生已有经验、学习能力，体现参与性与层次性，防止学科化。实施探究型课程，要以项目式学习推进，以探究性实践活动的形式开展，确定课程研究方向，掌握研究方法是学生学习这门课程的关键。

（1）基础型课程校本化实施策略。基础型课程即国家课程，强调学生基本素质的形成与发展，体现国家对公民素质的最基本要求，由各学习领域体现共同基础要求的学科课程组成。课改的主要任务是推进基础课程的严格落实。要求各学科围绕教学目标，以本学科教材的内容、方法、训练点等为基点，注重课内与课外联系，实现知识到能力的转化，达到会运用、能分析的目的。

基础型课程的校本化实施主要由学科课程的落实和学科与学科之间的融合课程来实现。学科课程基于学科逻辑体系，围绕教材开设语文、数学、英语、道德与法治、信息、科学、综合实践、体育、美术、音乐等学科，目的是要让学生掌握学科知识的间接经验。融合课程打破学科界限，基于学科需要，围绕主题进行探究，关注的是学生面对真实世界时的真实体验，目的是要学生获得直接经验。

（2）拓展型课程的个性化实施策略。拓展型课程主要满足学生的个性化学习需求，激发学生潜能，完善学生的认知结构、提高学生自我规划和自主选择能力，是一种体现不同基础要求、具有一定开放性的课程。我校拓展型课程由社团课程群和德育课程群组成（如图3所示）。

学校鼓励本校教师根据个人特长开设社团，让全体教师各展其能、各尽其材、共同参与；招募校外民间艺人担任辅导员，在家长中吸收志愿者；外聘校外培训中心的专业辅导员进校，充实师资力量，丰富授课内容。共开设艺术类、体育类两大类项目，拥有篮球、足球、合唱、舞蹈、古筝、二胡、书法、醒狮等23个社团。因地制宜，整合资源，实行"一室两用、一师两用"的模式，统筹安排、科学规划。周四下午全员参与、个别社团则每天开展活动，确保全校学生100%参与其中，让学生的特长得到更好的发展，让社团成为每个孩子张扬个性的炫丽舞台，成为孩子喜欢的活动场所、家长放心的教育阵地。

学校从德育活动课程化开始创新课程样态与实施途径，建构了包括主题节日、仪式教育、向上评比机制三大项目的德育课程群，逐渐形成较为成熟而稳定的德育课程项目。

主题节日以贯穿一年的主题节日为课程，从"小"入手，活动目标系列化，系统编排活动内容，承载于活动，落实于实践。学校制定了一年一度的读书节、艺术节、体育节、慈善节活动框架，再根据各年段的特点进行细化，设计不同的主题活动，通过与儿童校园生活融合在一起的德育方式促进学生的良性行为逐渐转化为习惯，形成主题节日教育体系。

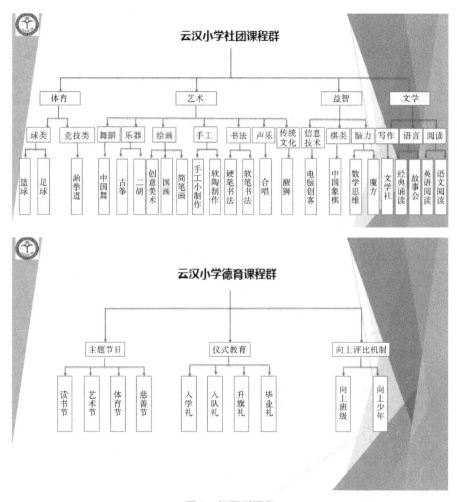

图3　拓展型课程

仪式具有特殊的社会心理功能，学校融合学校德育建设的主要内涵，精心设计具有较强仪式感的活动，借助特别的仪式，使内隐的教育要求外显化。多年来，我校以学生成长中的四个重要节点——入学、入队、升旗、毕业为契机,根据不同学段的特点,开展"入学礼、入队礼、升旗礼、毕业礼"仪式教育活动,让学生在仪式过程中获得真切的情感体验,建构学生成长的阶梯,对其心灵起着潜移默化的作用,从而产生持久的影响力。

评比是促进德育工作落实的重要手段,利于培养学生高度的集体荣誉感,促进学生良好思想品德的形成。围绕"向上"这一主题,大队部制定详细的评价机制,通过评"向上班级",鼓励班级抓常规、显亮点、有个性;通过评"向上少年",引导学生讲规矩、养习惯、争上进。通过一系列具体有效的评比措施,培养学生良好的思想品德和行为习惯,增强班级之间的交流和竞争,促进校风、学风的建设,活跃了育人气氛,优化了育人环境。

(3)探究型课程的项目化实施策略。探究型课程指向发展学生思维,利用项目式学习推进,同时体现学校办学特色。我校探究型课程又称"林间课堂"课程。"林间课堂"不是传统意义的教室课堂,而是学校在自然教育理论指导下,充分利用学校自身的自然生态环境逐步建设起来的实施综合实践活动课程的重要载体和平台,其课程既源于课本又走出课本,既在课室又走出课室,既有传统知识教授又注重以动手动脑的体验为主的课程。"林间课堂"具有自然性、项目性、综合性、体验性、多样性、开放性、创造性等特征。

我校探究型课程由植物探究课程群、自然劳动课程群、气象科普课程群组成。

表1 植物探究课程

维度	目标	年级	课程内容	实施方式	评价方式
阅树于知	用生态考察的方式从自然中发现和提出探究主题,通过观察、记录、材料收集与思考,促进学生学习与体验跨学科知识的整合与运用,主动获取理性思维、批判质疑、勇于探索的科学精神。培养学生与自然的情感,养	低年级	校园风光与四季变更生生相惜,以大自然中儿童熟悉的自然现为主题,组织学生围绕主题选择合适的、可以观察的类别,开展持续的跨学科或单学科的主题学习。 1. 四季校园 (1)寻春:老师带领孩子们在校园寻找春天,议春景 (2)遇夏:观察	1. 四季校园 (1)寻春。教师教学绘本《遇见春天》,提供《春天来了》等其他春天类绘本;教师为学生培训五感感知法,带着学生走进大自然,去校园、公园等地寻找春天,动用视觉、听觉、味觉、触觉等多种感官,了解春天的特征;把自己喜欢的春景画下来,附上一段关于春天的小短文或是一首小诗,完成春景小报 (2)遇夏。教师教学绘	星级评价等级 1. 参与态度 (1)认真参加每一次活动 (2)努力完成自己承担的任务 (3)做好资料积累和处理工作 (4)主动提出自己的设想 2. 合作交流 (1)主动和同学配合 (2)乐于帮助同学 (3)认真倾听同学的观点和意见

(续表1)

维度	目标	年级	课程内容	实施方式	评价方式
阅树于知	成自然友好的生活方式	低年级	夏天的特征，说一说 （3）思秋：在校园里捡落叶，做小手工 （4）忆冬：校园里的冬天是怎样的，找一找，说一说 2. 研学之旅 每年春秋两季，孩子们在老师和家长的带领下走出校园，到大自然中感受自然之美和观察多姿多彩的花卉与水果	本《夏天来了》，提供《四季之书：神奇炎热的夏天》等其他夏天类绘本 （3）思秋。教师教学绘本《大地艺术 秋天》，提供《四季之书：夏冬之交的秋天》等其他秋天类绘本 （4）忆冬。教师教学绘本《冬天》（五味太郎），提供《我爱大自然四季科普绘本》等其他季节类绘本 2. 研学之旅 （1）春天，到中山市沙溪镇祥农洲生态植物园，孩子们观察某种花卉或者水果，填写自然笔记 （2）秋天，到中山市南区詹园，观察各种各样的植物，填写自然笔记	（4）对班级和小组的学习做出贡献 3. 实践活动 （1）积极动脑、动口、动手参与 （2）会与别人交往 （3）活动有新意 4. 成果展示 （1）绘画、摄影作品、小报、PPT汇报、研究报告等 （2）成果有新意 5. 自我评价 6. 同伴评价 7. 教师评价 8. 家长评价
阅树于心	用生态考察的方式从自然中发现和提出探究主题，通过观察、记录、材料收集与思考，促进学生学习与体验跨学科知识的整合与运用，主动获取理性思维、批判质疑、勇于探索的科学精神。	中年级	1. 植物的秘密 为了让学生认识植物的多样性，能关心身边的植物种类，对这些植物的结构和功能有所了解；在不断了解生命的特点之后，能意识到生命的珍贵，对所有生命存有敬畏和尊重 (1)种子的旅行 (2)年轮的秘密	1. 植物的秘密 （1）种子的旅行：教学二年级上册语文《植物妈妈有办法》和绘本《一粒种子的旅行》，教师教会学生查阅植物类画册、网络资源，观察校园中的植物，通过图画、口语交流分享自己最喜欢的一种植物的种子旅行 （2）年轮的秘密：观察年轮，计算树的年龄。根据年轮上的信息，	星级评价等级 1. 参与态度 （1）认真参加每一次活动 （2）努力完成自己承担的任务 （3）做好资料积累和处理工作 （4）主动提出自己的设想 2. 合作交流 （1）主动和同学配合 （2）乐于帮助同学

（续表1）

维度	目标	年级	课程内容	实施方式	评价方式
阅树于心	培养学生与自然的情感，养成自然友好的生活方式	中年级	（3）根的奇妙 （4）叶的纷繁 （5）花的物语 （6）果的甜蜜 2. 植物研学行 每年春秋两季，孩子们在老师和家长的带领下走出校园，到大自然中感受自然之美，观察各式各样的植物，解开植物的秘密	画出树的样子 （3）根的奇妙：用水培的方式种植番薯，在这个过程中，观察玻璃容器中番薯生根发芽的过程并记录。以此为导，寻找并观察不同植物种类的根的特征。在教师的指导下做根的吸收实验，理解根的作用 （4）叶的纷繁：仔细观察自己收集的数种树叶，试着找出每片树叶的名称，量出每一片树叶的周长，根据树叶的特点进行分类。将树叶贴在研究报告上，并写出每一类树叶的共同特点 （5）花的物语：教师根据学生对校园内花的喜爱自然分组，引导各组学生通过赏花—识花—品花—爱花四步，走进花的物语。赏花：学生拍摄、绘制或收集花的特写并展示；识花：介绍花的功效及花美食特点等；品花：收集并解说以此花为主题的诗词、典故、花语、歌曲等；爱花：用自己的一段话、一首诗表达自己对此花的喜爱	（3）认真倾听同学的观点和意见 （4）对班级和小组的学习做出贡献 3. 实践活动 （1）积极动脑、动口、动手参与 （2）会与别人交往 （3）活动有新意 4. 成果展示 （1）绘画、摄影作品、小报、PPT汇报、研究报告等 （2）成果有新意 5. 自我评价 6. 同伴评价 7. 教师评价 8. 家长评价

（续表1）

维度	目标	年级	课程内容	实施方式	评价方式
阅树于心		中年级		（6）果的甜蜜：教师根据学生对校园内水果的喜爱自然分组，观察校园内的不同水果的外部形状和内部结构（核），通过记录的数据及查到的资料感知并简单分析水果的异同 2. 植物研学行 中山市内合适的植物观察点进行观察，填好自然笔记	
阅树于文	用生态考察的方式从自然中发现和提出探究主题，通过观察、记录、材料收集与思考，促进学生学习与体验跨学科知识的整合与运用，主动获取理性思维、批判质疑、勇于探索的科学精神。培养学生与自然的情感，养成自然友好的生活方式。	高年级	1. 人文植物探究 开发以植物资源为主体的校本课程，充分挖掘校园植物的价值，并为校园植物挂牌，以诗词大会的形式挖掘植物背后的人文精神 （1）调查植物种类（藻类植物、苔藓植物、蕨类植物和种子植物） （2）制作植物分布平面图 （3）植物经济价值和环保价值的调查 （4）为校园植物	1. 人文植物探究 （1）教师为学生培训植物分类的基础知识、植物绘图技能后，带着学生到校园内进行植物认种。学生一边认种一边记录，并尝试对植物的主要特征进行描述和绘图 （2）在校园平面图上标示出植物的分布情况 （3）教师教会学生查阅植物类书籍、网络资源、采访相关植物学专业人士，整理归纳植物的经济价值和环保价值 （4）设计植物挂牌，应包含的信息为植物名称、种类、经济价值、环保价值 （5）结合当下流行的诗	星级评价等级 1. 参与态度 （1）认真参加每一次活动 （2）努力完成自己承担的任务（3）做好资料积累和处理工作 （4）主动提出自己的设想 2. 合作交流 （1）主动和同学配合 （2）乐于帮助同学 （3）认真倾听同学的观点和意见 （4）对班级和小组的学习做出贡献 3. 实践活动 （1）积极动脑、动口、动手参与

（续表1）

维度	目标	年级	课程内容	实施方式	评价方式
阅树于文		高年级	挂牌 （5）挖掘植物的人文价值 2．人文植物研学 根据校内植物探究的方法，到市内适合的地点进行植物深度探究，拓宽植物研究方法和路径	（5）结合当下流行的诗词大会形式，布置学生挖掘植物背后的人文精神，配合图片和诗词进行分享，挖掘植物的深层次人文含义，培养学生的情感态度、价值观。分享分为两种形式，第一种是引经据典，查阅植物的人文内涵。第二种是讲述自己最喜欢的一种植物，以及发生在自己和植物之间的故事 2．人文植物研学 到市内各大植物园、公园调查本地植物分布、生长特性等方面，写植物调查小报告	（2）会与别人交往 （3）活动有新意 4．成果展示 （1）绘画、摄影作品、小报、PPT汇报、研究报告等 （2）成果有新意 5．自我评价 6．同伴评价 7．教师评价 8．家长评价

表2　自然劳动课程

维度	目标	年级	课程内容	实施方式	评价方式
千姿百态（生命多彩）	在自然劳动教育课程中，低年级学生将通过各种绿植的栽培，感受自然万物的千姿百态；中年级学生通过易成活的五谷蔬菜的春种秋收，	低年级	学生作为学校的小主人，其实是很喜欢参与校园环境的美化活动的。在低年级的自然劳动教育课程中，我们通过让学生去探索水栽盆景和土栽盆景的培植，并让学生用他们的劳动成果（各种绿植）去装饰学校公共区域、班	（1）选择自己喜欢的栽培绿植。学生自由选择自己想栽培的绿植，自由选择想要装饰的学校公共区域，然后自行游说同学，共同组成一个小组，并向学校报备 （2）教师普及基本的绿植栽培技能。提供一套绿植栽培技巧流程图	（1）记录栽培过程 （2）通过展报方式展示成果

（续表2）

维度	目标	年级	课程内容	实施方式	评价方式
千姿百态（生命多彩）	体验自然生命的成长全过程；高年级学生将通过风铃上系列研学及探究性学习，感受大自然的神奇。培养学生人与自然和谐共生的生态文明理念	低年级	级公共区域，去感受绿植的千姿百态，感受生命的丰富多彩，建设绿色校园 1. 绿植栽培的基本技能 2. 绿植养护的基本技能 3. 绿植装饰的基本技能	和注意事项 （3）教师普及绿植的基本养护技能。提供一套绿植养护技巧流程图和注意事项 （4）小组装饰公共区域。教师传授绿植装饰的原则和方法，小组装饰，并制作名牌，介绍绿植的种类级装饰理念等	
春种秋收（生命成长）		中年级	在学校劳动基地，种植与学校劳动基地土壤相适应且易成活的五谷蔬菜类，体验自然生命的成长全过程 （1）春种：五谷蔬菜种植技能 （2）夏长：五谷蔬菜养护技能 （3）秋收：五谷蔬菜收获方法 （4）冬藏：五谷蔬菜储藏方法	（1）按班级对劳动基地进行分块，介绍劳动基地的土壤情况，以及适合种植的五谷蔬菜。各班级认领劳动基地，对劳动基地进行简单平整，共同协商种植的五谷蔬菜类 （2）3月，传授五谷蔬菜种植技能，能按各班选择的类型，进行分类指导 （3）4—7月传授五谷蔬菜养护技能，能按各班选择的类型，进行分类指导；暑假需要进行不定期养护 （4）9—12月，传授五谷蔬菜收获方法，能按各班选择的类型，进行分类指导	（1）记录春种秋收过程 （2）通过展报方式展示成果 （3）各班收获的成果，开全校大食会

(续表2)

维度	目标	年级	课程内容	实施方式	评价方式
春种秋收（生命成长）		中年级		(5) 12月，传授储藏的方法，以及挑选种子的方法	
自然之友（生命价值）		高年级	依托学校果园和附近的农场，开展以劳动为主题的探究性学习 (1) 以果树栽培为主题的研学活动 (2) 以育苗植树为主题的农场研学活动 (3) 以学校和附近公园的植物多样性与人类生存关系为主题的探究性活动	(1) 在学校果园种植、养护水果树，享受水果丰收的喜悦，写种植观察笔记 (2) 利用每年3月植树节，参加植树活动 (3) 安排学生不定期参与公园内枯枝树叶的清理工作 (4) 设计以植物多样性与人类生存关系为主题的研学活动	(1) 记录参与"自然之友"系列活动的过程 (2) 通过展报方式科普学校植物的多样性 (3) 拍摄以学校和附近公园展现植物多样性与人类生存关系的纪录片

表3 气象科普课程

维度	目标	年级	课程内容	实施方式	评价方式
风乐无边	以气象内容中的"风""雨"和气象观测为载体，通过探究式学习（观察、实验、参观调查、资料收集、设计制作），提	低年级	自然之风	用你的感官认识风，知道风的形成，根据生活经验来辨别风的大小及方向	星级评价等级 1. 参与态度 (1) 认真参加每一次活动 (2) 努力完成自己承担的任务 (3) 做好资料积累和处理工作

（续表3）

维度	目标	年级	课程内容	实施方式	评价方式
风乐无边	高学生对气象、气象与人关系的认识，培养学生探究的能力，形成与自然和谐相处的意识，培养持之以恒的良好学习习惯和团队合作精神，激发创新潜能	中年级	功用之风	通过学生收集、阅读资料，了解风的利用情况（风与农业、风与交通、风与工业、风与军事等）及危害	（4）主动提出自己的设想 2. 合作交流 （1）主动和同学配合 （2）乐于帮助同学 （3）认真倾听同学的观点和意见 （4）对班级和小组的学习做出贡献 3. 实践活动 （1）积极动脑、动口、动手参与 （2）会与别人交往 （3）活动有新意 4. 成果展示 （1）绘画、摄影作品、小报、PPT汇报、研究报告等 （2）成果有新意 5. 自我评价 6. 同伴评价 7. 教师评价 8. 家长评价
				学会风向和风速的观测，通过实践活动，学会风的记录；了解现代天气预报的过程，通过实践活动，学会进行校园风向预报	
		高年级	文化之风	通过收集、查阅、采访，了解台风灾害下树木及城市应急管理措施；了解建筑抗风性能设计原理（高楼、桥梁等），尝试制作高楼或桥梁模型抵抗不同对应比例下的风速	
				古诗词中"风"的文化意象与其在古典园林中的表现	
雨乐无穷	以气象内容中的"风""雨"和气象观测为载体，通过探究式学习（观察、实验、参观调查、资料收集、设计制作），提高学生	低年级	自然之雨	问题情境：雨天和晴天你看到的世界有什么不一样？用你的感官认识雨（雨的大小、快慢、颜色、速度、味道、软硬、多少、形状等），雨会发出什么声音等）。雨滴落在树叶上是什么样的？怎么穿衣穿鞋才能不被雨淋湿？雨后哪里的积水最多？不同	星级评价等级 1. 参与态度 （1）认真参加每一次活动 （2）努力完成自己承担的任务 （3）做好资料积累和处理工作

69

（续表3）

维度	目标	年级	课程内容	实施方式	评价方式
雨乐无穷	对气象、气象与人关系的认识，培养学生探究的能力，形成与自然和谐相处的意识，培养持之以恒的良好学习习惯和团队合作精神，激发创新潜能	低年级	自然之雨	季节的雨有什么不同	（4）主动提出自己的设想 2.合作交流 （1）主动和同学配合 （2）乐于帮助同学 （3）认真倾听同学的观点和意见 （4）对班级和小组的学习做出贡献 3.实践活动 （1）积极动脑、动口、动手参与 （2）会与别人交往 （3）活动有新意 4.成果展示 （1）绘画、摄影作品、小报、PPT汇报、研究报告等 （2）成果有新意 5.自我评价 6.同伴评价 7.教师评价 8.家长评价
				雨将来，小动物们是怎么知道的？大自然是怎样提示它们的？怎么区分雨量等级？雨从哪里来，会到哪里去？雨的不同种类是什么	
		中年级	功用之雨	通过学生收集、阅读资料，了解雨的利用情况（雨与农业、雨与水利、雨与交通）及危害；了解现代天气预报的过程，通过实践活动，学会进行校园雨情预报	
				人造雨是怎么回事？怎样可以自己造一场人工雨？酸雨是怎么回事？防止酸雨形成，你有什么妙招？你知道梅雨防霉的哪些妙招	
		高年级	文化之雨	通过收集、查阅、采访、实验等方式了解暴雨灾害下树木及城市应急管理措施，了解城市排水系统的设计原理，了解古老的启雨仪式与文化（祈雨文）	
				古诗词中"雨"的文化意象与音乐、电影、小说创作中的雨水情结（气候心理学，细致剖析）	
气象观测	以气象内容中的"风""雨"和气象观测为载体，通过探究式学习（观察、实验、参观调查、资料收集、设计制作），提高学生	低年级	自然之雨	认识百叶箱、地表温度计、雨量器、日照计等各种观测天气的探测仪器	星级评价等级 1.参与态度 （1）认真参加每一次活动 （2）努力完成自己承担的任务 （3）做好资料积累和处理工作

（续表3）

维度	目标	年级	课程内容	实施方式	评价方式
气象观测	提高学生对气象、气象与人关系的认识，培养学生探究的能力，形成与自然和谐相处的意识，培养持之以恒的良好学习习惯和团队合作精神，激发创新潜能	低年级	气象之趣	参加气象公园当中的各项科学游戏，并初步探究这些游戏的科学依据以及它们是如何被用于气象观测当中的	（4）主动提出自己的设想 2. 合作交流 （1）主动和同学配合 （2）乐于帮助同学 （3）认真倾听同学的观点和意见 （4）对班级和小组的学习做出贡献 3. 实践活动 （1）积极动脑、动口、动手参与 （2）会与别人交往 （3）活动有新意 4. 成果展示 （1）绘画、摄影作品、小报、PPT汇报、研究报告等 （2）成果有新意 5. 自我评价 6. 同伴评价 7. 教师评价 8. 家长评价
		中年级	气象之奇	了解百叶箱、地表温度计、雨量器、日照计等各种观探测仪器的工作原理，学会查阅这些仪器的原理图	
				了解气象观测和天气预报流程，以及各种气候的形成、雷电的产生及如何科学防范气象灾害	
		高年级	气象之文	动手制作百叶箱、雨量器、风向仪等各种简易器材，并尝试用它们来观测气象	
				通过查询气象观测的数据进行气象预报，了解影响气象的各种因素，提高环境保护的意识	

2. 课程实施保障

（1）建立课程指导管理制度。建立由校长、教导处、教研组长和骨干教师组成的课程指导、评估、督查组，定期对课程的教学情况进行跟踪调研，发现问题，及时反馈，采取措施引导，调整教师的教学行为和学习方式，不断提高教师开发与执行课程的能力。将拓展性课程和探究型课程建设列入学校教学流程管理之中，定期组织开展精品课程展示，并将教师课程开发成果纳入绩效考核。

（2）提升教师课程执行能力。凸显课程的综合性和实践性，教师要迎接来自课程领域的挑战，要成为多面手，教师自身的知识储备要适应这样的变化；要转变教学观念，适应新的教学要求，成为学生学习的合作者、疏导者、参与者和促进者，由权威变成首席；教师要运用新的教学模式，促进学生发展，使教材真正能够实施到位。

同时，教师是学校课程建设质量的重要决定因素，学校要实施"自然教育"，要培养"向上心、智慧脑、体魄美、云汉梦"的学生，最根本的保障是教师们能接受"自然教育"思想的引导，具体地说，就是教师们能理解、认同、有能力并能自觉地践行这一教育思想。要做到这一点，学校就必须促进教师专业发展，从而提升教师的课程执行能力。

（3）课程资源保障。任何课程的推行必须有课程资源的支持，学校在人力、物力和财力方面给予课程最大的支持，要求各部门各司其职、相互协作，在具体实施过程中，要注意基础型课程与拓展型课程、探究型课程相融合，注意充分挖掘利用各类课程资源、拓展探究型课程内容。

要开发拓展型课程与探究型课程，保障课程资源的重要性显而易见。课程资源：其一是课程场地资源。学校拥有农耕园、百草园、烹饪区、科普区、农耕文化展览小馆等可以开展劳动教育的实践区。校园里花草树木种类繁多，学校素有"华南小植物园"美称，为孩子们提供绝佳的植物研究资源。凤岭山作为学校后山，学校在当地政府支持下准备开辟凤岭山校外实践基地，预计在2021年与学校体育馆和教学楼扩建工程同步建成。学校所在的云汉村拥有3000多亩花木林地，是学校开展自然教育的校外实践基地。得天独厚的自然环境和资源为学校开发课程提供了坚实的基础。其二是教师资源。学校配齐配足各科专任教师，有专职的音乐、体育、美术、信息教师；同时招募校外民间艺人担任兼职教师；在家长中吸收志愿者；外聘校外培训中心的专业辅导员进校，充实师资力量，保障课程开发与实施的人力资源。

3. 课程实施评价

课程评价主要是指基础型、拓展型、探究型三类课程是否达成了预设的学生学习知识、能力、价值观等目标。

根据三类课程的特点与学校学生的特点，学校制定了相应的评价标准与指标，以及具体的操作办法，力求对每一个学生做出恰当的评价。评价应该是多元化的，包括评价内容的多元化、评价主体的多元化、评价对象的多元化、评价形式的多元化和评价价值的多元化等。

评价的内容不仅包括知识与技能，也包括学生人际交往等能力是否有提高。评价主体更不限于老师，也包括自己、同伴、小组、家长甚至社会等。评价对象也不限于对个人的评价，拓展到小组、团队的评价。如学校探究型课程的自然笔记、种植日记，就是多样化评价的设计，目的是通过对学生的开放性评价，促进学生综合素质的提高。

传承石岐文化　建构融合课程体系
——中山市石岐太平小学的课程规划与实施

中山市石岐太平小学　郑结霞

郑凤姚点评：

　　教育是传承文化的重要载体，具有传承、吸纳、更新、创造文化的功能。学校就是承担这种功能的场所。中山市石岐太平小学，善于传承，勇于创新，重视学校教育有利因素与学校发展的有生力量，以文化立校，提升学校办学品位，大力开展校园文化建设，在继承本土优良传统的基础上注入新的时代精神。近年来，该校铸牢使命意识，强化责任担当，牢牢抓住石岐文化和课程改革这两个枢纽，向传统要资源，以创新谋发展，张扬人文精神，渐成育人文化。这样一种以石岐文化传承、创新为契机开展课程规划与实施的思路，让校长郑结霞的课程规划力在归根溯源中源远流长。郑结霞能够针对学校实际，提出课程规划研究的设想，并通过现状调查分析，找准发展切入口，找到基于石岐文化传承、创新的课程体系、活动主题，助力融合校园建设。

　　中山市石岐太平小学的课程规划与实施基于两个关键词。第一个是石岐文化。石岐是中山市的老城区，又称"铁城"，承载着中山市860多年的发展历史和文化精髓。石岐文化具有两面性：一面是美不胜收的历史文化遗存，包括山水、街巷、民居、宗教建筑、风俗等，这些都是不可再生的宝贵物质遗产资源，是这座城市的历史积淀；另一面是在城市现代化建设过程中不可避免的城市改造，人口的迁出、建筑的老化，使石岐这个旧城区面临历史的选择。根据中山人和中山的城市精神，我校课程开发组组成员将石岐文化元素的精神特质界定为"博爱、包容、自信、创新"。第二个关键词是融合。融合是石岐文化的核心特征，体现在两个方面：一是"山边、江边、海边"的"三边"文化，独特的地理环境造就了近代石岐兼容并蓄、中西合璧的特点，体现在语言（外来词丰富）、饮食（西方饮食习惯的融入）、建筑（中西合璧的建筑风格，如骑楼）、名人（成长中都有留学经历）等诸多领域；二是新时代石岐面临的新情况，如新老中山人的融合、全球化背景下石岐文化与其他文化的碰撞、石岐文化以新的形式活化等。根据石岐文化特性，我校课程规划组成员将石岐课程规划的文化元素精神特质延伸为太平校园"融合"性的育人课程目标，就是"和谐关系、健康身心、开阔视野、快乐成长"。呼应这两大主题，石岐太平小学致力于传承石岐文化，建构融合课程体系。

一、基于石岐文化的融合课程的提出背景

（一）理论背景：时代赋予的责任

教育部颁发的《关于培育和践行社会主义核心价值观进一步加强中小学德育工作意见》中明确要求加强传统文化教育。华东师范大学李政涛教授曾说过："课程，就是关注学生成长和发展的需要。"结合石岐太平小学的实际，在学校管理中，以石岐文化的传承、创新为契机，通过开展课程的规划与实施的研究，努力创设丰富多彩的课程资源，让学生置身于石岐这个真实的环境，了解家乡民俗、跟家乡历史联通、跟家乡名人对话，进而激发学生的地域自豪感和文化自信，这种文化认同对培育学生的家国情怀具有十分重要的意义。

（二）课程背景：课程改革的要求

新课程改革要求设置综合课程，以适应不同地区和学生发展的需求，体现课程结构的均衡性、综合性和选择性；改变课程管理过于集中的状况，实行国家、地方、学校三级课程管理，增强课程对地方、学校及学生的适应性；积极开发并合理利用校内外各种课程资源。德育课程改革标举生活、主体性、共生、活动、生命、体验等教育理念，以专业化的方式为德育课程改革的实践提供了比较充分、坚实的理论基础，指导、推动课改的进程。我校立足于石岐老城区独一无二的文化资源，可以更好地落实立德树人的根本任务，培养德、智、体、美、劳全面发展的社会主义建设者和接班人，完成新时代德育理论研究的新课题。

（三）地域背景：石岐文化的优势

中山是一座具有文化先进性的城市。石岐是中山市的城区，是中山的政治和经济中心，石岐就是中山市文化的源头。石岐有街巷、民居、宗教建筑等美不胜收的历史文化遗存，石岐多元的陆地与海洋文化的积淀及"山边、江边、海边"独特的地理环境，孕育了众多闻名中外、影响深远的杰出人物。丰富的优秀文化资源成为学校宝贵的育人课程资源。

（四）学校背景：确定校园课程主线的要求

石岐太平小学位于石岐老城区中心，学生大多来自附近的社区。学校建校

已近 20 年，但还没有形成系统的课程体系。我们认为，学校位于石岐老城区中心就是得天独厚的课程资源。只要把石岐相关的文化进行整体规划，就能成为丰富的课程资源。让学生在学校特色课程的熏陶下得到石岐文化育人功能的熏陶，使其成为发掘学校育人内涵的不竭动力和内涵源泉。

二、基于石岐文化的融合课程的规划设想

（一）针对学校实际，提出课程规划研究的设想

学校于 1997 年 9 月成立，当时是原中区的一所窗口学校，但随着附近居民往市区外围搬迁，学校的教师队伍逐渐老龄化，学校刚成立时的辉煌光辉已渐渐消退。为了创设积极进取、健康和谐的校园文化氛围，激发 570 多名师生的热情，2015 年 8 月，学校的新一届行政班子对校情进行了深入的分析，通过座谈研讨和师生访谈，了解学校的发展历程，发现校园文化内涵存在缺失，缺乏课程规划的理论主线。考虑到学校位于老城区中心地理位置的优势性，我们提出了以传承和创新石岐文化为核心，建构鲜明的学校课程设置为主线。2016 年 6 月提出设想后，经过各层面的课程规划论证后，于 2016 年 9 月，我们邀请中山市教体局廖诚副书记、中山市教师进修学院高科院长等专家莅临课程规划的论证会。会上，课程规划的设想得到了专家的高度认同。

（二）现状调查分析，找准发展切入口

学校对全校学生以"是否会说石岐话"为主题开展调查，所收集到的情况如下：

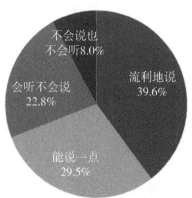

图 1　是否会说石岐话

专家、同行对学校课程规划设置的充分肯定，坚定了学校课程规划领导小组开展研究的信心与决心，确定"以石岐文化传承、创新为契机开展课程规划与实施"为学校课程规划设置的主题，开启了有序的创建。

（三）传承石岐文化，建设课程文化

学校以综合实践课为主阵地，开设八大系列的综合校本课程，将石岐文化元素引进课堂。课程内容设计为螺旋上升状态，即低年级以了解现状为主，中高年级以深入探究为主，难度逐渐加大。具体安排见表1。

表1 综合校本课程

文化主题	主要内容
方言文化	学听、说石岐话，整理出石岐话中的外来词汇，调查当今人们使用石岐话沟通的状况
饮食文化	了解石岐特色小吃的种类和制作方法，了解制作人（传承人或某品牌）的经历和故事，关注他们当下的发展情况
街道文化	知晓街道名及具体的位置，了解街道的历史背景，寻找创特色街道的方法
名人文化	寻找石岐名人，了解其生平（留学经历）及成就，激发自身（未来接班人）的成长
交通文化	了解石岐交通发展的状况；根据调查、分析，学着规划城区未来的交通路线
旅游文化	知晓景点的具体地理位置，挖掘景点中的文化背景，写出推广旅游景点的建议方案
建筑文化	寻找石岐有特点的建筑，欣赏中西合璧的建筑风格（如骑楼等），调查当今居民居住的状况
风俗文化	了解石岐风俗文化，寻找风俗文化背后的故事，做弘扬石岐风俗文化传播的使者

另外，课题组成员还把石岐文化和主题班会课、道德与法制、第二课堂等课程的开发相结合。校本课程的开发，提升了课题组成员的课程意识和教研能力，还吸引了生于斯、长于斯的"小脚丫"（学生）们的积极参与。

（四）弘扬石岐文化，创设主题活动

为让学生触摸到石岐这个城市的每一次脉动，学校以德育处为龙头，开启了创设贴近学生的生活区域、年龄特点的校园主题课程的研究工作，巧妙地将石岐地方文化的精神特质与主题课程结合。详情可参见表2。

表2 校园主题课程

弘扬石岐文化特点	主题活动	活动效果
博爱	举办六次主题为"老城印象与石岐今昔"图片展	带领学生走进石岐发展的历程，激发热爱家乡的情感
	每年寒暑假以邀请信形式开展"走石岐"活动	使爱乡之情更具体、丰满和亲切
	开展全校性的"走石岐"研学活动	在真实环境中激发爱乡情感
包容	举办石岐历史与发展讲座和知识竞赛	了解石岐的历史和发展历程
	开展"爱乡诵读""石岐名人激励成长"等比赛活动	以爱乡读书活动营造浓郁的校园文化氛围
自信	确定每星期五为"说石岐话"日	同学们能主动地用石岐话进行交流
	节选石岐杰出音乐家吕文成先生优秀作品片段作为校园上下课铃声	让石岐名人创作的音乐作品每天激励着未来一代接班人的成长
	每年"六一"开展"好阅读、善自护、乐说石岐话"等"小脚丫"项目评选	在学生群体中起到表彰、激励、树榜样的作用
	以校园艺术传统项目"达人秀"才艺比赛为平台，鼓励通过唱、跳、演、奏等形式表达对石岐文化的热爱	创编了《石岐话串烧》《石岐话民谣+PPAP》等8个具有影响力的石岐文化宣传节目
创新	改良"杏仁饼"，设计"步行街"	树立为家乡建设而努力的信心与决心
	提炼36字成长品格，成为学生成长过程中的优秀品质	把石岐文化自然地融合在学校的育人理念中
	邀请各行各业的家长成立太平"客座教师"团队	帮助学生初步了解职业，建立职业理想
	邀请到国内外游玩的师生举行校内的专题分享会	开阔视野，帮助"小脚丫"们树立远大志向

(五)开展小课题研究,深化课题开展

为使课程研究更深入,学校课程规划组成员先后开展了相关的小课题研究。研究情况详见表3。

表3 小课题

主持人	参与人	课题名称	立项与结题(获奖)时间	获奖情况
郑结霞	杨伟新 黄喜雪	激励措施在小学特色文化建设中的应用研究	2015年9月	结题
			2016年9月	获中山市小课题成果一等奖
			2018年1月	获石岐区小课题成果一等奖
黄喜雪	陈渭仙 黄雪芬	通过了解老石岐文化进行信息收集方法指导研究	2015年9月	结题
			2016年11月	获石岐区小课题成果一等奖
洪箐	刘清茹	石岐乡土音乐在中年段课堂中的应用研究	2015年9月	结题
			2016年11月	获石岐区小课题成果二等奖
李展峰	周云	石岐骑楼文化与美术教学结合的研究	2015年9月	结题
			2017年11月	获石岐区小课题成果一等奖
郑结霞	韩红梅 陈惠良	创设活动阵地、传承乡土文化的探究	2016年9月	结题
			2018年9月	获石岐区小课题成果一等奖
陈红	陈渭仙 黄喜雪	石岐文化研学综合实践主题活动资源开发和应用的实践研究	2018年9月	在研究过程中

小课题的研究细化了课程规划设置研究的教研方式,使课程研究的成果更加丰富,有力推动了课程研究的发展。

(六)整合社会资源,拓展研究平台

为更好地拓宽课程研究阵地与活动平台,课题组的成员致力于研究社会资源的整合,将研究目标指向课程社会资源的开发。

三年来,中山市委老干部局的退休老干们走进了太平校园,为学生学习特长提供教师资源,为开展石岐文化讲座提供讲师团队。中山市博物馆以送课进校园的形式创建了"馆校联合"的新型教育模式,赠送了大批与石岐文化相关的书籍,提供了宝贵的研究资料。中山诗词楹联协会的教授们亲临学校,带

领"小脚丫"们用石岐街道名创作校园横幅对联。烟墩派出所、莲峰派出所，为"走石岐"研学活动提供安全保障。石岐区宣传办多次创设课题展示平台。中山文化名人高松先生、"超人"等走进校园，成为活动嘉宾。社会各界热心人士的帮助，拓宽了课程规划设置的研究平台，使课程的研究更具实效性。

（七）提炼石岐文化特性，制定育人体系

课程规划组成员为在石岐文化中提炼出学校课程规划设置的"魂"，在课程规划实施过程中，把研究方向指向了石岐文化的提炼。

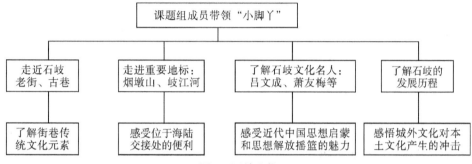

图 2　石岐文化

在师生走进石岐，了解、感悟石岐文化的过程中，课程规划组成员根据石岐重要地标、发展历程、石岐名人、华侨等情况，提炼出石岐地方文化所具有的"博爱、包容、自信、创新"特性，提炼出具有石岐文化特点的"融合"性育人体系。

（八）传承石岐文化特性，建设融合校园

课程规划组成员精心地把石岐文化提炼出的"融合"性育人精神融入学校课程规划的环境氛围建设中。

育人目标"太平小脚丫，快乐走石岐；太平小脚丫，阔步走天下"传承了"自信、创新"的石岐精神，展示了"和谐关系、健康身心、开阔视野、快乐成长"的"融合校园"特性。大叶榕是全校师生投票诞生的校树，根深叶茂寓意着太平学子在小学阶段打好扎实的根基，传承"博爱、自信"的石岐精神。学校的橱窗、宣传栏、横幅处等，展现着石岐"博爱、包容"的文化精神。

在课题实施过程中，学校通过把石岐文化的传承与创新进行多方面规划，自然地把石岐文化的精神凝聚到学校的课程规划中，使学校课程规划由无形变为有形，从抽象变得具体。和融健康、舒展灵动的校园环境，彰显着融合校园的个性，实现着"润物细无声、品格自然成"的课程育人目标。

（九）弘扬文化特性，推广特色评价措施

为更好地激发学生的爱乡情感和奋发进取的精神，课程规划组成员成功地创设了一套"星级激励脚丫"。开发了5类共57款激励物品，包括印章、书签、明信片、吉祥物钥匙扣等。"星级激励脚丫"的文化产品与石岐文化浑然一体。比如，印章上刻有石岐街道名和石岐美食名，书签的正反面分别为石岐街道的旧貌新颜，明信片上分别印有萧友梅和孙中山两位先生的肖像及生平简介，吉祥物钥匙扣上是学校传承石岐文化活动的口号和图案。"星级激励脚丫"不仅为"小脚丫"们创设了一个创优争先的阵地，还让他们在争创激励物品的过程中，自然走进具有代表性的石岐课程文化中，拓展了传承和弘扬地方文化的课程空间。

三、基于石岐文化的融合课程的建设成果

我们的研究历时近三年，学校课程规划组成员在研究石岐文化传承与石岐太平校园课程规划实施融合方面成效显著，取得的研究成果主要包括理论成果与物化成果两大部分。

（一）理论成果

1. 探索出运用石岐文化元素进行太平小学的课程文化建设的系列策略

课程规划组成员致力于运用地方文化元素进行校园课程文化建设，打造独特的"融合"性校园课程特色。以石岐文化的"博爱、包容、自信、创新"进行学校课程精神文化的系统规划，以"和谐关系、健康身心、开阔视野、快乐成长"为育人目标提炼太平校园的课程体系。

办学理念：让师生乐在其中，成长其中。

主题课程文化：成长小脚丫，坚定每一步。

教师课程文化：做博爱、包容且具童心的太平教育人。

学生课程文化：育健康、自信且有梦想的太平小达人。

活动口号：太平小脚丫，快乐走石岐；太平小脚丫，阔步走天下。寓意从"家门口"走起，走出中山，走向世界，走向未来。

为达成具"融合"性的育人目标，课程规划组成员努力创设活动阵地，以小学生喜欢的方式开展走进家乡的系列活动。

（1）以综合实践课为乡土主题文化传承的首阵地。学校以综合实践课为主阵地，创设八大系列的文化主题，开设综合校本课程，将石岐文化引进课堂，让学生走进家乡文化，激发对家乡热爱的情感。

（2）以主题活动开拓乡土文化传承的个性化阵地。学校以德育处为龙头，创设了系列贴近学生的生活区域、年龄特点的校园主题活动。帮助学生全面、准确地了解家乡的地理、物产、历史、民俗风情等，以此激发学生的爱乡情感。

（3）以主题激励评价体系为乡土文化传承烙印记。为激发学生的爱乡情感和奋发进取的精神，学校创设了一套凸显石岐文化的激励评价体系，开发了印章、书签、明信片、吉祥物钥匙扣等5类、57款奖励物品。

（4）以多渠道宣传平台实现乡土文化广传扬。课题组成员开发出具有石岐文化特色的宣传平台，将地方文化纳入课程设置的宣传与推广体系，帮助建构起覆盖家庭、社区、学校及全社会的地方文化宣讲网络。

通过以上策略，课程规划组成员打造了太平校园课程设置的"融合"性特点，巧妙地把石岐"博爱、包容、自信、创新"的文化特性成为太平小学的育人课程瑰宝。

2. 总结出石岐太平小学的校园课程设置对传承石岐文化的作用和贡献

在课程规划设置的研究中，课题组成员们致力于探索地方文化元素与校园课程设置的双赢关系。

（1）在学校教育主题课程实践中，传承石岐文化的精神。在课程规划与设置的研究过程中，共开展了60次综合校本活动，收集了26个优秀综合教学案例。在主题班会课上，班主任们以石岐的风土人情、名人故事，为"小脚丫"们树立学习的榜样。第二课堂开设的课程有："语文小观园之岐人岐事""寻找汉字和石岐话的乐趣""石岐绘本和影视欣赏""石岐特色剪纸"等，创设了传承、创新石岐文化与练就个人特长课程有机结合的活动平台。

（2）通过学校课程设置印记，传承石岐文化的品格。在太平的校园里，脚印成了校园文化的主要图案。学校的育人目标高高地悬挂在功能室外墙，功能室墙身上醒目地标识着"小脚丫"们的成长宣言。教学楼上，悬挂着一副对联，写着"七星偎月，仁和枕善彰博爱。九曲朝阳，德政兴中耀太平"彰显着学校的独特校园文化氛围。"健身堂"的正面是三幅地图，分别标识着石岐在中山、中国和世界中的位置，启发着"小脚丫"们从小树立起理想，长大后要走出石岐、走出中山、走向世界的信心与决心。"达人堂"的舞台背景写着"太平、梦想起航的地方"，启示着"小脚丫"们为实现梦想而不断努力。快乐园地的墙身上张贴着"小脚丫"的三十六字成长品格。

（3）借助石岐文化的多元存在形式，进行传承与创新。原石岐工艺总厂离休干部路华先生贡献出几十年来拍摄的新老石岐珍藏照片展示在校园内。中山市戏曲研究会荣誉会长何桂涵先生为师生讲述"老城印象与石岐今昔"的故事。据不完全统计,课程规划组成员先后举行了 12 场大型的石岐文化的宣讲,6 次石岐图片的展览。课程规划组成员提炼出 36 字"小脚丫"的成长品格,分别为"惜生命、善自护;爱学校、懂感恩;守秩序、明责任;多动脑、好阅读;敬长幼、会礼让;勤锻炼、有特长"。这些成长品格将成为"小脚丫"在校 6 年、12 个学期所要接受的班会主题教育。

学校课程规划研究至今,先后有 7200 多人次参与到走学校特色课程中,有 720 名"小脚丫"接受了学校课程的熏陶,学校招聘了 24 名热心家长加入为"小脚丫"讲述职业的"客座教师"行列中。课题组在 2019 年 5 月举行的问卷调查中,100% 的同学表示参与过学校的"走石岐"课程活动;78% 的同学愿意主动了解更多的石岐传统文化,认为应该承担起传承与创新石岐文化的义务;70% 的同学觉得能从学校的环境氛围深刻感受石岐文化的特性;98% 的同学认为学校开展的"走石岐"系列课程设置活动开阔了自己的视野,对自己的学习与成长均有很大的启发作用等。

就这样,课程规划组成员以课程设置为载体,把抽象的爱乡情感变得日常化、具体化、生活化,使石岐的文化特点内化于心、外化于行,使太平人更明确"和谐关系、健康身心、开阔视野、快乐成长"的寓意。反观之,石岐的地方文化深入内化于师生的情感之中,既有文化精神特质的传承,又充满了实际意义上的显性传播。地方文化与校园课程规划设置实现了真正意义上的共赢。

(二)展示成果

在课题研究期间,一大批优秀的学生涌现出。1 位同学获省级优秀少先队员称号,3 位同学获中山市优秀少先队员称号,68 人次获市级比赛奖项。2017 年 12 月举行的 20 周年校庆庆典上,548 位"小脚丫"展现了活泼、热情、自律、上进的精神风貌,这是课程规划组在课程研究过程中获得的最为具体而真实的成效。

老师的教育教学理念得到了更新和优化,专业素养有了明显的提升。课题的 1 项研究成果获国家级奖励,1 项获省级奖励,3 篇成果论文发表在省级期刊上,1 篇成果论文发表在市级刊物上,1 篇论文获市级特等奖,课题的研究情况两次在中山市专题会议上进行经验介绍。课题初步理论成果得到了社会上的认可。

(1)成果项目获奖。综合实践案例《走访石岐老街,了解老石岐文化》被人民教育出版社采用并颁发采用证书,《传承石岐文化,培育文化自信的太平人》获广东省第二届中小学特色学校建设成果三等奖。

(2)成果论文发表。论文《乡土文化传承的校本化策略》于 2018 年 11 月刊登在《中山教育研究》,论文《小学德育校本课程建设的探究》于 2017

年3月刊登在《广东教学》，论文《凸显区域文化色彩的激励评价体系创新》于2017年5月刊登在《广东教育》，论文《发挥退休老干部资源 拓宽学校德育育人阵地》于2019年3月7日刊登在《广东教学》。

（3）成果论文获奖或宣读。论文《传承石岐文化，打造精致校园》获中山市特等奖，并刊登在《文化的力量》一书上；论文《精心打造校园文化，努力实现文化育人》获中山市教育学会论文评选二等奖。

以上初步研究成果的发表及获奖，使课程的研究影响产生了辐射作用，使课程的研究价值得到了进一步升华。

学校的实践获得社会各界肯定，取得成果区域推广的实效。3年来课程规划设置的研究，学校的收获是丰硕的。2017年学校被评为先进红旗大队；2018年中山市文明校园、中山市依法治校示范校。主题为"打造精致文化校园"的课题在中山市教育和体育局办公室关于举办新任德育干部培训班上进行经验分享，主题为"太平小学建构'石岐文化'办学特色的探索与实践"的课题在石岐区"弘扬优秀文化，培育核心素养"现场上进行经验分享，主题为"小课题引领促成长"的课题在中山市教育教学研究室举办的中山市小课题研讨活动上进行经验分享。

学校立足石岐地域文化，创设的凸显石岐文化的激励评价体系，以其直接评价，注入石岐元素；等级晋升，烙上石岐印象；争章之后，体味石岐故事；班级激励，鼓舞石岐脚丫4个特性，让学生在创优争先的过程中，从他律到自律，再由自律到自觉，实现学生道德品质的内生外化。课题组所开展的"乡土文化传承的校本化策略"研究，以综合实践课、主题活动开拓、激励评价体系、多渠道宣传平台4个方面实现乡土文化的传扬，得到了同行的高度评价。

学校先后接待了来自广州、沙溪等地的学校，接待了郑凤姚、黄丽仪名校长工作室成员到校进行课程规划设置的交流。有7份学校的课程设置情况报道刊登在市级刊物上，有7次学校的课程研究现场在中山电视新闻等媒体上进行宣传报道。

学校出版了校刊《小脚丫》和校园生活作文集《丫丫学语、快乐成长》。学校的微信公众号及时宣传报道校园活动情况，不少报道的留言多达数十条，"太平小脚丫"成了留言上一个个亲切的称谓。开展"石岐文化"课程的成效得到了广泛的关注和好评。

基于社团活动的校本课程的建构与实施

中山市板芙镇新联小学　郑少君

郑凤姚点评：

中山市板芙镇新联小学一方面以核心素养指导、引领、辐射学科课程教学，彰显学科教学的育人价值；另一方面，以核心素养体系为基础，突破学科壁垒，建立完善的、符合核心素养要求的、符合校情学情的校本课程体系。该校"灵雅课程""灵慧课程""灵动课程"三大课程群，以学生的差异为出发点，满足学生的多元选择和个性化需求。这种以学生发展为本的课程规划建构思路与实施路径，让学校、教师、学生的发展呈现出良性互动、彼此助推的状态。

课程问题是学校的核心问题，是实现教育目的、体现教育价值的重要途径。尤其是课程要具有培养学生形成核心素养与综合素质的能力。这就要求我们一方面必须以核心素养指导、引领、辐射学科课程教学，彰显学科教学的育人价值；另一方面，必须以核心素养体系为基础，突破学科壁垒，建立完善的、符合核心素养要求的、符合学生实际的校本课程体系。

在此背景下，2015 年中山市板芙镇新联小学就根据学校实际情况，成立了 20 多个学生社团，并按"课程"的模式来规划，系统地、规范地考虑其目标、内容、组织实施以及评价等要素，逐步走出了一条具有学校特色的社团活动校本课程创建之路。为什么我们会选择将"社团活动"作为学校校本课程开发的突破口呢？众所周知，不同特色风格的学校，有着不同的校园文化，也有着不同的学生社团活动，比如我们学校开设的"六典教育""阅读考级""自然拼读与绘本阅读"等社团就独具学校特色。这些社团活动源于学校，也源于学生。它符合学生发展的差异要求，尊重学生的个性发展，能为每个学生在小学阶段的发展与可持续发展创造相对宽松而有益的空间。它更重视学生发展的需要，不仅有效地弥补了国内传统课程无学校特色设置的不足，而且对学生的全面发展具有重要的意义。建构学生社团活动校本课程体系，让每一位学生有目的、有计划、有组织、有内容、有评价地根据自己的兴趣爱好组织社团、选择参加社团活动，充分发挥学生的自主性，让学生的兴趣、爱好和特长得到充分的发展。可以说，社团活动的建设是新联小学展示学校特色、开发和实施校本课程的重要突破口。

新联小学校本课程建设架构基于"灵动教育"办学理念和"为孩子一生的发展和幸福奠基"的办学宗旨下的多元课程体系，面向每一位学生，让每一位学生都能在校园里灵动自由地发展。基于这种思考，我们坚持以人多元发展、全面发展、灵动生长为基本的价值取向，以国家课程校本化实施为基本途径，将国家、地方、学校三级课程整合成一个有序而高效的学校课程体系，按照课程承载的培养方向不同，分为"灵雅课程"（基础课程）、"灵慧课程"（丰富课程）和"灵动课程"（发展课程）三大课程群。课程群是在对国家课程中的基础型学科进行校本化实施的基础上的拓展、延伸、深化，在将知识、方法、问题关注等方面有逻辑联系的课程加以整合而形成的课程分支体系。课程群以学生的差异为出发点，满足学生的多元选择和个性化需求，为国家课程校本化实施提供更加有力的课程体系支撑。

在下文中，我们将从社团活动校本课程开发的背景、课程活动内容的选择与确定、课程实施的措施与保障等方面来回顾学校社团活动校本课程的开发与实施之路。

一、基于社团活动的校本课程开发的背景

（一）创建学校办学特色的需要

新联小学是板芙镇河西片占地面积、办学规模最大的一所农村小学。学校现有学生近900人，大多数学生来自农村。为了能让这些孩子获得良好的发展，学校多年来一直秉承"打造充满灵气与活力的学校"为办学宗旨，努力遵循适合乡村小学发展的道路——践行"灵动教育"，实施课程改革，创新乡村小学管理模式。2015年10月，学校成立了"中山市体育俱乐部"。近年来，学校依托"俱乐部"开创了拉丁舞、中国舞、跆拳道、中国象棋、国际跳棋、航模、足球、乒乓球、醒狮、油画、语文阅读考级、拓展阅读、故事绘本、数学解决问题、自然拼读与绘本阅读、教师培训套餐、创客等20多个社团。在此基础上，学校考虑以课程为阵地，以课堂为舞台，以社团活动为载体，以不同主题为契合点，从"开发社团活动、规范社团建设、完善校本课程"三个方面着手，推动学校发展，全力打造"创社团文化特色，走内涵发展之路"为核心的校园文化。

（二）满足农村孩子自我发展的需要

新联小学的独特之处在于这是一所乡村小学。这里有一群特殊的家长：他们均自小生活在农村，其中绝大多数是务农人或打工者，普遍学历较低。这里有一群特殊的孩子：这些孩子性格比较木讷，缺乏灵气，由于父母教育观念、学历水平较低的原因，孩子们生活习惯、学习习惯相对较差。上学后，大多数孩子主要由爷爷奶奶带，父母工作忙，缺少时间和精力照顾他们，所以对他们往往是听之任之。这些孩子的生活相对闭塞，也很少有机会去看看外面的世界。鉴于这些制约农村学生自身发展的因素，极需学校尽可能地给予他们更多的机会接触外界事物，给他们搭建平台，助他们开阔眼界、培养自信、放飞心灵。

（三）提升教师专业素养的需要

一所学校要发展，依靠的是一支精锐的教师队伍。然而作为乡村小学，教师外出学习锻炼的机会比较少，更多的只能依靠学校自身的力量去点燃教师学习和工作的热情，激发他们的学习动力。社团活动校本课程的开发与实施给了教师们一个展示自己的舞台，能让每位教师发挥个人所长，为学校发展出谋支招，寻找教育幸福的支点。在校本课程开发和实施的过程中，教师们集思广益，在团队研讨中、在互助合作中、在不断地自我评价和自我改进中提升自己的专业素养。

（四）满足学校持续发展的需要

学校是学生幸福成长的摇篮，是他们实践与体验生活的基地。我校社团活动的开展为学生的发展拓展了空间，学校有严格、科学的管理制度与运行机制，有先进的办学理念，且拥有一支师德高尚、业务精良、锐意开拓进取的教师队伍，能为学生的主动发展提供有力保障。新一轮基础教育课程改革给学校发展搭建了平台，课程管理与决策权的下放，给学校课程创新创造了机遇。校本课程的开发与实施能满足学校发展的需求，对学生的个性特长发展、教师专业发展、学校教育教学质量提升都能提供正能量。

二、基于社团活动校本课程内容选择的原则

（一）"以校为本"的个性化原则

遵循"以校为本"的个性化原则是校本课程内容设置的基本导向，是课程内容选择和确定的最根本标杆。校本课程的"校本"是以学校特色发展为"本"。任何一所学校都是具体的、独特的、不可替代的，它所具有的复杂性是其他的学校经验不能完全说明的，是理论所不能充分验证、诠释的。因此，

我们在开发和实施校本课程时，坚持从学校的实际出发，充分利用学校的物质资源、人力资源和乡土资源，结合学校特色发展选择和确定合适的课程内容。

（二）"以生为本"的主体性原则

遵循"以生为本"的主体性原则是校本课程具有活力和动力的必然因素。校本课程开发的终极目的是为了学生能获得充分的、自由的发展，从而培养自信、自立、自强、有创造力、全面发展的学生。因此，课程内容的选择与确定首先要以学生为主体，学校要在充分了解学生需求的基础上进行选择。在课程设置中，首先由各班主任在班级内部进行意见征询，根据学生需要，进行课程的初步备选，再由教导处结合学校特色发展进行二次筛选，把课程内容锁定在满足绝大多数学生需求的目标上。

（三）"贴地而行"的可行性原则

遵循"贴地而行"的可行性原则是校本课程得以生存和发展的根本保障。我们学校师资力量相对紧张，教学设备还不足以应对各项社团活动的开展，活动场地的配置也远远不足，因此在校本课程的开设中必须考虑到课程实施的可行性。即硬件、软件是否都能支撑课程的开设。可行性还需要多方面的分析，因此在二次筛选的基础上，我们的团队多番商量推敲，最终确定了切实可行的社团活动校本课程内容。

（四）"资源整合"的关联性原则

遵循"资源整合"的关联性原则是校本课程健康发展和全面发展的重要保证。坚持从学校的实际出发，充分利用学校的物质资源、人力资源和乡土资源，进一步挖掘、整合各种课程资源，建构符合"三级课程"管理要求的校本课程体系。同时，校本课程是同我国三级课程管理体制相适应的基础教育新课程体系中一个组成部分，既能体现学校的办学宗旨、资源优势和学生的特别需要，又与国家课程、地方课程紧密结合，因此校本课程的基本属性是具有关联性、校本性、多样性和可选择性的。

三、基于社团活动的校本课程目标的设定

（一）为学生的个性发展提供新的平台

通过校本课程的开发与实施，增强课程结构的均衡性、综合性、选择性和适应性，促进教与学方式的不断变革与改进，满足学生的兴趣爱好和求知欲望，促进学生个性特长的发展。尤其要注重以下几点：

（1）引导学生对事物充满好奇心，激发强烈的兴趣和求知欲；
（2）引导学生在学习过程中培养强烈的批判精神，善于发现问题，勇于

质难问疑；

（3）引导学生发展丰富的想象力、鲜活的直觉判断力、活跃的思维发散能力；

（4）引导学生发展顽强的学习意志力，增强耐挫力，提高心理调节能力；

（5）引导学生学会分享成功与合作，培养尊重他人、崇尚科学、追求真理、克服困难、积极进取的意志品质；

（6）引导学生关注人与环境、社会的和谐发展，增强社会责任感和使命感。

（二）为教师的专业成长提供新的载体

通过校本课程的开发与实施，使全体教师能够胜任教学工作，不断提高教师群体课程建设总体水平，建设一支校本课程开发与实施的骨干教师队伍。

（1）促进教师转变观念、转换角色。要求教师不仅要成为课程高水平的实施者，而且要努力成为校本课程的建设者、研究者和开发者。

（2）促进教师转变教学方式，实现教学方式由注重结论的传承式、灌输式转变为注重过程的探究式、互动式。

（3）促进教师提高教学能力。引导教师不断反思和改进教学，研究、创造、发展、丰富教学方法，逐步形成具有个性风采的教学风格。

（4）促进教师提高科研能力。引导教师钻研教育理论、培养探究意识、积累课程资源、发挥自身潜能、提高创新能力、持续提升专业能力和科研水平。

（三）初步形成具有学校特色的校本课程体系

（1）努力做到校本课程的开发科学化、开设制度化、实施规范化，初步形成具有学校特色的校本课程体系，进一步优化学校的课程结构，使校本课程建设成为学校教育教学质量提高的新增长点。

（2）形成与校本课程的开发与实施相适应的组织管理体系，充分挖掘现有的课程资源，开发一批高质量的系列校本课程，尤其要重点建设好语文阅读考级、拓展阅读、故事绘本、自然拼读与绘本阅读、油画、教师培训套餐、乒乓球、足球、创客等课程。

（3）加强校本课程与国家课程、地方课程之间的关系研究，推进课程综合化、校本课程与信息技术深度融合的研究及实践。

四、基于社团活动校本课程内容架构的建设

校本课程开发是一个动态过程，它具有校本性、开放性和拓展性等特征。根据学校"灵动教育"办学理念、"为孩子一生的发展和幸福奠基"的办学宗旨和校本课程的发展功能，将其分为"灵雅课程"（基础课程）、"灵慧课程"

（丰富课程）和"灵动课程"（发展课程）三大课程群。

（一）建构三大课程内容架构的指引

1. 基础性课程

基础性课程是指授给学生可再生长的基本知识和可再发展的基本技能、基本思想的课程。它和国家课程的范围大体一致，包括语文、数学、英语、思品、体育、音乐、美术等。基础性课程由学科知识课程和学科学习策略课程构成。其中，学科知识课程开发涉及两个方面：一是对课程资料的更新，采取的方式常是改编、新编或拓编；二是对课程结构进行革新，包括"学科知识分层建构""学科知识横向整合"。学习策略课程的目的是使学生学会学习，使学科知识具有知识的可再生长性和技能的可再发展性，从而完整地体现基础性课程的特点。学习策略课程分为通用学习策略课程和学科学习策略课程。通用学习策略课程包括选取性注意策略、记忆学习策略、组织学习策略、精加工学习策略、认知学习策略等。这种策略适合任何课程和形式的学习，不与特定知识领域相联系。学科学习策略指与特定学科紧密结合，适应专门知识学习的策略，如应用题解题策略、朗读策略、英语学习策略等。学科学习策略直接与学科联系，并具有生成性特点，因此应成为学校基础性课程中开发的重要领域。

2. 丰富性课程

丰富性课程是指丰富学生生活、促进学生全面发展、提高学生综合素质和生活质量的课程，包括健身、博知、怡情、励志、笃行五类。"健身课程"主要是教给学生强身健体的方式方法，培养学生体育意识和保健观念。这类课程的开发一方面要重视活动方式多样化，另一方面提倡活动参与大众化。"博知课程"的核心是要教给学生获取广博知识的方法，丰富学生知识，开阔学生视野，如名作欣赏、名胜古迹游览、现代信息技术集成、图书馆阅读、电视或新闻品评等。"怡情课程"是指愉悦性情、丰富情感体验的课程。一种是艺术怡情，通过音乐欣赏、美术欣赏、书法欣赏、舞蹈表演等课程来实现；另一种是休闲怡情，如摄影、垂钓、插花、灯笼、风筝、踢毽、集邮、拼盘、盆景等课程。该类课程可教给学生掌握休闲和怡情的方式，培养高雅的生活情趣。"励志课程"是激发学生生活热情，增强学生意志力的课程，如成功人士案例分析、挫折调适、坚持训练等磨砺性教育课程。"笃行课程"是指广泛适应社会生活和工作的操作性强的课程，它以培养学生的操作能力、实践能力和创新能力为目的，如电子制作、网页制作、小导游、新闻采访、英语会话、实验操作等课程。根据学校实际情况和学生的需求，丰富性课程可单独开设，亦可融合开设。

3. 发展性课程

发展性课程是指拓展学生潜力、激发学生创造力的课程。它在基础性课程上提高了要求、增加了难度，以培养研究性、创造性人才为目的，相对于丰富性课程具有多样性和趣味性，更重视学科的前沿性、学术性和学习的探究性。这类课程包括两个方面：一是拓展学科知识的广度和深度，重视学科的学术性和前沿性，旨在拓宽学生学科知识和潜力的课程，如学科知识竞赛辅导等课程；二是着重培养学生的问题意识、创新意识、科学精神、创造潜力类的课程，如科技发明、学术小论文、创造技能培养、思维训练等，这类课程以探究性学习和开放式学习为主，在基础教育中所占比例虽然不大，但对学生的发展具有举足轻重的作用。开发科学素养类的课程有"发现与创造"，人文素养类的课程有"古诗文诵读""童谣诵读""经典诵读"，才艺技能类的课程有田径、武术、乒乓球、排球、篮球、足球、体操、踢毽、跳绳、绘画、剪纸、雕刻、舞蹈、器乐、书法等。

（二）基于社团活动校本课程的内容架构

1."灵雅课程"（基础课程）

"灵雅课程"（基础课程）包括"德育类"和"智育类"课程。"德育类"有：爱国主义教育、法制教育、心理健康教育、文明礼仪教育、生态文明教育、生涯与价值观教育；"智育类"有："科普中国与趣味科技""阅读方法与阅读标准""演讲与辩论""古诗词讲解与欣赏""趣味数学与奥数""英语阅读与交际口语"等。目前，我校的"灵雅课程"已重点开发了"六典""级组活动"和"教师培训套餐"三项课程。

（1）"六典"课程。"六典"课程内容包括入学典礼、入队典礼、辞幼典礼、笃学典礼、感恩典礼、毕业典礼。该课程主要是通过定期开展的系列主题教育活动和社会实践活动，以及为学生举办的一个隆重典礼仪式，让社会主义核心价值观各要素在学生童年成长中留下永恒的记忆，自觉养成"宽胸怀""雅气质""守公德""会合作""好阅读""善思考""爱运动""乐生活"八大品质。

（2）"级组活动"课程。"级组活动"课程从一个人一生最重要、最有价值的角度，确定了每个年级开展适应自身发展需要的活动。内容主要包括四个方面："我是×年级学生""我行，我做到""快乐加油站""我听，我做到"。该课程通过在全校展开形式多样的主题活动，达到"晓之以理、导之以行"的教育目的。然后创设多元的实践情景，在实践、体验活动中实现"知行结合、实践体验"的教育目的。再注重激励深化，通过暮省反思活动，实现"提升认识、内化习惯"的教育目的。

（3）"教师培训套餐"课程。学校本课程的培训对象为任教一至五年内的新教师，"培训套餐"分为全校推进的整体套餐（及全校常规培训），基于工作年限的基础套餐（分一年试用期培训、二至三年提高期培训、四至五年强化期培训)、基于个人需求的搭配套餐(包括"读书工程""专业工程""师能工程""六个一工程")等。

2. "灵慧课程"(丰富课程)

"灵慧课程"(丰富课程)主要是"学科类"课程。目前,我校"灵慧课程"已重点开发了语文方面的"绘本阅读、阅读考级、阅读拓展"课程、数学方面的"解决问题"课程和英语方面的"意趣英语"课程。

(1)语文类:"绘本阅读"课程。"绘本阅读"课程主要内容包括生命教育、感恩教育、学会分享、安全保护四个主题,每个主题有四个绘本故事。该课程以"快乐阅读、健康成长"为理念,选择适合低年级儿童的绘本,开展多种形式的阅读活动,激发儿童的阅读兴趣,引领他们去欣赏、感知画面的美,并透过画面和文字去感受它们传递的力量,读懂蕴含其中的道理,以获得心灵的滋养和生命的成长。在此过程中,让儿童初步学习正确的阅读方法,提高孩子文学鉴赏力,培养孩子的观察力、逻辑思维能力,提高孩子的语言表达能力。

(2)语文类:"阅读考级"课程。该课程根据一至六年级少年儿童不同年龄段的智力和心理发育程度,给不同年级的学生制定相应的阅读书目和阅读考核方式,通过考级的方式激发学生的阅读兴趣,拓宽学生的阅读面,给学生的持续阅读提供动力。考级书目涉及不同的学科领域,既有中国的名著,也有外国的名著,既有文学类书籍,也有天文、地理、历史、科学等书籍,搭配均匀,涉及面广。同时,我们每年收集家长和学生的反馈意见,对考级书目做适当的调整。

(3)语文类:"阅读拓展 1 + X"课程。所谓"1",就是立足教材,挖掘读写训练点;"X"就是开发与教材相关的阅读资源,将课外阅读课程落到实处。根据每一单元的学习目标,落实单元语文要素,挖掘有价值的学习内容,开展群文阅读,丰富学生的阅读经验,使学生在阅读中感受语文学习的快乐,也学习到一定的阅读方法,能有一定的收获。

(4)数学类:"解决问题"课程。该课程通过数形结合的数学思想,把数与形结合起来,让学生通过画一画理解题意,再口述解决问题的思路,更直观、更简洁地展示出已知条件和问题以及数量的关系,训练小学生思维,提高解决问题的能力。

(5)英语类:"意趣英语"课程。"意趣英语"课程之"自然拼读篇",是融合自然拼读与绘本故事为一体的课程,通过丰富和整合课程内容,给学生提供适切的英语学习材料,满足学生语言和心智的同步发展,指向学生和教师的未来学习,同时助推教师自身的专业化发展。该课程根据学生的实际英语水平,选择相应的自然拼读的英语绘本书籍和分级绘本材料,将教材单元教学内容与绘本故事有机整合。粤人版《英语》三年级到六年级共 8 册和自然拼读绘本故事构成基础性课程。通过本课程的开展与实践，拓展学生的学习资源，使其感知英美文化，提高英语学习兴趣和学习能力，提升核心素养，发展听、说、读、看、写、演的能力。

3. "灵动课程"（发展课程）

"灵动课程"（发展课程）主要是"艺术类"课程。目前，我校"灵动课程"已重点开发了管乐演奏、油画、足球、乒乓球四大课程。

（1）音乐类：管乐演奏课程。该校本课程主要的对象是二至四年级的学生，以一个学期每周一节课计算，安排 18 节课，其中 16 节课学习萨克斯演奏与技能技术，分为理论课、乐器的认识、实操、技巧与练习曲训练、作品的演奏、演奏形式；最后 2 节课为考核单元，对学生本学期所学习的技术水平进行评价与考核。

（2）美术类：油画课程。该校本课程的对象是油画社团一至六年级的学生，每周 2 课时，共安排 15 课，学习油画知识与技能技术，分别为油画理论、名家推介、色彩基础、知识技能学习，最后为考核部分，对学生本学期的技术学习进行评价与考核。学生通过课程学习创作一些色彩丰富、阳光、健康、积极的油画作品，根据油画创作的内容，引导儿童观察，并用色彩的方式叙述所看到的东西，锻炼儿童的色彩表达能力，培养儿童的创造性思维。

（3）体育类：足球课程。该校本课程主要针对一至六年级的学生，共安排 5 个单元，分别为足球运动介绍、足球基本技术、足球技巧教学、足球战术、足球规则。通过学习，学生能正确掌握足球基本技术技能，能组织足球比赛，参与到足球运动中。

（4）体育类：乒乓球课程。该校本课程的对象是二至四年级的学生，以一个学期每周一节课计算，安排 18 节课，其中 16 节课学习乒乓球知识与技能技术，共 5 个单元，分别为理论课、乒乓球操、球性与步法、反手技术、正手技术；最后 2 节课为考核单元，对学生本学期的技术学习进行评价与考核。

五、基于社团活动的校本课程实施的措施和保障

（一）建立课程建设的责任制

1. 建立三级领导小组

由校长、教师、课程专家、家长共同组成课程开发领导小组。校长任组长，为校本课程开发提供组织保障和领导保障，其职能是咨询、把关、审查和提供帮助。教研室主任任副组长，承担学校课程管理的常规工作，包括课程实施与开发的组织、安排、指导、协调等工作。各科组、年级组作为主要组员，

负责结合课程标准、教材和师生实际，具体运作课程的开发和建设工作。

2. 明确领导小组主要职责

（1）构思并制订校本课程开发工作的总体规划，做好指导、研究、实施、评估等工作。

（2）制订校本课程管理的有关规章制度并组织实施和考核。

（3）组织教师进行校本课程的理论学习，规范教学行为，提高教育教学能力。

（4）积累课改资料，及时提供教改信息。

（5）经常深入校本课程实施课堂，指导开课、听课、评课工作，和实施教师一起研究情况，帮助他们及时总结。

（6）做好校本课程实施的经验和成果的推广和应用。

3. 开展解读培训与专题研究

根据校本课程建设的总方案，对核心素养的内涵、社团活动的性质、国家课程、当前国内外有关校本课程研究的成果进行了专门的解读与学习研究，对学校开发与实施的现状、教师资源、课程资源、学生需求进行了一系列的调研与分析。

（二）建立课程建设的管理制度

校本课程实施管理机制包括：①教务处、教研组帮助教师制订了教学计划，负责协调安排和组织指导教学计划的执行；②学校邀请教研部门领导、专家到校指导工作；③校本课程与必修课程一样，计入教师工作量，工作实绩载入业务档案；④学校尽可能保证校本课程开发与实施必需的经费、器材等物质条件；⑤完善管理网络和运作流程，确保学校校本课程形成特色；⑥学校创造条件，保证教师的研究时间与空间，对教师进行必要的课程理论和实操培训，做到有计划、有目标、有考核、有成效、有奖励；⑦对参加校本课程研究的教师在外出学习、教学研究、编写校本教材等方面提供物质支持，对校本课程的实施提供必要的条件；⑧加强学校文化建设，建构校本课程开发与实施的教师发展共同体。

（三）形成课程建设运作机制

在课程实施中以学生自愿参与社团活动为根本宗旨，充分保护学生学习的积极性，让学生自由选择课程，激发学生的自我学习意识。而这样的自由选择模式，就务必打破传统的以班为单位的授课方式。考虑到小学生年龄小，为了便于管理，研究团队斟酌再三，最后形成"统一活动时间，采用走班模式"的运作机制开放课程。先由教导处在排课时把全校的校本课程统一安排在一个固定的时间段（我校目前主要安排在每周二、每周四下午的两节晚托课时间），再由学生根据自己的兴趣爱好选修一到两门课程，而报两项的学生最后在德育处汇总名单时，根据各社团人数合理地统筹安排，有条不紊地开展活动。

（四）完善课程建设组织体系

校本课程能有效开展甚至高效发展，需要有一支能落到实处的、优秀的课程指导员队伍。然而课程内容涉及面比较广，像古筝、舞蹈、醒狮等专业性强的社团，学校现有的教师不能满足课程的需要。领导小组通过商讨，最终决定通过"聘请专业外教，借力社会公益"解决我们的困难，完善课程建设组织体系。

（1）聘请专业外教。我们充分发动教师，多途径寻找家长、家属、亲戚、周边教育机构内的合适人员，聘请他们为专业辅导员。古筝等器乐类没有专业老师，我们多方联系，几经周转，终于邀请到了外聘老师为我们的孩子授课。同时，我们的带队教师跟随学生一起学习，提升自己的专业素养。孩子们在老师的引领下进步飞快，孩子们的表现欲得到满足、个性得到张扬。

（2）借力社会公益。学校争取到村委的支持，通过村委多方联系一些公益组织，借力社会力量形成课程网络，寻找优秀的专业老师，以更好地开发和实施校本课程。经过努力，一批爱心人士加入了学校的社团活动，成为专业辅导员志愿者：村里的醒狮队走进课堂，指导学生生龙活虎地舞狮；书画院的画家走进油画讲堂，为学生的油画教育启蒙；市书法协会会员来校指点学生练毛笔字；体育俱乐部为我们邀请到拉丁舞、跆拳道、象棋、古筝、武术、中国舞、国际舞等项目的专业辅导员，同时为孩子们创造了很多外出表演的机会。

（五）完善课程建设评价体系

在参考国家课程评价体系的基础上，学校学习并借鉴了一些优秀学校的经验做法，建立了学生的学习评价、教师的实施评价、课程的价值评价三方面相结合的校本课程评价体系。

1. 学生的学习评价

建立学生学习评价量表，从学生学习的参与程度、学习品质与学习方式、学习能力三个维度，人文底蕴、科学精神、学会学习、健康生活、责任担当、实践创新六大素养进行综合评价，评价成绩纳入学生综合素养考评。

2. 教师的实施评价

教师评价注重过程，纳入常规。应从实施的准备、实施的过程、实施的效果，以及教师再开发能力等方面进行评价。要求教师必须要有"四有"：实施前有计划、实施中有记载、实施后有反思、学期末有成果（教学案例集）。教导处每周对实施情况进行跟踪检查，并把结果纳入教师月考评的常规管理工作中。

3. 课程的价值评价

课程的价值评价应建立在对课程全部过程的关注、对课程目标达成的框架之上，要对课程设计、课程实施、课程结果进行整体考量。

（六）完善课程建设激励机制

学校为了让校本课程得以顺利开展，设立了校本课程开发与实施的专项经费，用于合理开支研究、编辑、出版经费；制订"新联小学校本课程开发与实施奖励方案"，对做出突出贡献者给予精神和物质奖励。

六、取得的成效

（一）学生个性得到发展

每个学生都能用自己的特长、喜欢的方式展示学习成果，且学习的方式更具个性化。学生的语言表达能力、思维能力、创新意识、运用知识解决问题的能力、动手实践能力明显加强。近年来，学生符侨俊、吴声儿、黄伟健等100多人次在市作文比赛、航模比赛中获优异成绩。黄加籼、张顺燊的美术作品在中山市第十二届师生美术作品（线描）展上获一等奖；黄静茹等学生的油画作品参加了中山市委宣传部组织的"好人好梦 诗书画印"作品展，我校获优秀组织奖；师生作品在《中山日报》《文化中山》等报刊上发表；黄杏桦等学生的29幅油画、线描作品在《中山教育研究》上发表。学校狮醒队荣获2016年广东省传统龙狮、麒麟锦标赛二等奖。合唱队荣获中山市中小学第十二届合唱节合唱比赛二等奖。我校获2017年板芙镇"新起点杯"中小学三人篮球赛小学男、女子组第一名。我校在2017年育苗杯比赛有了质的突破，一共13人次获奖，学校被评为育苗杯优秀组织奖。

（二）教师专业得到发展

通过参与课程的开发与实施，教师的课程观念、科研意识、科研理论水平、科研方法等得到普遍提高，教学行为发生了明显转变，个人业务能力水平显著提升。教师在市镇各类教育教学比赛中取得优异的成绩，如在三年以内新进公办教师比赛中，刘轶妮、林敏、林洁获书法比赛一等奖，吴晓钦获书法比赛二等奖；林敏、林洁获即兴演讲一等奖，两位老师是小学组中综合成绩最好的。数学科组林燕玲老师获板芙镇优质课评比二等奖，语文科组林洁老师、英语科组刘轶妮老师在板芙镇优质课比赛中均获一等奖，刘轶妮老师代表板芙镇参加市级比赛，林敏老师语文微课获中山市一等奖，等等。年轻教师逐渐守住提升教学质量的主阵地，课堂教学日趋成熟且形成特色。

（三）学校特色得到发展

我校在社团活动全面开花的基础上，立足本校资源，确立以"儿童油画"作为我校灵动教育的重点特色项目。学校积极营造油画社团良好的学习氛围，策划并举行富有特色和创意的油画活动，逐步形成了孩子喜欢油画、爱上油画的氛围。学校以儿童油画工作室为载体，将课程、教室与创作实践活动融为一体，将传统的学校封闭式教学变为面向实际创作的开放式教学。课题"基于农村小学油画工作室的儿童油画教学实践的研究"市级立项。我校开发创编《少儿创意油画教学——板芙镇新联小学油画校本教材》，将油画文化与办学理念相结合，引领学生在油画创作实践活动中收获乐趣、得到成长。我校学生小油画作品参加了中山市学校美育工作成果展，新联学子在展览现场进行了小油画制作展示，得到了参观展览的领导、专家、观众的关注。我校借助市美协油画学会等学术团体资源，丰富油画工作室的课程，相继开展了与画家师徒结对、最美水乡写生活动、红色之旅采风活动、画家赠画册、走进美术馆、艺术家工作室沙龙等各种实践活动，使油画社团活动更加规范、丰富多彩、走向成熟。我校师生油画作品也在中山美术馆展出。基于鲜明的儿童油画特色教学，我校被评为中山市第二批美术特色教学与创作实验学校。

（四）学校整体得到发展

1. 教研方面

通过近年来校内研训、外出跟岗、走百校访名师、请名师指导等方式，学校教师教育教学的能力素养日益提升，涌现出一批骨干教师：黄艳莲、黄碧贤、林燕玲、林敏等教师制作的微课分获市一二等奖；潘美茹、沈曼琳、林敏等教师在镇新教师赛课中获一等奖；沈曼琳参加市英语教师口语大赛获一等奖，包揽最佳风采、最佳语音等奖项，并在2020年全市英语老师培训中上展示课；潘美茹参加市数学说课比赛获二等奖，其教学案例在市"一师一优课"中获省优秀奖，代表镇参加市数学课堂教学比赛获一等奖；肖力强老师被评为中山市骨干教师，等等。教师教育教学能力的提升促进了教学质量的提高，近两年学校教学质量较之前有了质的飞跃，荣获板芙镇教学质量先进单位、板芙镇素质教育综合评估先进单位。

2. 德育方面

林敏、黄菲菲、罗少娜等班主任在镇班主任能力大赛获一等奖，罗少娜老师被评为2015学年度中山市优秀少先队辅导员。学校2014年、2015年、2016

年连续三年被评为板芙镇创建特色班集体先进单位。五（1）中队（阅读班）、四（2）中队（葡萄园班）、三（3）中队（成长部落）2014年、2015年、2016年连续三年荣获中山市"特色班集体"称号，三（3）中队被评为2015年度中山市少先队先进中队，学校少先队大队被评为2015年度"中山市少先队红旗大队"，三（3）中队被评为中山市2016年班级先进家长委员会，六年级家委会被评为中山市2016年年级先进家长委员会，"家校联手共育新人"项目荣获中山市家庭教育工作创新项目评选优胜奖，2015学年学校被评为中山市"优秀五好关工委组织"。

3. 学校的办学思想、做法得到了同行、社会的认可

学校社团的经验做法被刊登在《中小学校长》《中山日报》等报刊上，郑少君校长撰写的论文《农村小学义工助学办学模式的思考与实践》在《中山教育研究》上发表，黄敏老师撰写的论文《探究自然拼读法在小学英语语音教学中的适用》在《校园英语》发表，等等。2016年，我校积极开展课题研究，以课题研究带动学校整体发展。"基于农村小学油画工作室模式的儿童油画教学实践的研究""农村小学新教师素质提升量身定制的'培训套餐'实证研究"两个课题通过市级立项，"农村小学利用志愿者资源建构学生社团活动的实践研究"通过省级课题立项，等等。

"传承·修身"课程的建构与实施
——以美育教育课程为例

中山市黄圃镇新沙小学　冯祐培

郑凤姚点评：

传统节日是中华民族优秀传统文化的重要载体，春节之喜庆、清明之缅怀、端午之追忆、中秋之团圆、重阳之尊老……传统节日作为一个完整的民俗体系，蕴含着重要的文化基因和思想道德内涵，承载着弘扬传统美德、振奋民族精神的重要功能，也是培育和践行社会主义核心价值观的有效载体。中山市黄圃镇新沙小学校长冯祐培以课程改革为契机，在传统节日期间，通过内涵丰富、形式多样的节日习俗、文化活动倡导道德观念、传递核心价值，比单纯的说教更有感染力。用"软作用"配合"硬仪式"，用"柔氛围"达到"实效果"，可潜移默化、润物无声地践行传统美德、培育良好风尚、养成文明习惯。实践证明，新沙小学以课程改革为契机，建构"传承·修身"课程并予以实施，可促进学生全面发展。

中山市黄圃镇新沙小学始创于1935年2月，是一所农村小学，现有教师36人，16个教学班，学生人数有772人。先后获广东省义务教育规范化学校、中山市游泳传统项目学校、黄圃镇醒狮培训基地、黄圃镇推进素质教育先进单位、黄圃镇德育先进工作单位、黄圃镇艺术工作先进单位等荣誉。学校以学生发展为本、教师发展为先，立足课程改革前沿，致力于培养全面发展的小公民，提升教师的育人能力，促进学校的可持续发展。

一、"传承·修身"课程建构

学校根据教育部2001年6月颁布实施的《基础教育课程改革纲要（试行）》、2014年印发的《关于全面深化课程改革落实立德树人根本任务的意见》等文件精神，为进一步完善课程体系、加强课程建设、创新教学方法、改进教育评价、促进学生全面发展，从学校实际情况与办学特色出发，建构

"传承·修身"课程。

(一) **课程理念**

"传承"是人类对于文化（包括技能、知识、科学、历史、宗教、思想、学说、生活方式、道德观念等）通过传授和继承的方式而使之得以延续、发展和演变的行为。是人类延续文明、推进并提高文明程度的必不可少的条件之一。"修身"是陶冶和培养自己的道德品质。《礼记·大学》则把"修身"与政治相联系，认为要齐家、治国、平天下，必须先要"修身"。可见"传承·修身"既体现传承传统文化烙印，又符合党的十八大提出的"全面深化课程改革、落实立德树人"的精神。我们用"传承·修身"来描述学校的课程发展规划，以期形成内涵丰富的"传承·修身"课程体系与模式。我们希望学生通过学校课程的学习，能择善而从、博学于文，能有高尚情操，且内化于心、外显于形。

(二) **课程目标**

1. **学生培养目标**

强调国家课程的基本原则，注重各科目的学习、帮助学生学习文化知识和技巧，养成爱学习、持续学习的习惯，实现知识传承、能力发展，培养有广博知识、强健体魄、健康身心、高尚品格的全面发展小公民。

2. **教师成长目标**

促进教师专业成长与师德修养的提升，使其具有渊博的专业知识、精湛的教学艺术、鲜明的教学个性、以爱育人的师德。

3. **课程建设目标**

形成较为完善的国家课程、地方课程与校本课程相结合的"传承·修身"内容与评价体系，结合学校及地域课程资源，开发若干门富有特色的校本课程。

4. **学校发展目标**

以课程建设为平台，全面提高教育教学质量，推动学校文化改造与发展。

(三) **课程设置**

1. **课程分类**

按课程性质分为国家课程、地方课程、校本课程、综合课程四类。

(1) 国家课程。国家课程是国家规定的课程，集中体现国家意志，体现了国家对基础教育教学统一的基本要求，它是依据培养未来的国家公民所要达到的共同素养而设计的，是由国家组织专家开发、全国各地各学校都要开设的课程。

主要课程有：品德与生活（品德与社会）、语文、数学、英语、科学、音乐、体育、美术。

（2）地方课程。地方课程是市镇主管部门根据当地实际规定的课程，体现地方区域政治、经济、文化发展对教育教学统一的基本要求，在培养学生全面发展方面有其独特的自主性和灵活性。

主要课程有：安全教育、国防教育、书法、心理健康教育。

（3）校本课程。校本课程是指在执行国家、地方课程的前提下，学校根据社会、学生发展的需要，结合本校的传统和优势，充分利用当地社区和学校的课程资源而开发的具有多样性的、可供学生选择的课程。我们将校本课程分为传承传统节日（春节、清明节、端午节、中秋节）文化课程、传承游泳和醒狮传统项目课程（后称传承传统项目课程）两大课程。

2. **学校课程设置结构**（如图1所示）

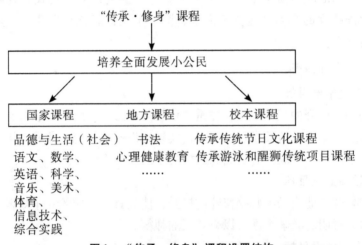

图1　"传承·修身"课程设置结构

3. **课程设置与课时安排**（见表1）

表1　新沙小学课程设置与课时安排一览表

课程		年级（周课时）						说明
		一	二	三	四	五	六	
国家课程	品德与生活（社会）	2	2	2	2	2	2	其中每周0.5节与传承传统节日文化课程整合，"四大节日的来历及习俗"是必修课程内容
	语文	8	8	7	6	6	6	其中，每周1节与传承传统节日文化课程整合，"关于四大传统节日经典诵读"是必修课程内容
	数学	5	5	5	5	5	5	—
	英语	0	0	3	3	3	3	

（续表1）

	课程	年级（周课时）						说明
		一	二	三	四	五	六	
国家课程	科学	0	0	1	2	2	2	
	音乐	2	2	2	2	2	2	每四周安排1节与传承传统节日文化课程整合，"关于四大传统节日文化的相关音乐知识"是选修课程内容
	美术	2	2	2	2	2	2	每四周安排1节与传承传统节日文化课程和传承传统项目课程整合，重点学习关于四大传统节日和游泳、醒狮的相关美术知识
	综合实践	0	0	1	1	1	1	—
	信息技术	0	0	1	1	1	1	—
	体育与健康	4	4	3	3	3	3	每周0.5节与传承传统项目课程整合（分低、中、高年级课程是必修课程）
	周课时数	23	23	27	27	27	27	—
地方及校本课程	兴趣拓展活动课程（选修）	1	1	1	1	1	1	相应开设传承传统节日文化和传承传统项目课程的相关兴趣拓展活动
	英语	1	1	0	0	0	0	—
	书法练习	1	1	1	1	1	1	每次练习与传承传统节日文化课程整合（如写春联、关于四大节日的诗词）
	少先队活动（探究型课程）	1	1	1	1	1	1	选择部分教材内容，结合传承传统节日文化和传承传统项目课程，开展主题式、课题式、方案研究等活动
	专题教育	一	二	三	四	五	六	专题教育安排：每周一（8：00—8：15）集体晨会，每周中午（1：30—1：50）进行红领巾广播
		集体晨会养成教育	健康（卫生、心理）教育	（国防、安全）教育	四大传统节日文化知识传承教育	国防、法制教育		

(续表1)

课程		年级（周课时）						说明
		一	二	三	四	五	六	
地方及校本课程	节庆（假日）拓展课程	根据不同的节日（假日）开展拓展活动						集中与分散相结合。以社团组织、小组（亲子）、个人等形式，参加实践基地活动、社区服务，参加网络活动、观看影片等活动
	周课时数	4	4	3	3	3	3	—
大课间		上午8∶55—9∶25						星期一、星期三、星期五做广播体操、跑操；星期二、星期四做游泳操（必修课程）、跑操
周总课时量		27	27	30	30	30	30	—

（四）课程实施

实现课程目标必须将课程方案扎实地、有效地落实于课程实践。基于对课程建设目标和学校实际情况的考虑，主要从以下三点来探索有效推进课程实施的策略。

1. 国家课程目标的落实

学校课程建设践行国家课程改革理念。我校严格执行国家的课程标准，开足开齐三类课程，为学生提供多种学习经历，丰富学生的学习经验；重视从课程实施过程中的改革教学过程，促进学生学习方式的改善。

2. 国家课程校本化的实施

（1）渗透创新教育理念，发展学生创新思维。继续开展创新教育课堂实践活动。通过活动，改进教和学的方式，优化学科课程教学，培养学生的创新意识，发展创造思维，培养学生创新性地解决问题的能力。

（2）合理统整教材，拓宽课程资源。教材是服务教学的工具和材料，教师要善于分析不同地区教材的优势，有效统整不同教材，拓宽课程资源，创造性完成教学任务，发展学生的思维。

教师通过将国家课程中的语文、社会与品德（生活）、音乐、美术、科学、综合实践活动与地方课程教学内容统整，开发传承传统节日文化课程和传承传统项目课程，鼓励教师积极创新，不断研究，促进师生共同成长。

（3）整合教育资源，促进综合发展。做好教育资源的整合。整合校本、区域、社区、社会等多层面资源，开展外出实践、考察、社区服务等实践活动类拓展课程。努力提高学生的动手实践能力，培养学生的劳动观念、集体观念、责任与创新意识，引导学生探究自然、体验生活、了解社会，着重培养学生动手实践、科学探究、团队协作、服务社会的能力，促进学生全面发展。

3. 校本课程的开发

2014年4月，教育部颁布《关于全面深化课程改革落实立德树人根本任务的意见》。该文件深入回答了"培养什么人、如何培养人"的问题，并提出将"学生发展核心素养体系"的研制与建构作为扎实推进课程改革深化发展的关键环节，以此来推动教育发展。2016年9月，北京师范大学提出了中国学生发展核心素养总体框架。框架以培养"全面发展的人"为核心，分为文化基础、自主发展、社会参与三个方面。综合表现为人文底蕴、科学精神、学会学习、健康生活、责任担当、实践创新六大素养，具体细化为人文积淀、人文情怀、审美情趣、理性思维、批判质疑、勇于探究、乐学善学、勤于反思、信息意识、珍爱生命、健全人格、自我管理、社会责任、国家认同、国际理解、劳动意识、问题解决、技术运用十八个基本要点。

新沙小学是市游泳传统项目学校，醒狮项目也已开展了12年。孩子们每年都过春节、清明节、端午节、中秋节，但很多同学对中国传统节日只知道是节日，却不了解节日的来由与风俗。为了传承我国传统节日蕴含的文化和我校的传统项目，我校分别开发了传承传统节日文化和传承传统项目课程，这两套校本课程体现了一定的现实意义。

（1）丰富德育课程。我们将国家课程的语文、品德与社会（生活）、体育、音乐、美术、科学、综合实践活动，以及地方课程教学内容与校本课程进行整合，开发了传承传统节日文化和传承传统项目课程，增强了德育课程的针对性和实效性，把传承中华民族优秀传统文化和传承学校特色项目渗透到学习中，实现全科育人、全员育人、全程育人。

（2）探索拓展课程。"传承·修身"拓展性课程分为必修与选修。

必修的课程是相应年级的学生全员必修。根据课程内容的需要选择专题教育、主题活动、实践考察、综合实践等学习方式，并进行合理整合。

自主选修的课程分为校内拓展课程和校外拓展课程。自主选修校内拓展课程以兴趣活动小组为载体，我校开设了经典诵读、春联书法、节日食品制作、故事会、写作、美术、摄影、信息技术、游泳、醒狮等兴趣小组，让学生根据自己的兴趣，自主选择参与活动。自主选修校外拓展课程是节日（假日）拓展课程，是学生以兴趣活动小组、亲子（家庭）、个人等形式参加实践基地活动、社区服务、网络活动、观看影片等活动的课程。如书法兴趣小组在春节前写春联送贫困家庭，游泳兴趣小组参加社会的游泳比赛，醒狮兴趣小组参加新沙村的每年送军活动和省、市、镇的比赛，个人在网上参与祭英烈活动，一家人观看端午节赛龙舟比赛，等等。

（五）课程评价

课程评价是课程实现学生学习价值的指向标。完善课程设置、激励学生学习和改进教师教学是课程评价的目的。从师生的发展出发，建立评价目标多元化、评价方法多样化的发展性课程评价体系是学校课程建设中的重要环节。

制订新沙小学《校本课程评价量表》，对开设校本课程的目标达成度、教材的编写质量、办学理念的体现、学生对课程实施的满意度等方面制定评价指标体系与评价标准。通过评价，有效推进学校的课程建设，推进一批优质课程的发展。

制订新沙小学《国家课程校本化实施/备课/上课/作业评价量表》，聚焦有效教学，对教材内容的整合、创造教育理念的渗透、有效校本作业的设计等方面制定评价标准。通过评价，促进教师根据学校特色、学生基础、培养目标调整自己的教学行为，提高教育教学质量。

（六）保障机制

1. 学校管理

从学校师生的具体情况出发，以师生共同成长为前提，建构科学精细管理机制，推行人文管理体系，创建和谐平安、积极进取的校园氛围。

（1）积极实践"以人为本"的管理理念。从生活上关心老师，在工作上帮助老师，用情感去感化老师，使教师团队充满人文智慧和人文关怀。积极贯彻"从群众中来、到群众中去"的工作方针，充分发挥集体智慧，广纳良言，强调建立平等民主的对话模式，鼓励教师积极主动参与学校管理。

（2）加强各级管理队伍的建设。学校行政班子要不断学习，乐于在课程建设过程中提升自己的管理素质。年级组长、教研组长要准确定位各自在推进学校课程建设工作中的重要作用，积极配合，工作创新。明确各层级岗位责任、过程责任，加强监督，将学校课程建设目标有效落实于教育教学活动中。

（3）完善课程建设管理制度、评价机制。建构学校科学管理机制，完善学校的课程管理制度，进一步加强课程的实施管理。以师生的发展为本，建构科学的课程建设评价机制，完善新沙小学《教师行为规范》《教学常规考核细则》《德育考核细则》《教育教学奖励细则》等，科学评价教师的课程执行力，促进教师的专业化发展。建构新沙小学学生激励评价方案，科学使用学生成长记录册，促进学生不断为更大的成功而努力。

（4）加大课程校本化实施力度，发挥教师主体优势，建设好学校的合格课程，打造学校优质课程。加大投入，支持一批优秀课程的持续发展，如语文、科技、音乐、德育等，扩大区域影响与示范作用。

（5）加强校园物质文化、精神文化、特色文化的建设。重视显性文化与隐性文化相结合，营造教育氛围，使教师对创造教育的价值予以认同，发挥创造教育文化对学校课程建设的导向、激励作用。

2. 教师队伍建设

以师德建设和校本研训为重点，提升教师的专业发展，提高教师的课程开发能力与课程执行能力，促进学校课程建设工作健康发展。

（1）发挥骨干教师的辐射功能，带领全校教师共同发展。培养和选拔一批一专多能、富于开拓与创造力的骨干教师，再以他们作榜样，去影响、带动教师群体，达到相互促进、相互提高的目的，从而主动适应素质教育的要求。

（2）建构发展均衡的教师队伍。通过学习、培训、教研等渠道活动，不断提高教师的个人素养、课堂教学水平、教育科研能力，使教师的整体发展水平趋于均衡化、更优化。针对学校现有师资队伍特点，关注不同梯队教师的发展，制订分层的师资建设发展计划与评价机制，充分发挥老教师、中青年教师、青年教师的才能。

3. 校本研训

（1）立足校本教研，大胆改革传统教学方式，提高教研组的课程领导力；加强教师之间的交流，改变教师的教学理念与方式，提高教师的课程执行力；探索网络教研模式，提高教师参与率，提高教研质量。

（2）立足校本培训，建立学校校本培训制度，使学校的培训工作制度化、日常化。开展"国家课程标准解读""创造教育理念"等培训，发展教师的学习观、课程观，提高教师的专业素养。

（3）立足校本科研，促进教师的专业化发展，提升学校课程建设水平。进一步在学校特色教育领域做课题研究，建立青年教师进行课题申领的学校科研模式，丰富学校创造教育理论体系。通过课题研究，开发学校校本课程，形成学校特色校本教材，积累教师教学科研成果，推进学校课程建设工作良性发展。

4. 提高学校教育资源的运用率

更新完善信息技术教学辅助设备，促进信息技术与学科课程的整合，逐步实现教学内容的呈现方式、学生的学习方式、教师的教学方式和师生互动方式的变革。提高图书馆、专用教室等使用率，将育人功能发挥最大化。

二、"传承·修身"课程实施

中国学生发展核心素养总体框架是培养"全面发展的人"。新沙小学根据国家提出培养人的目标及学校实际建构了"传承·修身"课程,并开展实施了近三年,收到了良好的效果。

(一)传承传统项目课程实施

1. 开设了传承传统游泳项目课程

游泳既是充满乐趣、强身健体的休闲运动,又是一项实用的生存技能,还是不分人群、不分年龄的全民运动。新沙小学自创办时就创建了学校游泳队。1973 年起新沙小学的游泳队已享誉中山,新沙小学是中山市游泳传统体育学校。开设传承传统游泳项目课程,能有效促进学生乐学善学、健全人格和技术运用等核心素养。

(1)编印校本教材,培育"乐学善学"素养。为了让游泳项目在学校得到广泛推广,让每个新沙学子能学到这种本领和感受到其带来的乐趣,新沙小学自行编印了游泳校本教材,利用体育课及班会课让学生学习游泳知识。游泳教材根据不同学生的体魄和年龄特征编印,分低年级、中年级、高年级教学内容,其内容包括游泳前物质准备、身心准备、热身活动、自由泳、仰泳、蛙泳的技术动作,纠正常见错误的练习方法,溺水的自救方法等。学生在课堂上学习游泳知识后,在泳池学游泳会学得更快,游泳动作可以对照教材的文字和图式学习,收到事半功倍的效果,从而培育了学生乐学善学的核心素养。

(2)游泳课程开设,发展"健全人格"素养。游泳能有效地改善心血管系统、呼吸系统、肌肉系统的功能。经常游泳不但能够改善体质,预防疾病,而且能够磨炼意志,塑造健美的体形,促进身心健康和心智发展,发展学生健全人格的素养。

(3)参与游泳比赛,培养"技术运用"素养。黄圃镇每年都举行游泳比赛,挑选游泳成绩好的学生参加镇队,代表黄圃镇参加市的比赛。学生要想在比赛中取得好的成绩,必须认真学习游泳教材的知识,还要在教练员的教导下刻苦训练,把头、手、上身、腿的每个游泳动作要领做到位,准确呼吸。每个标准的游姿有很高的技术含量,游泳动作只有做准确,速度才会快。这个比赛的过程,培养了学生技术运用的素养。

游泳传统项目课程的开设与实施,增强了新沙小学学子的体质,健全人格,以及技术运用的能力。

2. 开设了传承传统醒狮项目课程

我国有着五千年的光辉文化,各个民族和各个地区都有着自己独特的优秀传统文化,但当前的年轻一代对这些文化认识不多。《中共中央国务院关于进一步加强和改进未成年人思想道德建设的若干意见》明确要求要发扬和传承中华文化精髓,全面提高未成年人思想道德水平和实践能力。我校开设传承传统醒狮项目课程，培育良好素养的时代新人。

（1）醒狮课程锤炼学生坚韧意志。有句话说得好："自古英才多磨难，从来纨绔少伟男。"《中共中央国务院关于深化教育改革全面推进素质教育的决定》明确指出要"加强学生的心理健康教育，培养学生坚韧不拔的意志、艰苦奋斗的精神，增强青少年适应社会生活的能力"。显然，有目的地培养学生良好的意志品质，使他们成长为坚强、独立、自制、有韧劲的人，是学校实施素质教育的重要环节。在当今优胜劣汰、充满竞争的时代里，只有培养学生的坚韧意志，才能使学生有勇气、有毅力地去战胜成才道路上的各种困难。我校2018年1月参与中山市传统南狮比赛。郭志朗、冼浩桢两位同学在地面或桩阵上随着锣鼓的节奏舞出竞技性极强的惊险动作，博得观众掌声和喝彩，获市一等奖的好成绩。

（2）醒狮课程培养学生合作精神。合作是人类赖以生存和发展的重要动力，是新时代人才三大道德素养要求之一。今天的小学生是未来的建设者和生力军，他们要在社会竞争中生存下来并发展自己，不仅需要有竞争的精神，更需要有合作精神。林格伦说过："在文明世界中的人们，真正需要学会的本领是有成效的合作本领，以及教别人也这样做的本领。"精彩的舞狮是由狮头、狮尾、锣鼓手紧密配合的结果。狮子的步法、翻身、翻滚、睁眼、洗须、舔身、抖毛、采青都与舞狮头、舞狮尾、敲打锣鼓者的天衣无缝的配合分不开。在舞狮过程中，学生必须合作，只有学会合作才能把狮舞灵、舞活，才能得到观众的热烈掌声。观众对学生醒狮表演的掌声，也是对学生传承醒狮合作文化精髓的肯定。

开展传承醒狮课程，对培养学生的合作精神，发挥了不可估量的效果。没有开展醒狮活动前，很多班级早上搞清洁十分拖拉，有的甚至到上课也没有把负责的地区清洁干净，既影响了教学，又形成不良的校风。开展传承醒狮活动后，学生的合作精神得到了培养，搞清洁的学生既分工又合作，很快就把负责清洁的地方清洁干净，按时进行早读，学生的成绩也得到了很大的提升。近三年我校的教学质量稳步提升。

（3）醒狮课程提高学生审美情趣。"操千曲而后晓声，观千剑而后识器。"只有多看、多想、多实践才能逐渐对醒狮艺术有所认识，才能体现醒狮对学生审美情趣的提高。参加醒狮的学生通过在地面或桩阵上腾、挪、闪、扑、回旋、飞跃等高难度动作演绎狮子喜、怒、哀、乐、动、静、惊、疑八态，表现狮子的威猛与刚劲，每一个动作都是美的演绎，都要学生通过看后模仿、训练体验才能演出。整个过程学生的审美能力得到潜移默化提升。舞狮、观看醒狮比赛，提高了学生的审美能力，也促进了我校艺术方面的工作：近年我校黄映楠同学创作的年份邮票获市一等奖；多名同学的书画获市、镇的奖励；我校获2017年镇艺术先进单位称号。

（4）醒狮课程铸造学生良好心理。人们需要用良好的心理来调节、适应新时代。在素质教育中，心理素质居核心地位，良好的心理素质是学生其他素质全面发展的基础，是实施素质教育的一项重要内容。参与醒狮的学生在每一次比赛中都要想方设法完美地完成整套动作，赢取评委及观众的好评，这个快节奏的生活和高负荷的工作套路的完成是学生实现自我、超越自我、挑战自我的过程，学生的潜力得到充分的调动和发挥，热情得到焕发，体验了成功，培养了自信心。如果演绎套路中出现失误，要引导学生自省，懂得失败乃是成功之母，培养学生承受挫折的能力。开展传承醒狮文化，学生的良好心理素质得到铸造。

实践证明，传承醒狮课程的开设与实施，在培育具有"坚韧意志、合作精神、审美情趣、良好心理"等良好素养的时代新人中绽放出重要、积极的异彩。

（二）传承传统节日文化课程实施

教育部2014年颁布了《教育部关于全面深化课程改革落实立德树人根本任务的意见》，明确提出了以研制与建构学生发展核心素养体系来推进教育改革发展。通过两年多的研究，北京师范大学于2016年提出了将培养"全面发展的人"作为中国学生发展的核心素养，分为文化基础、自主发展、社会参与三方面。

2017年国家印发了《关于实施中华优秀传统文化传承发展工程的意见》，此文件明确提出要传承中国优秀传统文化。我国有5000多年的悠久历史，形成了丰富多样的传统节日。这些传统节日蕴涵着丰富的优秀传统文化。从这些流传至今的节日风俗里，我们还可以清晰地看到古代人民社会生活的精彩画面。

传承中国优秀传统文化与促进学生发展核心素养有着紧密的联系，是党和国家对学校提出的新课题。如何贯彻落实传承中华民族优秀文化，促进学生发展核心素养？我校认为开设传承传统节日（春节、清明节、端午节、中秋节，以下称为"四大节日"）课程，能有效促进学生发展核心素养。

1. **强化传承节日课程理解，提升教师传统文化素养**

随着改革开放的深入，以及互联网的不断发展，许多西方人的节日走进中国百姓的生活，如圣诞节、万圣节等。由于有些国人缺乏文化自信，对西方的节日十分热衷，以各种形式仿效庆祝，有的教师甚至在学校或班上开展各种西方节日的庆祝活动，而对中国传统节日不重视，只停留肤浅的讲解。

究其原因，部分教师只重视学科知识的传授，对传统文化没有深入的探究，传统文化素养淡薄。只有强化对传承传统节日优秀文化课程的理解，提升教师传统文化素养，才能完成传承优秀文化的教学任务。课程理解主要依靠教师的理解，是"教师通过对课程的解释或释义来把握课程意义的过程，而这一过程同时就是教师的精神生命的丰富和发展的过程"。我校做好如下三个方面的工作。一是组织教师学习相关国家基础教育课程改革的文件，让教师理解学校不仅要实行国家课和地方课程，还要结合本校的传统与特色，开发适合本校的课程。二是引导教师挖掘学校的传统和特色，结合当前教育改革和教育发展趋势，培养学生的兴趣和需求，开发校本课程。醒狮和游泳项目是新沙小学的传统项目。"传承传统"课程成为我校教师的共识。三是加大教育工作者对传统节日文化的培训，提高教师传统节日文化的修养。使教师具有把传统节日优秀文化与学校传统项目的内涵融合的能力，有把传统节日优秀文化与各学科整合的素养，理解开设传承传统节日校本课程有助于其他学科的教育，理解在校本课程建设中能完成承担传承节日优秀文化的光荣使命，同时完成国家课程和地方课程的教学任务。

2. 实施传统节日必修课程，发展学生文化基础素养

文化是人存在的根和魂。中国的传承节日蕴涵着丰富的优秀文化，新沙小学传承传统节日课程把"四大节日"的起源、历史、习俗、名人故事和相关的诗词好文作为校本课程的必修课程。传承传统节日课程主要通过班队课、校本课程与语文课的融合来实施，让学生传承这些节日的优秀文化，发展学生文化基础素养。如"细说端午"主题班会课的开展，让学生知道端午节是中国有法定假期的传统节日，起初为百越部族在农历五月的第五天举行图腾祭奠的日子，端午节有举办赛龙舟祭奠的习俗。后来，战国时期楚国诗人屈原在端午节当天抱石跳汨罗江殉国，端午节成为纪念屈原的节日。为传承端午节传统文化节，2006年国务院批准端午节加入第一批国家级非物质文化遗产名录；联合国教科文组织2009年正式审议并批准端午节成为首个世界非物质文化遗产的传统节日。端午节有吃粽子、赛龙舟、插艾叶、喝雄黄酒等习俗。"细说端午"这节主题班会课，让学生了解端午节的历史演变，获得中国传统节日文化知识。传承传统节日校本课程结合语文科的经典诵读，学校要求学生在每节语文课前2分钟最少诵读欣赏一篇关于"四大节日"的诗篇。如诵读欣赏王安石的《元日》、杜牧的《清明》、白居易的《清明夜》、文天祥的《端午即事》、苏轼的《水调歌头·明月几时有》等。诵读欣赏这些诗篇，学生的审美能力和文化素养在潜移默化中得到提升。

3. 开设传统节日选修课程，发展学生自主发展素养

自主性是人作为主体的根本属性。"教育为学生提供了机会，使他能积极参与并全心处理让他感兴趣且与之关系密切的事情，特别是学会如何有效地从事这些活动。"传承传统节日课程立足于学生的需要、学校及社区的特色，新沙小学根据实际开设以下校本活动课程：醒狮、游泳、书法、烹饪、绘画、摄影、舞蹈、音乐、科学探究、文学等。新沙小学传承传统节日活动课程每周如期授课，每个人都有自己的兴趣和特长，学生根据自身的实际情况选择自己喜欢的校本活动课程。例如，杜锋同学平时爱运动，体育成绩很好，喜欢表现自我，他选择了醒狮活动课程。通过参与醒狮课程学习，杜锋同学了解到醒狮是中华民族的优秀传统，在春节等重大节日中人们经常舞狮进行庆祝。要舞好狮子，不仅要好的身体，还得与鼓乐、舞狮头和舞尾默契配合。要做到以上这些必须认真听从教练的指导，刻苦练好每一个动作，还要与同伴合作。他对教练说："舞醒狮是我自己选择的，我一定把醒狮的狮头舞好！"每周醒狮授课时，他都能认真学习，为了把醒狮舞得活灵活现，每天放学后，他都在家按教练的要求进行练习，有时还邀请父亲陪他练习。功夫不负有心人，经过一年的苦练，杜锋同学代表学校参加省醒狮比赛，获了一等奖的好成绩。现在杜锋同学不仅醒狮舞得好、体育成绩好，学习成绩也有明显的进步。他经常自豪地对参加醒狮活动课程的同学说："醒狮让我找到健康快乐的童年生活！"

传承传统节日课程能充分尊重学生，每学期学生可自主更改一次选修的课程，这样的课程设置，有利于促进学生健康快乐成长。例如，黄映楠同学开学初应家长要求参加舞蹈活动课程，虽然努力学习，但天赋一般。后来她向父母反映自己参与舞蹈活动课程的情况，表示想参加自己有浓厚兴趣的绘画活动课程。父母尊重她的选择，她改为参加绘画活动课程。兴趣是最好的老师。在美术老师的悉心教导下，黄映楠同学进步飞速。不到一个学期，黄映楠同学参加镇绘画比赛并获一等奖。她设计的鸡年邮票获市一等奖。传承传统节日课程设置科学，充分发掘学生自身的潜力，实现他们的自我价值。黄映楠同学不因参加舞蹈活动课程的失意而丧失发展自己兴趣的机会。她选择了自己喜欢的绘画活动课程后，经过老师的辅导和自己的潜心学习，她享受了绘画的快乐，也懂得了"选择能影响人的发展！"

4. 开发传统节日拓展课程，发展学生社会参与素养

社会性是人的本质属性。学校的课程开发和实施以教师为主，但教师精力有限，在课程建设中，"总受到自身有限机体、优先生命的限制；即使在个人精神最旺盛的时期，他所能感知的范围、思考的领域和运用的工具，无论在广度、尝试和精度上也都有限"。校本课程要立足本地社会的实际来设计和实施，必须充分调动教师、家长、学生的参与开发，才能实现课程的应有价值。新沙小学传承传统节日课程注重开发社会实践的拓展课程。例如，为了让学生过一个有意义的春节，学校开设有"年味"的社会实践拓展课程：与家人打扫卫生、写贴春联、做年糕。在部分家长倡议下，学校创造性地组织新沙小学校本课程慰问团，开展慰问村内的"五保老""军烈属"、特困学生的社会拓展活动。活动中，参加书法课程的同学带上自己写的春联，参加烹饪课程的同学带上自制的年糕，参加醒狮课程的同学敲锣打鼓、舞动醒狮，不同课程的同学把自己所学的知识在慰问活动中展示，使受慰问的家庭感受春节的快乐、社会的温暖。慰问活动后，参加摄影课程的同学和文学课程的同学联合创作了一条条富有"年味"和"人情味"图文并茂的慰问报道，报道在家长微信群中传播，很多家长纷纷点赞。"年味"实践活动课程，让学生把所学的校本课程知识应用到社会实践中，帮助了有需要的人，学生的社会素养得到促进和发展。

我校根据实际开设、实施和拓展传承传统节日校本课程，提升了师生传承传统节日文化素养，促进了学生发展核心素养。

"适合教育"理念背景下的课程建设方案
——以美育教育课程为例

中山市东升镇同乐小学　李正可

郑凤姚点评：

中山市东升镇同乐小学以"适合的教育才是最好的教育"为办学理念，引导师生展示美的仪表、形成美的课堂、开展美的活动、创造美的校园、热爱美的家乡，塑造审美型的人格，将美育目标具体化为课堂化、日常化、活动化的点滴实践，彰显了学校特色，丰富了学校内涵。学校美育创新固然要以观念更新为前提和基础，但是最终要全面提高学生素质，使之"对促进学生全面发展具有不可替代的作用"。为此，该校美育创新"融入学校教育全过程"，走出一条多元化道路。

中山市东升镇同乐小学是至今已有60多年的历史。学校以"办区域内有影响力的优质的精品学校"为办学目标，通过优化校园育人环境，实施科学精细化管理，狠抓教师队伍师德师能建设，丰富教育教学课程内容，促进学生健康、全面地发展。学校以"合文化"为核心，以"适合的教育才是最好的教育"为办学理念，以培养"与自我合、与社会合、与自然合的现代化小公民"为育人目标，建构了"合群共处、合作共进"的团队文化，"适合合适、跨界融合"的课程文化。学校以"知行合一、共生同乐"为校训，以"敬业、合力、严谨、创新"为教风，以"和合、乐学、勤思、进取"为学风，努力营造真知乐行、天地人合的文化氛围。

学校致力于培养学生具备适应未来社会发展和终身发展学生的必备品格和关键能力为己任。在落实好国家基础课程之余，开设了舞蹈、跆拳道、棒球、围棋等20多个个性化社团课程，体艺节、艺术节、科技节、读书节、入学礼、毕业礼等节礼课程，研学实践、乐享舞台、乐享大讲堂等体验课程，全力促进学生健康、全面地发展。

近年来，学校的教育教学质量和办学水平以及美誉度不断提升，得到上级领导和广大群众的肯定和认可。学校先后荣获"中国软式棒垒球试验学校（2015—2020年）""中山市文明校园""中山市艺术教育特色学校""中山市语言文字规范化示范校""东升镇教育线关心下一代先进集体""东升镇优秀家长学校""东升镇德育工作示范校""东升镇围棋进校园突出贡献单位"等称号。连续多年荣获"东升镇教育通讯工作先进单位""东升镇素质教育评估优秀学校""中山市教师继续教育先进学校"。近几年，教师专业发展和学生特长发展评价均位于镇的前茅。2014学年至2018学年，教学质量综合评价均荣获镇一等奖。2010学年至2018学年，被评为镇推进素质教育（推进五年发展规划）先进学校。校园精致、管理精细、教师精干、课程精彩、学生精灵的优质的精品学校的办学目标在逐步实现。

一、学校办学理念及其课程理念释义

（一）办学理念：适合的教育才是最好的教育

适合教育的理念源于：每一个生命都是独一无二的，每一个生命都应该得到尊重，教育应该以学习者为中心。

适合教育应该要：适合儿童、学校、社会、地区、国家。

适合教育的核心是：发现差异、发现需求。

适合教育的实施路径：开发适合的课程资源，采用适合的教育方法，通过适合的实施策略，实行适合的评价体系。

（二）学校课程理念释义

学校课程理念是：适合合适、跨界融合。"适合合适"是要开发适合的课程资源，采用适合的教育方法，通过适合的实施策略，实行适合的评价体系。"跨界融合"是要着眼全人教育的理念，注重人的全面发展，开发和实施跨越学科边界、超越时间限制、摆脱空间局限的多元课程；在对学生进行德、智、体、美、劳的全面教育的基础上，对学生进行有效的必备品格和关键能力的培养。

二、学校合美课程建设案例解读

在"适合合适、跨界融合"的课程理念引领下，学校建立起合美教育体系和合美课程体系，进而实现育人目标。

（一）合美课程内容、课程目标及课程设置

从学校课程理念出发，结合学校的整体育人目标，学校的合美课程内容、课程目标及课程设置如表1所示。

表1　同乐小学学校适合教育课程内容、课程目标及课程设置

课程内容	课程目标	课程设置
知美教育（我知道）	通过艺术课程和基础课程的审美化实施，激发学生的艺术兴趣和爱美情感，让学生掌握必备的艺术基础知识与技能，培养学生发现美、欣赏美、创造美的能力，提升学生的艺术素养，增强学生的审美意识、审美能力	国家课程 景观课程 特色课程
尚美实践（我追求）	学校搭建审美实践平台，鼓励学生追求美、践行美，时时处处以"道德美、内涵美、能力美、个性美、体型美"的标准要求自己，争当"最美童星"	"四节"课程 社团课程 拓展课程
立美评价（我成为）	建构学校立美评价体系，以评价为导向，促进学生成长，激励学生做"最美的自己"	合美课堂评价 社团活动评价 最美童星评价 家长日常评价

（二）学校合美课程体系

根据学校"合乐"文化的建构，结合我国学生核心素养的内容（文化基础：人文底蕴、科学精神；自主发展：学会学习、健康生活；社会参与：责任担当、实践创新），学校对国家课程、地方课程和校本课程进行了整合，建构了学校合美课程体系，以践行"适合合适、跨界融合"的课程理念。

（三）学校美育课程的实施

1. 知美教育课程

知美教育课程要体现"两合""两美"。

所谓"两合"，一是目标之合：精准而清晰。精准：准确理解、把握教学内容，目标体现学科特点和课标要求，且善于挖掘教材中美育元素，体现审美化教学境界。清晰：目标表达准确、具体，体现"以美育人"的思想。二是过程之合：严谨且灵动。严谨：教学活动的设计能紧扣住教学目标，充分考虑学生的年龄特点和认知规律，善于创设有效的教学情境，善于运用美（自然美、社会美、艺术美、科学美、生活美、人格美、人生美等）的知识与方法，有意识渗透美育，实现"准确、有效、美感"的审美化教学要求。灵动：教师善于"导学"，教学用语幽默、风趣，肢体语言丰富、优美，有效运用小组合作学习的组织形式；学生学习热情高涨、兴趣浓厚，善于倾听、乐于表现，

积极参与探究、交流、展示、分享活动。师生互动、生生互动尽显和谐融洽气氛，充分体现快乐学习。

所谓"两美"，一是效果之美：扎实并丰富。扎实：牢固掌握基础知识与基本技能，具有较强的运用知识解决实际问题的能力。丰富：学到的知识广泛，包含基础知识、基本技能、情感、态度、价值观及有深厚优秀人文思想的积淀。二是素养之美：高雅又智慧。高雅：在这意指必备品格，即具有高尚的个人修养，懂得社会关爱，拥有国家情怀。智慧：在这里意指关键能力，即学有所成，具有终身学习的能力，具有沟通与协调能力，具有解决问题的能力与创新能力，能机智应对各种问题，特长得到发展、个性得到张扬。

2. 尚美实践课程

尚美实践课程是学校美育课程体系的重要组成部分，我们把"和谐发展、各美其美"的课程建设理念融入尚美课程建设中，建有社团课程、四节课程及拓展课程。

社团课程是学校落实"各美其美"的有效载体，通过开展丰富多彩的社团活动，为学生的自主发展提供多种多样的教育选择，促进学生的爱好、个性、特长生动活泼地发展。

学校艺术节、读书节、体育节、科技节"四节课程"是学校"尚美"实践的大平台，学校在"合美育人"理念引领下，设计各种方案，让"活动"与"美育"有机融合，让"四节"活动成为学校美育成效检阅的大展台。

拓展课程：一是组织学生走出校门、走向社会，开展研学旅行，让孩子们走进大自然，寻找大自然的美，以美的事物所独具的形象生动性和感染力，启迪学生的智慧，激发学生学习与探索真知的欲望；二是开展尚美微故事演讲比赛，引导学生以身边践行美为题材，撰写"尚美微故事"并开展演讲比赛，以此倡导积极向上的人生价值观，让"合美"的种子在孩子们的心灵里扎根。

（四）学校美育课程的立美评价

1. 主学科"合美"课堂评价

结合学校"合美"课堂的建构，学校邀请市镇专家为"合美"课堂进行诊断和把脉，并制定出语、数、英三大学科的课堂评价标准。

2. 社团活动评价

对教学内容、训练时间、训练成果进行综合评价。

3. 最美童星评价

学校全面开展立美评价，师生共同制定《"最美童星"系列评选方案》，推出"最美童星"系列奖项，通过评价引导学生多元发展、特长发展。

4. 家校日常评价

编印具有年级特点的《同乐小学家校联系手册》与学生每日作业登记结合起来，把校训"做最美的自己"融入学生的日常评价中，根据年级学生的年龄特点和重点培养内容，分为道德品质、思维品质、个性品质和身体发展等方面，由师生和家长共同制定评价内容，让家长与孩子一起评价孩子每天的行为，让孩子从一天的生活小结中不断认识自己、完善自己。

"国学教育"课程的实践研究
——以中山市阜沙中心小学为例

中山市阜沙中心小学　梁业昌

郑凤姚点评：

中华优秀传统文化是培养学生核心素养的重要载体，在新形势下加强学生中华优秀传统文化教育，对促进学生的健康成长、成才极其重要，这也是时代赋予每个教育工作者的神圣使命。阜沙中心小学围绕教育部《完善中华优秀传统文化教育指导纲要》，以"阅读国学经典篇目、学习传统文化精髓、实现博雅人格教育"为立意，以背诵、阅读、讨论、思考、践行为路径，建构优秀传统文化校本课程体系，使课堂讲授和课外实践相互补充，让知识学习与道德修养相互融合，将中华优秀传统文化的精华要义内化于心、外化于行。

学习传统文化对全面提升学生的人文素养、人生境界和道德判断力起着至关重要的作用。我校的学生思想行为习惯养成教育有待提升，开展国学教育的实践与对策研究便是以此为目的的。我们的国学教育实践与对策研究包括以陕西师范大学国学研究院曹胜高教授主编的传统文化读本《国学》为载体的教学探索，以各学科渗透传统文化教育开发校本教材为载体的教学探索，以各种实践活动为载体的实践与对策研究等，旨在寻找培养学生良好行为习惯、实现博雅人格教育的途径，从而使学生有效地积淀传统文化，提升素养，成为内外兼修的优秀学子。

一、"国学教育"课程的提出背景

（一）学生自身发展的迫切需要

我校地处中山偏远镇区，是阜沙镇学生人数最多的小学。大部分家长外出打工、经商，孩子由年长的爷爷、婆婆、外公、外婆照顾，与孩子的教育、学校的管理脱节，造成了相当严重的家庭教育环境差、家长缺乏教育方法、子女无人管教的现象。有的家长望子成龙心切，缺乏正确的教育方法，对待孩子简单粗暴、非打即骂；有的家长则对孩子过分溺爱，听之任之；有的家长不遵循子女身心发展规律，放松品德教育，导致其子女在思想行为习惯方面存在很大的偏差。2020 年，我校学生共有 1788 人，镇外学生 660 人，镇内学生 1128 人，其中非农户口 799 人，农村户口 989 人，全校经商家庭有 427 人，家长外出打工由长辈或亲戚看管的有 501 人。我校学生在行为习惯方面存在着不少问题。如何加强对学生行为习惯的规范训练，尽快养成良好的行为习惯，这不仅关系我校的健康、良性发展，关系学生整体素质的提高，而且关系整个阜沙镇的精神文明建设。本课题试图以国学教育为载体，探索一些校本教育方式，促进学生人文素养的提高，以塑造具有传统美德的现代公民。

（二）学校可持续发展的实际需要

中华优秀传统文化博大精深，然而，在学校开设课程的几乎没有。近年来，传统文化教育得到全国上下的重视，但各地的中华传统文化教学仅仅是浅表性的实验与探索，大多停留在经典诵读的层面。2016 年，阜沙中心小学申报成为中山市第一批传统文化实验学校。我们经过研究，确定了《国学》为我校优秀传统文化专门课的读本，但由于学校在传统文化教学方面师资力量比较薄弱，教师自身缺乏传统文化底蕴，因此，传统文化专门课实施起来，还是存在着一定的困难。学校急需在优秀传统文化教育方面加大研究力度，通过研究培养一批骨干教师，建设适合我校发展的中华优秀传统文化课程体系。《中山市传承发展中华优秀传统文化实施方案》中指出：推动传统文化课程体系建设，中小学在课程整合的基础上设置中华优秀传统文化专门课程，并在学科课程中渗透中华优秀传统文化教育。在大好形势推动之下，我校进行了国学教育的实践与对策的研究。

在"一校一特色"的中山德育模式下，我校的德育特色还没有凸显。作为一所镇中心校，如何让学校走上可持续发展的道路？中华优秀传统文化博大精深，尤其是国学经典佳作篇目繁多，内涵丰富，语言精练，句式整齐，富有韵律，易于诵记，美不胜收。让学生从小学习经典诗文，研读古人的诗词歌赋，不仅可以丰富文学修养，扩大学生的知识面，培植高雅的人文核心素养，还能培养学生良好的个人品格，形成学生规范行为，帮助他们走正道、走大道，从而提高学校的德育品位。国学教育活动经费投入少，特别适合学生家庭和我校的实际，可用最小的投入换来学生终身受益的行为习惯，成就有博雅特质的学子，为和美阜沙培养一大批接班人和建设者。

（三）弘扬传统文化对基础教育产生的积极影响力

习近平总书记曾经在关于中华优秀传统文化的讲话中指出"中华优秀传

统文化是中华民族的突出优势,是我们最深厚的文化软实力""中国传统文化博大精深,学习和掌握其中的各种思想精华,对树立正确的世界观、人生观、价值观很有益处"。对于学校国学教育,如何做到"取其精华、去其糟粕"和"保持民族性、体现时代性"值得我们小学教育工作者去理性思考,值得我们去探索和实践,以形成国学教育的育人模式。

在文化自信的引领下,当前"国学热"遍地开花,对国学的研究和实施方兴未艾。先从基本的层面着手,再向纵深的本质研究,形成一套行之有效的教育模式,是"国学热"持续健康发展的需要。

1. 法律法规为国学教育创造条件和空间

《中小学中华优秀传统文化课程指导纲要》指出:国学是一门以社会主义核心价值观为统领,以中华优秀传统文化经典为主要学习内容,以培育中小学生正确价值观、高尚情操和传统美德为主要目标的地方课程。《语文新课程标准》在总目标中提出,要"诵读优秀诗文,提高欣赏品位和审美情趣""认识中华文化的丰富博大,吸收民族文化智慧""重视提高学生的品德修养,使学生逐步形成健全的人格"。本课题以上述理论依据为支撑,开展国学教育的实践探索。

2. "四养"为国学教育找到根源和根据

中国古代教育思想中重要的一条是"幼儿养性、童蒙养正、少年养志、成年养德",指出了人一生的教育程序和各个阶段的侧重点。童蒙是指6—12岁的年龄,相当于现在的小学阶段。人的一生会经历很多事,会经历是非曲直,儿童阶段要打好人生的基础,培养正直、正气、正义等品质。"养性、养正、养志、养德"之四养,都可以在国学里面找到相应的位置。

3. 国学教育作为德育的突破口

中国传统文化的特点就是"文以载道",习其文,即养其性,闻其道,自省顿悟。多年来,我校在不断加强课程建设、创新性地落实国家课程的基础上,开发了10余种校本课程,在总结多年的课程开发探索,并检索国内外课程开发成果后,我们将学校的课程体系定位为"核心素养"课程体系。2016年,我校结合地方特色和国家教育发展的趋势,基于学生核心素养又新开发了国学校本课程,并积极开展实践研究,打造德育品牌,以培育阜小学子的人文素养,实现育人目标。

二、"国学教育"课程的研究目标、内容

(一)研究的目标

(1)探索小学开展中华优秀传统文化课程的内容、途径、方法。

(2) 促进学生中华优秀传统文化素养的提升，使学生在学习中华优秀传统文化的同时，体验活动的乐趣，培养民族自豪感和自信心，陶冶情操，完善人格。

(3) 提升教师队伍中华优秀传统文化底蕴，促进教师队伍中华优秀传统文化教育意识和能力的提高。促进学校科研水平的提升，优化学校中华优秀传统文化教育，提高育人效能，使学校成为具有鲜明的中华优秀传统文化教育特色的小学。

（二）研究的基本内容

(1) 国学教学内容的建构、重组的研究。
(2) 国学教学实践的研究。
(3) 基于国学读本的科学融合研究。
(4) 国学教育活动的研究。

三、"国学教育"课程的研究步骤

本课题研究在注重学校客观现实状况的前提下，既要有阶段性，又要有连续性，并且还要追求实效性。具体主要分为以下四个阶段：调查阶段、准备阶段、实施阶段、评价总结阶段。本课程研究拟用3年时间。

第一阶段：调查阶段（2016年1月至2016年2月）

了解、调查国内相应的中华优秀传统文化读本，对教材进行分析；了解国学读本在其他各地学校的使用情况；通过文献研究、聘请导师指导、外出考察，在深入调查的基础上形成调查报告。

第二阶段：准备阶段（2016年3月至2016年8月）

(1) 聘请教材主编曹教授对教材内容编排讲解，进一步了解国学读本的编排意图。外出江西滨江二小考察国学教材的开发与利用，学习国学课与其他学科课的主要区别。组织课题研究人员认真学习有关文献资料，深刻领会本课题研究内涵和精神实质，理清研究思路。通过学习，努力引导教师对课题产生的背景、科学依据、教育思想、实践价值全面把握，实现教育思想、教育观念的转变。

(2) 为增强老师对中华民族的历史经验、文化传统、思想精华和道德观念的理解，备课时做到对经典的释义与解读力求准确无误，课题组成员通过上网、学习专业著作（如《说文解字》、《论语新解》等），参加中山市中华优秀传统文化研修班，学习了大量的中华优秀传统文化典籍，写好读书笔记，提升教师自身的理解力。与此同时，为了全校推行国学课，提高学科整体教师中华优秀传统文化知识素养，协助大家准确把握文本，将国学教学进行落地，建构属于我校的传统教育教学框架、教学模式，学校开展了"教师读经典"读书活动。

（3）在研究过程中，我们曾先后邀请中山市教研室的专家和镇教育事务指导中心的领导来我校指导。我们根据指导及时调整了研究思路，具体、细化了课题研究方案。

第三阶段：实施阶段（2016年9月至2018年8月）

这一阶段的研究工作由课题主持人梁业昌校长规划协调，其他组员积极配合。通过课堂实践、教研活动、案例分析、主题活动、环境创设等，有目标、有计划地逐步推进特色教学活动的开发，推进课题研究的广度和深度，落实课题研究成果。

（1）国学教学内容的建构、重组的研究：分析学情，针对各年段特点，补充中华优秀传统内容，研究落实、推进的有效途径。

（2）国学教学实践研究：学习教材，理解文本，邀请参与教材编写的王舒、张甲子两位老师上示范课、了解不同年段教学侧重点；学校内课题组成员进行教学实验，对教材内容、方法、手段、效果进行实验，量化分析，然后全校性推广。邀请小榄丰华的谷米亚、廖老师上示范课，进行课堂教学专题研讨。邀请小榄丰华小学、港口中心小学、黄圃镇培红小学在我校联合开展课堂教学研讨活动、专题沙龙活动。与丰华小学进行同科异构活动等，成立特色班级，以点带面，全面推广。

（3）基于国学读本与美术、书法学科的融合研究，确立实验班级，研究教材，找准切入点，探索有效实施途径。

（4）国学教育活动的研究：以传统节日为主题，研究教育活动设计方案，组织实施，及时反思、调整。注重设计的整体性、序列性、开放性、灵活性，以中华传统礼仪体验等为载体，开展开笔礼主题教育活动，让学生亲身体验和感受，促进认知领悟与价值的自然升华，把传统文化学习与思想品德教育、行为习惯养成有机结合起来。

第四阶段：评价总结阶段（2018年9月至2019年7月）

总结课题组在中国传统文化教学中的经验，及时对本课题进行反思、修正和完善，完成预定研究成果。预定研究成果包括汇编课题的教案学案集、经典诵读篇目、主题活动方案集、教师论文集、学生习作及活动相册集等。

课题研究成果形式：论文报告、课堂教学案例集、活动案例集、微课、学生成果（手抄报、小论文、国画、书法作品等）、课件、录像等。

四、"国学教育"课程研究的成效

(一) 特色及创新

(1) 形成了五个"一"教学模式：诵读一段经典，带出一个汉字，引出一个故事，找出一句名言，践行一种行为。

(2) 初步形成我校国学课程体系。

(3) 开发了一系列的传统文化主题活动，促进了学校品味的提升。

(4) 组建了一支优秀的传统文化教师队伍。教师们通过研究、实践和反思，撰写了一些质量较高的论文、反思，还有教学设计、课件制作等，建立了资源库，可供同行们参考。

(二) 理论成果

1. 国学教学实践研究

(1) 提升学生核心素养和学科素养。经过国学教育的实践，老师和家长欣喜地发现，孩子们从文化素养到精神气质都发生了巨大的变化。无论是在课堂上还是在家里，孩子们的语言都变得丰富灵动了，常常妙语连珠，出口成章；写作文也常常引经据典，信手拈来，老师和家长都为此惊喜不已。更让家长高兴的是，孩子们懂得了孝敬，懂得了感恩，懂得了一衣一食来之不易。经典诗文开阔了学生的视野，陶冶了学生的情操，培养了学生的品格，全面提升了学生的人文素养。

(2) 提炼经典课堂教学方法和策略。三年的国学课堂教学实践研究，我们把握了一个切入点——熟读成诵。读，是读准字音、读出节奏、读出韵味。诵，是指说话声音的清澈、响亮，是指用有高低抑扬的腔调来念；诵，是一种有情态，而又寓情于声、以声传情的表达方式。反复诵读，领悟到经典语言独特的音律美和意境美。

诵读中，我们采取灵活、多样的教学方法。通过讲解、诵读、角色扮演、游戏、参观、辩论等多种方式，将中华优秀传统文化与社会发展现实、学生生活经验有机统一起来，引导学生全身心参与，开启学生心智，陶冶学生性情，塑造学生品德，完善学生人格。

总体上，我们已初步形成了"五个一"的教学模式。即诵读一段经典，带出一个汉字，引出一个故事，找出一句名言，践行一种行为。具体来说，小学低年级主要以游戏化、故事化的诵读为主，并借助现代动画技术，让学生了解传统礼仪，培养言行一致的行为习惯。小学中年级以讲解、诵读、角色扮演为主，并通过游览附近的名胜古迹、观赏山川器物，培养学生热爱家乡、热爱生活的民族自信。在小学的较高年级，解释、阅读、辩论和社会实践是主要任务，现代信息媒体被用来让学生了解名人的轶事，逐步提高学生辨别是非、善恶的能力，培养学生良好的道德品质。

根据国学课程的学习规律及学生的认知规律，我们国学课的教学基本方法可确立为"四化"教学方法，即诵读化、情境化、故事化、生活化。

诵读化即诵读为主，理解为辅，这是国学教学最基本的方法，也是最重要的方法。

情境化就是用优美的古典音乐，色彩鲜明的画面，生动有趣的故事，创设氛围把学生引入国学的情境，使学生身处古典文化的韵律和氛围里，诵国学、学国学，陶冶身心，激发他们对国学的热爱。音乐是极富感染力的艺术门类，可选择《渔舟唱晚》《阳关三叠》《春江花月夜》等中国古典名曲，配乐诵读，让学生听着悠扬的乐曲，陶醉在美的享受中。

故事化，就是用经典的小故事来诠释古文深奥的哲理，帮助学生理解原文的主旨。《国学》校本课程所选内容，皆为中国古典优秀文化，读懂内涵丰富，蕴含着古人的大智大德，如何让学生读懂文章的宏旨要义是教学的难点。小故事中含有大智慧，教学时可把故事引入课堂，用经典的小故事来帮助学生领悟文章的含义，突破了教学难点。这样，不仅调动了学生的积极性，而且化难为易、化繁为简、深入浅出地设计教学，达到了预期的教学目的。故事化教学方法，符合学生的年龄特点和认知水平，使学生在潜移默化中理解课文，受到教育，可谓是润物细无声。

生活化是指《国学》校本课程要贴近学生的生活。我们教育的最终目的是教会学生更好的生活，让生命更有价值。为了提高教学的实效性，让学生学以致用，教学中可以设计让学生联系生活实际谈感受的环节，把学国学与学做人联系起来。这样拉近了古今文化的距离，使遥不可及的古代文化走入了学生的生活，使国学生活化，让学生把中国传统的文化道德、思想智慧内化为一种品质，外化为良好的道德行为，使他们做到"我欲仁，斯仁至矣"。

（3）提升教师的国学素养和教学能力

经过国学经典诵读的实践研究，教师对经典的认识已经得到了大大的丰富和拓展。教师熟读蒙学读物、诸子散文和经典诗歌，丰富人生体验和审美体验，提高自己的文学鉴赏能力，增长了教育智慧。语文课堂教学效率有了较大幅度的提高，教师在教学中注意了学科与国学经典诵读的整合更能激发学生的诵读欲望，更好地指导小学生诵读活动广泛深入开展。课题研究成效明显，具有时代意义和现实价值。

（4）打造了新时代、新形势下，阜沙中心小学以优秀传统文化为特色的文化创新品味，丰富了学校的文化内涵。

建设国乐校园的背景音乐环境，营造国学氛围、创造高雅环境，学习环境减压、减负，和谐轻松。校园里每天都能听到学生诵读经典的琅琅书声，能听到悠扬的国乐吟诵。

2. 国学教学内容重组与建构

（1）初步形成我校《国学》课程体系。学校以陕西师大曹胜高教授主编的《国学》教材为主，分年段补充诵读内容为辅的教学内容。其中一、二年级诵读《弟子规》《三字经》，三、四年级诵读《千字文》《声律启蒙》，五、六年级诵读《古诗八十首》《论语》，建立了我校的中华优秀传统文化课程内容体系（见表1）。

表1　阜沙中心小学《国学》课程内容安排

年级	教材内容	时间	课前诵读内容	晨读展示
一年级	《国学》一	星期一第五节	《三字经》	一、二年级
二年级	《国学》二	星期一第五节	《弟子规》	
三年级	《国学》三	星期一第六节	《千字文》	三、四年级
四年级	《国学》四	星期一第六节	《笠翁对韵》	
五年级	《国学》五	星期一第六节	《古诗八十首》	五、六年级
六年级	《国学》六	星期一第六节	《论语》	

（2）形成诵读的5种方式。学校通过午间校园广播播放经典、全校晨读、课前诵读、周一年级展示、亲子诵读大赛这5种方式培育学生对中华优秀传统文化的亲切感，通过记诵传统蒙学精粹，对学生进行传统礼仪规范的熏染与培养，让学生对中华优秀传统道德规范有初步的认知和践行。

（3）学生的人格得以优化。通过国学教育课程建设的实践，学生身心更加健康，专注力及记忆力也大大提升；教师人文素养得以提高，精神面貌也焕然一新。

（4）提升教师教研能力与水平。为了使教学落地，在授课教师人员安排上，我们采取自主报名的方式，各学科教师共36人，其中以语文教师为主。学校成立了国学学科备课组，由林晶老师担任备课组长，通过听课、磨课、交流等活动，国学教师对国学课程研究、课程建设与开发能力得到进一步提高。

3. 国学教育活动课程的研究

（1）开发主题活动课程。课题组成员通过学习观摩、查阅资料等，结合学校现有的状况，结合古典音乐、服饰、礼仪等方面的研究学习，形成了本校特色鲜明的开笔礼方案，以最雅正的形式体验拜师之礼。经过三年的实践，方案不断修改完善，又加入少先队鼓号队。

中华传统节日凝聚着中华儿女的思想价值和情感观念。每一个民族，都应该为自己的文化自豪。这种自豪感，永远是团结、凝聚、唤起一个民族精神力量的最核心的东西。为此，课题组与语文科组、艺术科组研发了传统节日系列的主题活动，如元宵节做汤圆、猜灯谜、诗词展示等，使课堂讲授和课外实践相互补充，融知识学习与道德修养为一体，全面提升学生的人文素养、人生境界和道德判断能力。

（2）课程体系层次清晰。①社团课程建设。学校通过民乐、刺绣、国画、书法、围棋、国学等社团的开设，实现"人人有社团"。社团以本校教师兼职和外聘结合的方式开展，每周三下午全校开展社团活动，书法、国画、民乐等社团还利用中午时间和双休日对学员进行强化训练，提高训练效果。尽可能多地将社团日常活动纳入"养性、养德"范畴。例如，古筝社团排练《长亭送别》、国学社吟诵《诗经·鹿鸣》等经典传统文本，通过表演的方式提高学生对传统经典文本的兴趣和解读能力。书法社团在春节前到各村居为群众免费写春联，学以致用，很好地向村民宣传传统文化的魅力。②活动课程规划。为全面提升学生传统文化素养，搭建学生个性成长的平台，我们制订了学生《国学》学科的年段活动规划：低年级开展文字思维导图绘制活动，旨在提升学生对中国传统文字艺术的学习兴趣，夯实文字功底，培养学生勤于积累、探究的习惯；中年级开展传统文化经典诵读大赛，旨在提升学生的诗词修养，在诗词中提升审美素养，在诗词的意境中奠定影响学生一生的文化根基；高年级开展了解身边的传统文化活动，旨在让学生感受家乡的风俗，热爱家乡的优秀传统文化。③礼仪课程培训。邀请家长、专家来校开展礼仪培训课程，指导学生如何在"举止规范"的基本理念指引下，展示当代小学生应有的仪容仪表及良好的形象，展示新时代公民应有的礼仪风度。④文化课程宣讲。学校结合传统文化实验学校的创建，在校园文化建设方面做了一个规划，这两年正逐步建设中。为了让学生了解校园文化，成为真正的中国传统文化传承人，学校开展了"我是校园文化解说人"的活动。学生积极筹备解说词，力求展示中国文化大国的风采。例如，以"梅兰竹菊"四君子形象，展示中国传统文化所推崇的坚韧自强、清雅、正直、高洁的人格精神；以石板雕刻"阜沙历史"为内容，讲解、展现阜沙的传说、风俗、学校发展历史等；以中国节日展示"天人合一""合为贵"等博大精深的悠久文化。

我校《国学》教育拓展活动部分形成了较为清晰的思路和体系，对《国学》课程的教学具有可操作的实际指导意义。

（3）促进学生中华优秀传统文化素养的提升，使学生在学习中华优秀传统文化的同时，体验活动的乐趣，培养民族自豪感和自信心，陶冶情操，完善人格。

（4）通过活动的设计、组织、总结，提升了教师对中华优秀传统节日内涵的理解，促进教师队伍中华优秀传统文化教育意识和能力的提高，优化学校中华优秀传统文化教育，提高育人效能，使学校成为具有鲜明的中华优秀传统文化教育特色的小学。

4. 学科课程教育渗透

以美术、书法学科渗透为主，再根据学科老师个人兴趣和特长，充分发挥学生的主体性及教师的引导性作用，研究优秀传统文化与各学科教育的渗透和整合：美术——京剧，科学——二十四节气，体育——围棋，书法——文字起源，音乐——传统乐器、经典传唱曲目，语文——诗词吟诵，综合实践——身边的传统文化。通过学习、研讨，努力引导教师找到合适的路径，以校本教材为载体，推动传统文化课程建设，激发学生兴趣，提高学生传统文化素养，培养君子人格。

（三）物化成果

1. **学生素养提升与成效**

何韦希、周圣婷等被评为中山市优秀少先队员，梁心言、吕炜炫等同学的《寻根问祖》在中山市首届学生实践作业中获二、三等奖，蒙丽颖在"好家风，我传承"活动中获三等奖，郑浩峻、易子妍、吕炜炫等10位同学荣获2018年"逸仙杯"全国青少年书画大赛一、二等奖。中山市第二届优秀传统文化知识竞赛中，林嘉欣、梁宇彤、林智朗同学代表学校勇夺第二名的优秀成绩。张玉云、李伟霞、冯艳萍老师的以优秀传统文化为主题的班级被评为中山市特色班级。以高年级为团队的阜沙首届诗词大赛中，我校学子获团体冠军。

2. **教师能力提升与荣誉**

教师参加市镇优秀传统文化课例竞赛获得优秀成绩。制作优秀传统文化的精品录像和微课，设计优秀传统文化教学课件，编写优秀传统文化课堂教学设计和实施样例，汇编国学教学与课程开发论文集。三年的课题实践研究，课题组老师们主动学习、勤于思考、精心总结、不断感悟，撰写论文12篇、实践反思29篇、学习心得体会31篇、教学设计17篇。

"新六艺"课程，以传统文化涵育学生综合素养
——核心素养视角下的"新六艺"课程构想

中山市小榄镇联丰小学　刘策

郑凤姚点评：

中山市小榄镇联丰小学，在全面贯彻党的教育方针的统一要求下，从学校地域和自身实际情况出发，找准发展定位和办学追求，充分发挥学校优势，拓展思路，与时俱进，借六艺感中华文化之美，传国学立当代发展根基，将古代文明与现代素养巧妙结合，积极探索和实践新的教育模式，成效显著。联丰小学校长刘策实践的"新六艺"课程，基于核心素养视角的课程构想，体现了历史文化与时代精神的融合，在课程规划上体现了极好的适应力。

"新六艺"是对传统文化的现代传承，是新的教育模式的探索和实践，是古老优秀文化以现代精神和方式彰显，是古代文明与现代素养相结合的产物。我们期待通过几年的深入实施，中国学生核心素养能在学校得到较好的培育；期待孩子们能收获卓越的思维力、健康力、表现力；能学会感恩、奉献与责任。使学校真正成为孩子们诗意栖居的书香雅园、诗意学园、六艺乐园、幸福家园。

一、缘起：关于核心素养

2016年9月，《中国学生发展核心素养》总体框架正式发布，国家层面的诸多政策出台也都指向教育的终极目标——育人，中国教育可谓站在了为未来而改变的门槛上，开启了以核心素养为统领、整个教育体系全面深化改革的新征程。教育工作者从未像今天这样深刻地意识到着眼未来、面向国际竞争要求培养人的核心素养的急迫性；意识到立德树人的至关重要性；意识到教书只是途径和手段，育人才是目的和根本。因此，不忘初心，回归传统，向自己民族、国家的优秀文化汲取精神资源、教育智慧，成为教育发展的必然。面对风起云涌的国际竞争，培养具有中国灵魂和世界眼光的现代人，让孩子们更好地

承接传统、融入世界、走向未来,也将成为教育发展的必然。

可以说,核心素养已经成为我国基础教育课程改革的"基因",如何落实是关键的问题。我们现在的认识是:核心素养的落实,要基于学校原来有什么、现在有什么、将要去哪里追求一并的优化、整合,建立核心素养落地的框架,形成核心素养的校本化表达体系。

同时,我们也认识到教师是核心素养落实的关键,要实现教师作用的转化;教学是核心素养落实的具体执行过程,根本在于学校的课程建设;课程评价是落实核心素养的重要抓手,要建立基于核心素养的课程评价体系。此外,近来的研究也促使我们认识到,信息技术是落实核心素养的重要技术保障,现代信息技术与教育教学的深度融合是课程改革的必然趋势。

我校地处农村,改革开放以来,居民经济水平大幅提升,学生的家庭教育氛围和社区居民整体素质有所提升,但依然不容乐观。学生成长的有利因素总体上来自学校教育而非家庭。面对这样的现实,我们总在思考,6年小学毕业后,当这些有着不同家庭背景的孩子们走出学校的时候,他们将获得怎样的素质和能力,又拥有哪些能影响其一生的品格?而这最终会不会成为他们生命的核心?

中华优秀传统文化是最宝贵的教育教学资源。我校在2007年提出"弘扬民族文化,传承中华美德"校园文化建设主题。近年,学校的环境建设、活动开展都围绕这个主题推进,营造了具有较为浓郁传统文化特色的校园环境,并开发实施了传统木刻、书法、拓印、经典诵读等特色课程并成立了相关的社团,取得了一定的成效,也得到了学生们的喜欢。但在弘扬中华优秀传统文化方面还有许多路要走,我校还处在零打碎敲的阶段,缺少系统的规划和扎实的措施。

基于以上的实践和思考,结合我校实际,我们提出联丰小学基于核心素养视角下的"新六艺"课程构想。

二、思悟:古之"六艺"的现代思考

中国古代儒家要求学生掌握六种基本才能,即礼、乐、射、御、书、数。《周礼·保氏》说:"养国子以道,乃教之六艺。"礼即礼节,乐即音乐,射即骑射之术,御即驾驭马车的技术,书为书法,数为算数。

新《三字经》有云:"礼乐射,御书数,古六艺,今不具。"这个"不具"可以理解为两层含义:一是现代人不具备这六艺;二是说应该与时俱进,不必拘泥古代六艺,现代人要能变通,为古代六艺赋予时代的新意。

因此,我们可以赋予古之"六艺"新时代的内涵。

礼，古指礼节、礼仪，现在可诠释为道德标准和价值观念，包括道德修养、法制观念、自我管理、礼仪文化等。教育学生遵守人类普适的道德准则和高尚的价值观念，养成高度的自律性。培养学生树立正确的人生观、价值观，培育民族自豪感，增强社会责任感。引导学生以"礼"胸怀祖国，以"礼"拥抱世界，让学生拥有迈出校门、走向世界的中华民族的传统美德。

乐，古指音乐，现在可诠释为美育、艺术、艺术修养之大成，包括音乐、诗歌、声乐、舞蹈等，也包括艺术鉴赏、审美情趣。学校应努力为学生搭建提升艺术修养的平台，以高尚的艺术感染学生，提升学生艺术修养，升华其精神世界，培养特长，陶冶情操，洗涤心灵，让学生热爱艺术，感悟美好生活。

射，古指骑射，现在可诠释为体育，也理解为项目竞技和团队竞技。学习竞技之道，培养技能，养成强身健体的本领和习惯，全面提高身体素质和团队合作精神。引导学生学习体育竞技课程，开展户外拓展训练，积极参加体育健身和比赛。同时，鼓励学生积极参与丰富多彩的社团活动，提高身体素质，培养协作能力，平衡技能和体能，全面提升学生未来幸福生活需要的健康身体和良好的竞争、合作素养。

御，古指驾车的技术，现可理解为驾驭之术，诠释为驾驭力。驾驭力包括领导力、自信心、自律性、执行力、社交能力和团队合作能力。引导学生在团队辩论赛和演讲比赛及自主创建各类社团、策划实施各类活动中，培养独立思维、协调和创新能力，增强学生自信心及心理素养。为学生提供综合提升、展示自我的舞台，培养其规划和驾驭未来发展的能力和素质。

书，古指书法，现在可理解为书法、识字、阅读，亦可诠释为东西方文化交流、古今文化融合以及人文情怀。培养学生具备丰厚的文化底蕴、知识涵养及良好的文字书写表达能力。既要注重传统文化的积淀，又要融合东西方文化精髓，培养学生博览古今中外文化的意识和能力，使其一生能够尽享全球文化的滋养。

数，古指算数，现在可理解为技术、方法、技巧，进而诠释为自然科学和理性思维，包括逻辑判断、分析力、推断力、想象力、运筹学，以及信息技术知识、现代科技知识和学习技巧，还有生存、生产、生活能力。要对学生的运筹思维、科技知识和生存技能进行系统培训。

总之，力争赋予"六艺"以时代内涵，在日常生活和教育教学中进行文化熏陶、修养身心，让学生在对美和文化的学习中掌握传统文化的精神，提升现代发展的素养。

三、重构:"新六艺"课程体系

(一)课程哲学

把"六艺"作为重要的教学内容,契合今天我们倡导的德、智、体、美全面发展。我们遵循先人智慧古为今用,结合学校现有实际,建构"新六艺"课程,就是要以"新六艺"课程为依托,发展学生综合素养、彰显学生个性特长,探索将传统文化教育与现代素质教育较好地结合,既秉承传统又糅合新的元素,既强调全面发展又突出个性特长,着力培养知书达理、素质全面发展的现代人才。

学校以"养浩然之气,正民族之心,培养有中国灵魂、世界眼光的联丰学子"为办学宗旨,行六艺感中华文化之美,传国学立当代发展根基。

"新六艺"课程包括:"礼"课程、"乐"课程、"射"课程、"御"课程、"书"课程、"数"课程。既有"传统文化课程"塑造中国灵魂,又有"现代素养课程"培养世界眼光。课程构想的终极目标是培育和落实核心素养,把学校办成孩子们健康成长的书香雅园、诗意学园、六艺乐园、幸福家园。(见表1)

表1 "新六艺"课程核心素养六维度

育人目标	素质领域	核心素养六维度	新"六艺"课程
正品行	自主发展	人文情怀 审美情趣	礼课程:通文达礼,以礼育人 乐课程:赏析雅乐,以乐悦人
求真知	文化基础	创新意识 学习习惯	书课程:知书明理,以书化人 御课程:酌古御今,以御导人
怀天下	社会参与	健康体魄 科学精神	射课程:勇健善射,以射强人 数课程:增智启数,以数慧人

(二)"新六艺"课程体系

我们试图在全球化环境下解读新"六艺",给其注入了新的活力。

1. "礼"课程

通过"礼"课程,培育学生明礼仪、知荣辱。追求"通文达礼,以礼育人"。使学生立德明礼,通晓做人、做事之责任。

设立学校茶艺课程、德育体验课程、学校节庆文化课程等仪式典礼课程。

仪式典礼是学校文化的重要因素,它往往具有一种庄严感,因为它能引发一种集体的沸腾状态,产生较高的情感关注度和情感连带力。师生的人文情怀在这种仪式上能得到潜移默化的升华。

强化三种仪式典礼。一是日常仪式,如见面微笑、问好等。二是例行仪式,如开学礼、毕业礼、入队礼等,教师方面的新教师入职仪式、老教师退休仪式、奖教奖学基金颁奖典礼等。三是经典仪式,即在例行仪式基础上,经过精心设计演变而成的典礼,如红色文化启动仪式,校园吉尼斯擂主颁奖典礼等。

以课程的高度进行整体规划、管理,把重要事件仪式化,创造一整套联丰小学仪式和典礼活动制度。

"礼"课程的口号为:德行涵养未来,感恩真诚,乐于奉献,用爱与微笑融入世界!

2. "乐"课程

通过实施"乐"课程,达到"赏析雅乐,以乐悦人"之目标,从而提升师生的审美情趣、高雅气质。

我校多数学生家庭急需艺术的滋养,部分家长生活单调、乏味,家庭生活处在一种物质条件富足但精神生活贫乏的状态。正如周教授所说,很多人缺乏的恰恰是感性素养,缺乏感受幸福的素质,而这将直接影响孩子们的心智成长。

因此,笔者认为艺术教育是我校急需抓好的重要工作。学校将以"乐"课程建设为抓手,进一步丰富美育教育,规划好学生艺术社团建设。结合市级课题,建设以专业教师命名的合唱教室、舞蹈教室、水墨教室、书法教室等。计划开展课前一支歌大赛,实施名家名曲工程,通过社团活动、文艺汇演、校园艺术节等活动,提升学生艺术修养和审美情趣。

"乐"课程的口号为:艺术装点未来,多才多艺,勇于展示,让生命的舞台绚丽多彩!

3. "射"课程

通过培养技能,养成强身健体的本领和习惯,传授学习竞技之道,全面提高身体素质和合作精神。引导学生学习体育竞技课程、开展户外拓展训练、举行个人及团体比赛,同时鼓励学生参与丰富多彩的社团活动、提高身体素质、培养协作能力、平衡技能和体能,全面提升学生担当未来领袖而急需的精英素质,达到"勇健善射,以射强人"之目标。

在开展好现有的篮球、毽球、足球、棋类活动的基础上,拓展太极操、太极扇、柔韧素质操、展能培训等项目,建立"体质测试争星榜",通过运动会、体育节检验课程实施成果。

"射"课程的口号为:健康成就未来,阳光自主,身心健康,让运动激发生命的活力!

4. "御"课程

达到"酌古御今,以御导人"之目标。

通过学生团队辩论赛、演讲比赛、口才与表演、游学实践及自主创建各类社团、策划实施各类活动,培养独立思维、协调和创新能力,增强学生自信心及心理素质。

筹划开展职业体验、场馆课程、始业课程、生涯课程、愿景规划课程,培养学生对自身成长、对未来生活的规划和驾驭能力。

"御"课程的口号为:实践走向未来,放眼全球,胸怀世界,做有责任感的理想主义者!

5. "书"课程

通过"书"课程,培养学生具备丰厚的文化底蕴、知识涵养及良好的文字书写表达能力。既要注重传统文化的积淀,又要融合东西方文化精髓,培养学生博览古今中外文化的意识和能力,使其一生能尽享全球文化的滋养。实现"知书明理,以书化人"。

深化现有的书法、阅读、写作、静心习字等课程,开设国学启蒙课程、名著导读课程、汉字文化课程、学科系列主题拓展课程。推进阅读考级制度的丰富和完善。增建读书吧、绘本馆,丰富读书活动,打造书香雅园。

"书"课程的口号为:阅读点亮未来,博览群书,乐学善思,拥有中国情怀世界眼光!

6. "数"课程

对学生的运筹思维、科技知识和生存技能进行系统培训,实现"增智启数,以数慧人"。

继续以"数学好玩,玩好数学"为主题,开展好数学益智游戏(原有七巧板、九五连环、飞碟杯、魔方、魔尺等)、数学文化节、趣味数学等活动,引入孔明锁、百数图、九宫格等游戏,开发"看得见的数学、理得清的数学、用得上的数学"等课程。深化开展科技节、师生科技嘉年华活动,完善车模、航模、科技小发明等课程。

"数"课程的口号为:科技筑梦未来,富于理想,勇于创新,让生命充满创造的激情!

四、综合考查：创新"新六艺"课程评价

任何课程的实施效果如何，都需要用评价来检验。"新六艺"课程实施本着"三维联动"的原则，即追求"培养学生、成就教师、发展学校"三者和谐共赢的幸福发展。力求将"质量意识""未来意识"渗透在教师每一天的思想和行动中，让教师们审视每一天、每一节课的价值，让每一次付出都更有方向感和成就感。

为保证实施有成效，学校将在现有的五好少年积分评比、十佳少年评选、校园吉尼斯大擂台评选的基础上，构思出台联丰小学"八小能手"评选方案，即评选国学小博士、艺术小天才、英文小百灵、学习小主人、习惯小楷模、运动小健将、创新小能手、网络小专家，涵盖"新六艺"课程。同时构思完善学校教师绩效评比方案，加入课程实施教师的绩效考核，用系统科学的评价为课程的实施、为核心素养的落地保驾护航。

"四气"德育课程体系建构的探究与实践

中山市南朗镇云衢小学 阮连凤

郑凤姚点评：

中山市南朗镇云衢小学确立的"四气"德育课程，理念闪光，目标明确，建构了一种以学科课程为主，活动课程、体艺类课程、生活类课程为辅，课内外相结合的德、智、体、美、劳协调发展的学校教育体系，既考虑了应对新时代挑战的需要，也深刻分析了学校现行教育的短板，有着深刻的时代背景和现实需求。尤其值得注意的是，在云衢小学校长阮连凤引领的"四气"德育课程体系建构在目标年段分解上做出了个性化的序列划分，凸显了课程规划的量化意识与精准思维。

第八次课改已进入学生核心素养的新阶段，这顺应了教育变革趋势和学校内生发展需求。做好学校德育课程的顶层设计，促进国家课程与校本课程在实践中的融合，是德育工作发展的应然途径。为此，我校探索"四气"德育课程，尝试在立德树人的根本任务和培养学生核心素养的目标导向下开展学校育人实践。

一、德育目标与课程建构

云衢小学是一所有着深厚的书院文化积淀的学校，学校以"品至云高，行达衢尊"为价值追求，确立了"正气、志气、朝气、雅气"的"四气"育人目标。针对这一目标，我们在德育课程中坚持"躬行实践，经世致用""百家争鸣，百花齐放""德业相劝，兼容并蓄"的文化导向，大力传承优秀的书院文化，开发富有现代气息的课程内容，努力成就孩子的高远发展。为此学校制定了《云衢小学"四气"目标内涵解读表》（见表1）及《云衢小学"四气"目标年段分解序列表》（见表2），依据学生年龄及心理特点，划分低、中、高三个学段，将"四气"目标分解到不同学段，形成目标分解细目表。如"正气"目标下设计二级、三级目标，低年级侧重"规则意识"、中年级侧重"责任意识"、高年级侧重"责任行为"，增强了德育工作的针对性。

表1 云衢小学"四气"目标内涵解读表

四气素养	德目	隐含的儒家伦理道德	与现行德育对接	渗透现代意识	对应核心素养要点	道德行为习惯具体表述
正气	文明有礼	礼仪、温、良、恭、让、信、诚、义	文明教育、责任教育、诚信教育、纪律教育	责任意识、诚信意识、守法意识	责任担当	光明正大、自尊自律、文明诚信、勇担责任
志气	立志勤学	求索、忠、勇、敏、学、思、智、毅	前途理想教育、爱校爱国爱民教育	科学意识、竞争意识、发展意识、爱国意识	科学精神、学会学习	志向高远、勇敢拼搏、乐学善思、坚持不懈
朝气	阳光自信	修己、养生、朴素、勤俭、戒奢	健身教育、艰苦奋斗教育、创新教育	环保意识、效益意识、创造意识	健康生活、实践创新	阳光自信、强身健体、热爱劳动、思维创新
雅气	审美创美	慈、孝、仁、协作、和	团结友爱教育、审美教育	人伦意识、平等意识、博爱意识	人文底蕴	友善包容、善于合作、视野开阔、情趣高雅

表2 云衢小学"四气"目标年段分解序列表

		"四气"目标分解			
	一级目标	正气	志气	朝气	雅气
年段	二级目标	光明正大 自尊自律 文明诚信 勇担责任	志向高远 勇敢拼搏 乐学善思 坚持不懈	阳光自信 强身健体 热爱劳动 思维创新	友善包容 善于合作 视野开阔 情趣高雅

（续表2）

		"四气"目标分解			
一、二年级	三级目标	养成良好的行为习惯，遵守学校纪律，尊敬老师、家长，热爱班级	对学习有兴趣，达到低年级课程标准的要求，基本形成听、说、读、写能力，学习有方法，能对身边的事物提出问题	具有自信阳光的心态，乐于参加劳动及各类有益身心的活动，有健康的生活习惯	仪态大方，友善交往；具有欣赏美和感受美的能力；热爱阅读；对1~2项技能产生兴趣，乐于接受外界事物
三、四年级		明白事理，关心他人。养成对自己和班级的责任感，勇于担当，热心公益	对学习有浓厚的兴趣，达到中年级课程标准的要求，对需要解决的问题有探究的兴趣。能学以致用	自信乐观，尊重自然；具有安全意识和自我保护能力，懂得珍爱生命；养成健康的生活方式	具有对美的感悟能力，学会创造美，提高动手能力。通过阅读积淀文化底蕴，形成人文素养。掌握1~2项技能
五、六年级		对美产生鉴赏力，形成审美情趣。读名著，广游历，视野开阔。有自己的特长项目	拥有较强的社会责任感，具有诚实守信的良好品行，具有爱家乡、爱社会、爱祖国的丰富情感；乐于参加公益和志愿服务	保持对学习的浓厚兴趣，达到高年级课程标准的要求，运用所学知识解决生活中的问题。独立思考，表达清晰，有一定的信息意识。形成个人学习目标并努力达成	能调节和管理自己的情绪，自信自爱，坚韧乐观；尊重自然，尊重劳动成果，人格健全

学校以"四气"为德育课程设计的出发点和着力点，通过对课程、资源和活动的统整，形成以"四气"为内涵的"德育类、体艺类、生活类、家校类"四类一体的大德育课程体系，并建构起与之相适应的"四气"校本教材、"四气"学生评价体系，提高德育的校本实践效能（如图1所示）。

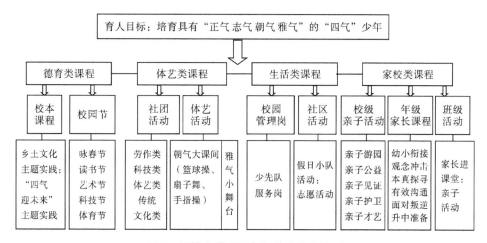

图1 云衢小学"四气"德育课程体系

二、德育课程的开展

（一）德育类课程

在教材多样化政策背景下，基于传统书院文化及学生发展需求，我校侧重整合各类资源开展系列实践课程，并编写了相关的德育类校本教材。（见表3）

表3 德育类课程

"乡土文化实践"活动课程	"四气迎未来"活动课程	整合性活动课程
一年级：拥抱自然享美好 二年级：亲近乡史修美德 三年级：强大国防谱新篇 四年级：悠悠乡情传薪火 五年级：家园环保我做起 六年级：志存高远我能行	一年级："我正我礼" 二年级："我爱我校" 三年级："我敬我师" 四年级："我担我责" 五年级："我成我学" 六年级："我展我志"	校园节主题活动 典礼类活动 节日类活动

南朗区域红色文化基因浓厚，红色文化资源丰富，对培养学生正气、志气素养无疑更具有适切性，对提高我校"四气"活动质量和品位十分有利。为此，我们整合镇内资源，开发了"拥抱自然享美好""亲近乡史修美德""强大国防谱新篇""悠悠乡情传薪火""家园环保我做起""志存高远我能行"六个主题的系列校本教材，并以研学活动形式实施教学。如四年级的"悠悠乡情传薪火"实践活动，老师们整合了历史名村左步村的人文资源，引导学

生参观阮玲玉故居、欧初祖居,在左步人文馆现场聆听名人故事的讲解,了解名人成长历程,引发激励自我进步的志气。

(二)体艺类课程

作为培养学生雅气和朝气的载体,体艺类课程是重要的一环。我们主动对社团活动、大课间活动、小舞台活动进行调整、完善、规范,在时间、空间上予以保证,在内容和形式上不断优化,逐步建立起科学规范、宗旨明确、开展有序、成效显著的运行格局。(见表4)

表4 体艺类课程

社团活动	学校体艺特色活动	
	朝气大课间	雅气小舞台
劳作类活动 科技类活动 艺术类活动 体育类活动	篮球操 扇子舞 传统游戏 手指操	语言类节目 艺术类节目 体育类节目

1. 朝气大课间

朝气大课间把篮球作为特色建设项目,与"四气"德育目标结合,提出"以球健体、以球启智、以球养德"的理念,老师们通过自编教材、形成梯队、定期选拔、展示才艺等系列工作创下了全校千人球操、千人双扇舞的震撼场面,由此建立起一支技艺高超的花式篮球队和篮球比赛精英队。活动中,原来生性好动的同学忙着研究篮球的玩法,在校学一学、课间比一比、在家露一手,校园随处可见篮球的花式玩法。学生少了不文明行为,多了一份正气,在运动中挥洒汗水,洋溢着一份朝气和志气。在弘扬体育文化的同时,也积淀着"四气"育人文化,成就着"四气"校园的育人魅力。

2. 雅气小舞台

"七彩小舞台"是孩子们最喜欢的地方,在队员们自主管理下,大队部通过展演节目申报、组织舞台展演、文明观众抽奖、大众评委点评、专业人士辅导、志愿者招募等一系列活动环节,把"躬身实践,百花齐放,创新包容"的书院文化特色融入其中。少先队部还开展小舞台优秀节目擂台赛,优秀节目擂主将直通国旗下讲话平台,为孩子提供更加广阔的展示空间。

3. 学生社团

社团每周开展常态活动。每个社团都是学生开展探究的园地。以劳作性社团为例，我们开设了烹饪社团、农耕园社团。在烹饪社团中，三至六年级学生学习中、西餐制作，有面食和米饭蒸煮，也有水果拼盘、小食炮制。每次的烹饪课上，教师除了进行知识的传授外，还重视学生劳动能力的培养和对美食中包含的文化内涵的理解，并融进感恩教育和快乐分享。

（三）生活类课程

人的改变与生活的改变是统一的。为此，我们特地为孩子们设置了一些生活类课程，让"四气"培养在课内课外、校内校外无缝对接。（见表5）

表5　生活类课程

校园（管理岗）活动	社区（家庭）活动
饭堂值周班管理员	环保志愿者
校园文明岗	敬老志愿者
广播站管理员	宣传志愿者
图书管理员	假日小队活动

两年多来年级组坚持结合本级社会实践活动进行寒假作业个性化定制，收到了良好效果。如高年级组的《寒假之旅，环保之旅》假期活动指南紧扣"四气"素养目标，以开展环保教育为重点，通过"寒假环保号列车"的载体活泼地为孩子们创设了生动的学习和实践情境，提高了学生环保意识和社会责任感。当中设置了"观光须知（假期要求）""旅程安排（假期计划）""书斋小憩（假期阅读）""环保驿站（环保实践）""观光理财（消费统计）""体能充电（坚持锻炼）"等十个活动项目。在每学期开学初展示于中厅的"四气"少年活动照片，定格了孩子们在寒假中弘扬正气、彰显志气、焕发朝气、洋溢雅气的精彩瞬间，所营造出的争当"四气"少年的氛围更为每个孩子在新学期的开始增添梦想起飞的力量！

（四）家校类课程

根据《教育部关于加强家庭教育工作的指导意见》，我校在"四气"育人、亲子共成长的育人观的引领下走出一条以校为"面"、以级为"线"、以班为"点"三结合的亲子成长之路，为"四气"少年的培育增添了底气。（见表6）

表6 家校类课程

校级主题活动	年级主题活动		班级主题活动
	年级家长学习课堂	年级亲子活动	
亲子游园 亲子公益 亲子见证 亲子护卫 亲子才艺	一、二年级：亲子制作DIY 三、四年级：我和孩子同学习 五、六年级：心理成长训练营	一年级：幼小衔接 二年级：观念冲击 三年级：本真探寻 四年级：有效沟通 五年级：面对叛逆 六年级：升中准备	家长进课堂 家长道德讲堂 个性化亲子活动

在"面"上，校级亲子活动总动员。即由校级家委牵头与学校协作，策划"亲子才艺""亲子游园""亲子见证""亲子公益""亲子护卫"等多个版块的全校性的亲子活动，有效凝聚了家校合力，促进了亲子的成长。

在"线"上，年级亲子活动有指向。以年级组为单位开展亲子活动，实现序列化、主题化，比如低年级组开展"亲子制作DIY"主题活动，中年级开展的"我和孩子同学习"主题活动，高年级组开展"心理成长训练营"主题活动。活动针对性强，契合亲子成长的需求。我们还探索菜单式家长学习课程，以年级为序列推行家长课程建设，根据年段学生特点，为家长量身定做"幼小衔接""本真探寻""升中准备"等六个学习课程，家长反响十分好。

在"点"上，班级亲子活动有创意。通过班主任和班级家委的创意活动，让更多的家长积极参与并认同学校的工作，提升教育技巧，融合亲子关系。实施几年来，家校共育的共同体实力不断增强。正如家长们所言"小蝴蝶娇弱的翅膀能飞翔，那是因为这里有一片繁茂的花园"。家校类活动正是这片绚丽多彩的花园，让羽翼未丰的蝴蝶翩翩起舞！

三、"四气"育人评价

随着"四气"课程的逐步实施，"四气"育人评价体系建构也逐步深入，为"四气"目标达成提供有力驱动。

（一）"'四气'班集体"评选：多种方式综合运用

我们制定了《云衢小学"'四气'班集体"评选方案》，即以班级为单位、以"四气"内容为索引、以孩子的发展目标为准绳，实施全程评价策略，全面评价班级，引领班级全体成员向着"'四气'"目标前进。（如图2所示）在评价的过程中灵活使用各种评价方式。

（1）记录式评价：在正气班集体评选中，德育处按照《正气班集体评选方案》，将班级正气表现情况采用登记评定的形式记录。

（2）展示式评价：在志气班集体及雅气班集体评选中，定期对学生学科学习、阅读表现等进行集中展示式的评价。每次比赛后，各年级、各班级进行总结分享。

（3）即时性评价：朝气班集体与大课间活动、体育节活动等衔接，对学生进行即时的督促、指导和认可。

图2 "四气"班集体

（二）"'四气'之星"评选：校内校外无缝对接

各班"四气"之星的评选以"四气"目标序列内容为主线，以"学期订立四气目标—每天争星追求目标—每周计星张榜公布—每月评星展示进步—期末奖励快乐成长"的流程激励学生主动参与、体验成长。（如图3所示）

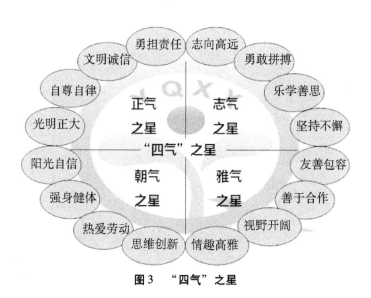

图3 "四气"之星

在学校开展"四气"之星评选活动的同时,从学生的成长需求出发,链接可以利用的社会、家庭等力量和资源,丰富活动建设,拓展学生的生活体验场,并以《寒暑假活动指南》为抓手开展寒、暑假"四气"少年评选。开学初针对学生反馈情况进行评比,推选一批在假期中表现优秀的学生张榜表扬。将学生的假期"四气"活动照片在开学典礼上展示出来,提升学生"四气"素养,同时也对家庭教育产生了实在的正向影响。

在评价手段上,将过程性评价和终极性评价相结合,将定性评价和定量评价相结合,发挥"四气"评选机制在学生成长中的激励作用。在评价内容上,涵盖学生发展的要素,不断朝着"德育目标层次化""德育内容递进化""德育评价阶段化"的目标前进,以保障教育影响的连贯一致,优化德育效果。此外,延伸至社区生活的"四气"少年评选机制的建立,更使德育效果在"实效"的基础上向"长效"迈进,促进了学校与社区、社会教育的一体化。

"灵雅教育"的校本课程建构与实践

中山市东凤中心小学　黄逵明

郑凤姚点评：

中山市东凤中心小学以国家课程为依托，建构灵雅教育特色校本课程，以"跆拳道""水墨画""合唱""国学经典课堂"四门特色课程为主，辅以篮球、足球、乒乓球、古筝、葫芦丝、琵琶、书法、棋类等课程。在实践过程中，该校以学生主体发展为目标，以知识应用为基础，以问题解决、尝试研究为重点，力图在教育活动多样化和个性化的过程中，创设和营造鼓励学生自主性和创造性发展的环境，努力搭建有利于学生特长发展的舞台，培养学生健全人格，培育学生的创新能力和实践能力。

在学校课程建设中，我们始终坚持"以人为本，以提升师生生活和生命质量为宗旨"的办学理念，以国家课程为基础，以校本课程、特色活动为载体，建构灵雅课程体系，培育灵雅学子，建设和谐幸福校园。

一、以国家课程为依托，建构以灵雅教育为特色的校本课程

我们坚持以习近平新时代中国特色社会主义思想为指导，全面贯彻党的教育方针，以《中共中央国务院关于深化教育教学改革全面提高义务教育质量的意见》为指引，牢固树立和贯彻落实创新、协调、绿色、开放、共享的发展理念，紧紧围绕提高教育质量这一战略主题，以立德树人为根本任务，全面落实国家课程，全面实施素质教育。同时，我们积极探索以灵雅教育为特色的校本课程的建构，培育灵雅学子，促进学生德智体美劳等全面发展。

（一）建构高质量的"跆拳道"特色课程

2008年，在上级部门的支持下，我校创立了特色体育项目——跆拳道。2008年3月，东凤镇中心小学跆拳道运动队正式成立。此后在短短的几年内，学校跆拳道运动队参加中山市各类比赛，团体成绩均位于全市前列。个人比赛

中，共摘得金牌13枚、银牌15枚、铜牌20多枚，此外还有60多人次获得了市级奖励。其中，世界冠军伍嘉怡同学是学校跆拳道训练队的首批队员，也是优秀代表之一。由于成绩显著，学校被评为"中山市优秀体育传统项目学校"。

学校看重的不仅仅是跆拳道运动队的比赛成绩，更多的是思量如何推广这项运动，使全体师生的身体素质在运动中得益。从2009年起，学校便积极推广跆拳道运动，努力把这一项目上升为学校校本课程。一方面，学校利用体育课进行跆拳道训练，在全校学生中普及跆拳道；另一方面，学校利用课余时间进行跆拳道训练，在全校老师中普及跆拳道，并开发了校本课程"跆拳道"。为了让该课程能真正得到全面普及，经过校委会和体育科组的努力，学校创立了以跆拳道运动为基础的大课间活动，师生人人参与，人人运动，人人健体。

（二）建构有品位的"水墨画"特色课程

近年，东凤镇中心小学在艺术教育方面大胆实践，积极探索特色之路。每学期，学校都把"水墨画"艺术特色课程当作重要工作来抓。一方面，学校积极打造校园水墨画文化氛围，从走廊、艺术长廊到展览室、班级墙报，到处张贴了水墨画作品，让学生随时都能得到水墨画意境的熏陶。另一方面，学校主编了《走近水墨》校本教材，并在全校大面积实验，严格落实了每周一节的水墨画课。无论课堂内外，学生都可以感受到水墨画的浓浓气息。现在，学校形成了学生自主学习的习惯和风气，绝大多数高年级学生都能画一幅漂亮的水墨画。水墨画已经成为学校特色发展的一道靓丽的风景线。

（三）建构有韵味的"合唱"特色课程

合唱课程是我校全面推进素质教育的重要组成部分，是学校艺术教育发展的突破口，我校连续多年坚持"合唱"特色教育。学校每年举行一次以班级为单位的全校性合唱比赛。学生合唱团的成员是从各年级挑选的具有音乐基础并喜爱音乐的学生。在音乐教师的精心指导下，经过多年坚持不懈的努力，我校合唱团多次在市、镇合唱比赛中荣获一等奖，并在全市产生一定的影响，形成了我校的艺术教育特色。

（四）建构有内涵的"国学经典课堂"特色课程

中华经典是我国民族文化的精髓，讲诵经典能提升师生的文化素养与道德修养。近年来，东凤镇中心小学以市级课题"国学经典小讲坛的建设研究"为契机，带动全校师生阅读经典、讲诵经典、感受经典，营造了良好的文化氛围。为更好地读背经典，学校改革了作息时间，每天早上都有20分钟的时间进行经典诵读。这为学生大量阅读经典提供了时间的保障。在师生开展的小讲坛活动中，所有的师生都能大量地接触和领悟国学经典。目前，读经典、诵经典已经蔚然成风。

学校还积极拓展篮球、足球、乒乓球等运动类课程，古筝、葫芦丝、琵琶等民族器乐课程，书法、舞蹈、棋类等类别的课程。

二、坚持不懈，积极探索，努力建构特色鲜明的校本课程

下面重点以打造有内涵的"国学经典课堂"课程建设为例，谈谈我校在灵雅课程建设上的一些探索和实践。

（一）课程建设的缘起

2011年，在中山市教研室有关专家的指导和引领下，我校的行政人员和老师们对推广中华优秀传统文化的作用和意义有了更深的认识，并开始了"经典进课堂"实践研究的探索。随着活动的深入和全面开展，为了更好地促进国学经典进课堂的顺利开展，更好地借助国学经典传承中华优秀传统文化、提升师生的文化素养与道德修养。2012年，我们开始对国学经典进课堂的实践进行了更加深入的思考。我们认为，深化国学经典教育研究是学校现阶段内涵发展的必然要求，这既是学校发展的需要，也是师生成长的需要、社会发展的需要。

1. 学校发展的需要

东凤镇中心小学创办于1962年，在历代东小教育人的努力下，学校不断向前发展，学校现有教师63人、学生1299人。2011年，我校顺利被评为"广东省一级学校"，进入了一个新的发展阶段。站在新的起点上，我们认识到必须走好内涵发展之路，努力提升学校的软实力，必须加大教科研工作力度，发挥课程的引领作用，使学校向更高的目标迈进。

2. 师生成长的需要

对于国学经典的实践工作，我校已经在语文科中开展了初步的尝试，开展了"经典进课堂"的实践探索以丰富学生的语文素养，依据这个研究基础并以此为牵引，我们围绕国学经典这个主题，开展了对师生的国学涵养、学习能力、学习态度和德行修为等方面的调查，希望从这个现实基础提炼出有科研价值的课程。通过前期的实践，我们发现，开展国学经典的研究，有利于提升教师的修养，也有利于教师的专业化成长。同时，对学生综合素质的提高也是非常有效的。小学生思想道德教育作为义务教育阶段的重要内容，历来受到各级政府和学校的高度重视。传统美德和民族文化作为中华民族的悠久历史积淀和瑰宝，承载着十分重要的思想道德教育功能，具有重要教育意义。承继源远流长的传统文化，充分发扬传统美德，使小学生习获优秀中华文明成果，有助于

促进小学生良好思想道德发展，强化小学生思想道德教育。

3. 社会发展的需要

随着社会经济的不断发展，改革开放给人们的物质生活带来了可喜的变化，但是有的人的道德水平却没有提高。近年来，全国上下都积极开展各种形式的修身行动。2011年，中山市正式启动"全民修身行动"。本课程的建设目标与中山市委市政府的号召不谋而合。本课程借助"国学经典小讲坛"的建构研究，传承民族文化，丰富师生的文化底蕴，发挥国学经典的教化作用，有助于提升师生的道德文化知识和文化修养。

基于这几点认识，在上级领导和专家的指导下，在充分考虑校情的基础上，经过一段时间的研究和酝酿，我们最终确立了"国学经典课堂"课程建设。我们希望借助此课程的建设，把师生的发展推向更高的目标，把学校的办学质量推向更高档次，把学校的办学内涵推向更高水平。

（二）课程建设的目标、内容

1. 目标

（1）通过探索，建构"国学经典课堂"的建设模式，形成可操作性的实施方案。

（2）通过实践，激发师生的主动学习的动力，帮助师生积累国学知识，积淀文化底蕴，传承国学经典，奠定良好的道德素养和人文素质。

（3）通过研究，促使学校、家长、社会形成有效的沟通，充分发挥家长和社会资源，形成合力，促进教育工作更加有效开展。

2. 内容

（1）研究"国学经典课堂"建设的管理架构。

（2）研究"国学经典课堂"的活动方式。

（3）研究"国学经典课堂"中师生人文素养的提升方式。

（4）研究利用家长、社会人士的资源促进学校教育的方式。

（三）课程探索和实践过程

1. 课程论证阶段

诊断与分析我校师生关于国学经典积累、学习能力和道德方面存在的问题，找出问题所在，梳理归纳，明确研究的方向，查找理论依据，形成研究方案，在研究中进一步深入认识课程。在市镇有关专家的悉心指导下，我们精心修改了课程建设方案，并形成初稿。

2. 初步探索阶段

课程规划组根据不同层次的内容制订分层实施方案；开设讲座，让师生初步了解国学经典的内涵；拟定实验班与实验老师；校园文化的改造同步进行，打造主题校园文化，依据方案开始初步实施研究。

（1）聘请导师讲授国学经典。2011年，全国已经有多个地区、多所学校开始了"经典进课堂"，很多老师走在改革的前沿，为我们做了很好的示范，比如吴海飞老师和韩兴娥老师。针对师生、家长对国学经典的认识现状，我们聘请了吴海飞老师为全体师生及家长开设讲座；同时，我们还让老师走出去，参加各种与国学经典有关的学习活动，让大家更加了解国学经典，为课程建设创设条件。

（2）议定国学经典课堂的建设架构。针对建构目标，我们拟定国学经典课堂的建设架构，形成具体的操作方案，拟定主题，拟定层次划分方式，拟定管理机构，拟定时间、地点，拟定有关制度，拟定评价方式等。

（3）制定分层实施方案。为了使课程实践更有实效，我们分层设计实施方案。分为教师实施方案、学生实施方案与家长和社会人士实施方案。学生实施方案又分为班级性的、年级性的和全校性的，尽量照顾到每个学生。

（4）校园文化主题设计，渲染氛围。从校园的外部布置到校园内涵的营造再到学校图书馆的资源供给，学校做了大量的工作。我们利用教学楼走廊的墙面规划了两块有关国学经典的长廊，为课程的建设营造了良好的氛围。学校图书馆还定期购置国学经典书籍，满足师生课余时间的学习需要。随着我校国学经典进课堂的深入开展，家长们感受到了学校氛围和孩子们的细微变化，也更加肯定我们的做法。

3. 全面实施阶段

我们选择小讲坛的模式作为"国学经典课堂"实践探索的切入口，根据初步探索的成效，修改实施方案；根据实验教师和实验班的成效，总结"国学经典课堂"的建设模式；根据层次的实施情况，改进实施方法；形成比较成熟的实施方案，向更深层次实施。

（1）探索教师小讲坛的建设。我们利用每周周一例会时间，每位老师轮流进行"开坛"活动：开坛的内容来自国学经典中的名句、名篇，老师从这些名句、名篇中选择自己理解得最深刻、最有把握或者自己认为最具教育意义及影响力的内容进行讲解。从对经典的字面意思的理解，到经典所蕴涵的道理，再延伸到我们的具体生活环境、具体的生活事例，引导其他老师对国学经典有更深刻的理解。从校长到每一位老师，人人都讲。从实践经验来看，这样增加了老师们与经典接触的机会。

（2）探索学生小讲坛的建设。通过实验班的引领，带动其他班级的经典小讲坛建设。在这方面，我们更多的是探索开展小讲坛的方式，探索怎样的方式更适合学生、更能营造读经典和讲经典的氛围。进而老师和学生在班级开设小讲坛，就开坛的地点、开坛的形式、开坛的人数等进行实践后再进行大访谈，了解受众对开坛的各种评价，进而保持优秀之处，改良不足之处。学生们的讲坛内容可谓广泛：从《三国演义》到《水浒传》，从"经典千句文"到《论语》。学生们的讲坛形式不一，从一人独讲到多人小组合作讲；学生讲坛的地点也各式各样，从室内到室外在国旗下讲；学生们开设讲坛的意识也在发生微妙的变化，从最初接受老师布置任务开坛，到逐步自主开讲。

（3）社会人士的小讲坛建设。每学期邀请家委会成员、杰出社会人士来学校为学生开设小讲坛。通过"小手拉大手"，进一步促进家长、社会各界人士对国学的热爱，进一步创设学习国学经典的氛围和条件，促进家长参与到读经典活动之中，同时也促使家长引导自己的孩子读经典，最终使学生养成在校读经典，在家也读经典的好习惯。

（四）课程开发成果

1. 建立并完善了"国学经典课堂"实施的有效管理机制

我们成立了由校长、教导主任、语文科教师、班主任组成的课程开发小组。教导主任主管、语文科组长负责组织、语文教师为主体、各班主任协助，形成了有效的管理系统。在具体实施的过程中，我们针对不同的形式，实施了不同的管理和实施方法。在教师小讲坛中，我们做到了定时（每周一的教师学习会议时间）、定人（学校统一安排，轮流开坛）。在学生小讲坛中，我们做到定时与不定时相结合，每周一的班队课定期开展，由语文教师与班主任协作完成；此外，班级可根据自己的实际自由开展，时间和地点不限，可室内也可室外。在家长和社会人士的小讲坛中，充分考虑他们的实际情况，以年级为单位，统一规划，定期和不定期地邀请他们进入学校开设小讲坛。有效管理机制使各种形式的小讲坛开展得灵活有序、实实在在，真正让师生以及家长走进了国学经典的殿堂。

2. 形成了"国学经典课堂"的基本构架

探索"国学经典课堂"的基本构架，是我们课程实践的重要内容。在研究中，我们探索出了多元活动方式，形成了"国学经典课堂"的基本构架，并在实践中加以尝试，师生、家长反响强烈，取得了显著的效果。

（1）教师小讲坛的建设。利用每周周一例会时间，全校53位老师以"学""礼""孝""仁"为主题轮流进行开坛活动，参与率为100%。教师小讲坛主要采用课题组规划主题、教师轮流当坛主的形式。每位老师结合主题，选取合适的经典内容，旁征博引，联系生活、教学实际进行精彩的演讲。例如，课题主持人黄逵明校长为了做好以《论语》为主题的讲坛，把《论语》

再次全面细读，挑选自己感悟最深的地方和老师们谈。活动开展以来，开设小讲坛的教师达到了 90 多人次。教师撰写的听后感达到了 750 多篇。

（2）学生小讲坛的建设。学生在班级开设小讲坛。课题组结合德育处的工作，制订了每月的小讲坛主题。在班级教师的组织下，同学们有的自己开坛、有的小组合作开坛。学生小讲坛主要采用班级轮换形式和小组竞争形式。有的班级，老师根据课题组安排的经典诵读内容，挑选主题（见表1），学生以个人或小组认领任务，参与小讲坛的展示，接受班级的评比（学生讲坛主题如表1所示）。小组合作认领任务是同学们喜欢参与的形式，他们分工合作，从材料的选取、PPT课件的制作到现场的讲解各司其职，共同交流参与。家长们纷纷反映孩子为了活动，积极地上网搜集资料，还让家长教如何制作课件，学习热情非常高涨，参与的积极性很高。活动开展以来，全校共计 356 名学生当过坛主，学生撰写的听后感达到了 420 篇。例如，三（1）班的张文远同学是一位品学兼优的学生，从一年级到三年级每次班级开展小讲坛活动他都积极参与。为了当好小坛主这一角色，每次小讲坛之前他非常认真准备，阅读了大量的经典书籍，查阅相关资料，再筛选出有价值的经典内容与大家分享交流。他为了在小讲坛中表现更加出色，每次写好发言稿后都在家里"试讲"，让父母给自己的小讲坛提建议，反复多次练习直到熟练后，再在班上开坛。三年后，张文远同学的语言丰富了，口语表达能力也有了明显的提高。

表1　学生小讲坛主题

月份	主题	讲坛内容
2月	崇尚礼仪	1. 孔融让梨 2. 程门立雪 3. 不学礼，无以立 4. 养其习，于童蒙 5. 人无礼则不生，事无礼则不成，国家无礼则不宁 6. 爱人者人恒爱之，敬人者人恒敬之
3月	弘扬奉献	1. 春蚕到死丝方尽，蜡炬烛成灰泪始干 2. 人能尽其才则百业兴 3. 横眉冷对千夫指，俯首甘为孺子牛 4. 壮心欲填海，苦胆为忧天

(续表1)

月份	主题	讲坛内容
4月	自立自信	1. 恢宏志士之气，不宜妄自菲薄 2. 天生我材必有用 3. 不以穷变节，不以贱易志 4. 破釜沉舟 5. 卧薪尝胆 6. 天行健，君子以自强不息
5月	感恩父母	1. 孟母三迁 2. 《游子吟》赏析 3. 父母在，不远游，游必有方 4. 身有伤，贻亲忧；德有伤，贻亲羞 5. 为人子，止于孝；为人父，止于慈 6. 人人亲其亲，长其长，而天下平 7. 千万经典，孝义为先 8. 父母呼，应勿缓；父母命，行勿懒
9月	尊敬师长	1. 不敬他人，是自不敬也 2. 不迁怒，不贰过 3. 老吾老以及人之老，幼吾幼以及人之幼 4. 子贡尊师 5. 尊师重道 6. 立雪程门
10月	忠爱祖国	1. 常思奋不顾身，而殉国家之急 2. 国耻未雪，何由成名？ 3. 《示儿》赏析 4. 天下兴亡，匹夫有责 5. 先天下之忧而忧，后天下之乐而乐
11月	勤勉学习	1. 少壮不努力，老大徒伤悲 2. 不学而求知，犹愿鱼而无网 3. 黑发不知勤学早，白首方悔读书迟 4. 凿壁偷光 5. 悬梁刺股 6. 业精于勤，荒于嬉 7. 囊萤映雪

(续表1)

月份	主题	讲坛内容
12月	传承习俗	1. 清明时节雨纷纷，路上行人欲断魂 2.《九月九日忆山东兄弟》赏析 3.《元日》赏析 4. 嫦娥奔月 5. 纪念屈原

（3）家长或社会人士的小讲坛建设。不定期邀请家长或社会人士进入校园，为师生开设小讲坛。家长或社会人士的小讲坛主要采用了个人报名的形式，各班发布小讲坛的开讲信息，班级里有兴趣参与的家长进行报名，由课题组进行统筹安排，分阶段举行班级的小讲坛活动。活动开展以来，家长或社会人士踊跃参与，每学期各班都邀请了家长或社会人士进校开设小讲坛，有的班级还多次开坛。这项活动深受广大家长的欢迎，也为学校树立了口碑。

3. 形成了符合校情的"国学经典课堂"课程资源

国学经典内容博大精深、包罗万象，通过实践，在大量前期探索的基础上，课题组的老师经过收集、检验、比较，甄选出了可操作性强的国学经典内容，形成了自己的资源体系（见表2）。包括两方面：一是适合各年级的"国学经典课堂"校本教材，二是集视频（微课）、师生开坛主题、师生听后感等多种素材为一体的资源库。

表2 国学经典学习资源

年级	经典内容	形式	目标
一年级	识字儿歌 行为习惯儿歌 《三字经》	诵读、背诵	通过诵读，初步形成良好的行为习惯
二年级	《弟子规》	诵读、背诵	通过诵读，初步形成良好的行为习惯
三年级	《声律启蒙》	诵读、背诵	通过诵读，使学生形成良好的行为习惯，初步感悟语言文字的魅力
四年级	《中华成语千句文》1—8	诵读、背诵	使学生初步形成正确的价值，感知语文文字的魅力，了解历史
五年级	《论语》	诵读、背诵	形成正确的价值观、道德观和人生价值取向
六年级	短小文言文节选（15篇）	诵读、背诵	通过诵读经典，形成正确的价值，感受语文文字的魅力，形成良好的语感

4. 促进了教师、学生综合素养的提升

（1）促进教师专业化成长。据普查，从开设教师小讲坛开坛以来，老师们会因为小讲坛的建设而主动学习经典，丰富自己的文学底蕴，重组自己的知识结构，对教育工作的开展起到积极的作用。教师会主动阅读国学经典书籍，根据自己的兴趣选取话题，并通过查阅资料，收集相关的信息，为开坛做好准备工作。教师阅读从以前的任务驱动，逐渐内化为自身的要求，提高了学习的自主性。近三年来，教师获奖论文数量在增加。例如：陈伟梅老师撰写的论文《"小讲坛"之花绽放光彩》荣获2015年中山市小学语文教育教学论文评比二等奖，陈少云老师撰写的论文《诵读教学策略 有效提高学生的语文素养》荣获广东省教育学会学术讨论会征文二等奖，杨文丽老师撰写的论文《国学经典小学语文课堂之实践探索》荣获三等奖。

为了成为一个出色的坛主而主动学习，国学经典小讲坛激发了老师们学习的动力，提升学习的能力，从而提升教师的综合素养。教师开展小讲坛后，人人都参与到评价中，从内容上、形式上评。每个学期结束，我们再有针对性地进行"教师小讲坛"的反思会议，听取老师们更多更好的建议，丰富小讲坛的形式。

教师因为参与国学小讲坛的建设研究而深入领略经典，从而受到启发，反思自己的思想和行，逐步被经典中的精神所感染，促使思其过、端其行，形成正确的道德观、职业观、价值观。在纷扰繁杂的工作中，教师可以静心与经典对话，找寻心灵的宁静，回到根的思索中。正如夏海先生所言："品读国学经典，益处颇多，最大的益处是修身养性，培育良好的道德品质。"近三年，莅临学校指导的领导和同行都发觉教师的精神面貌特别好。因为教师受到经典的润泽，涵养丰富了，修养深了。不仅自身的内心富足，和同事相处也更加和谐。

（2）学生综合能力得到提高。国学经典承载的是中华民族五千年文明的精华，是中华民族的根。"无论哪一类主题，实质都是关于真、善、美的追问，关于人的心灵和灵魂的思考，关于信仰信念、思想真理、价值标准和道德修身的阐述。"学生在老师的引领下，熟读经典，体会押韵、平仄的韵律美和语感美。教师根据学生的需要，对经典的内涵和精神予以适时适度的指导和点拨。在教学中，教师设计了讲小故事、谈生活经验等易为学生接受乃至喜闻乐见的活动。学生的知识面更加宽广，对经典的理解能力提高了。我们坚信，传统文化能塑造学生的健康个性，陶冶高雅的气质。

学生要成为坛主，就需要精心地准备自己的资料，主动查找有关的资料。在资料的收集过程中，锻炼了学生对资料整理的能力。同时，学生也能及时和

教师沟通，解决问题。你会惊喜地发现：孩子们竟然会制作精美的PPT课件，孩子们竟然会找到贴切主题的小故事，孩子们竟然会找出作者的背景，做到知人论事……从老师安排做坛主，到学生自己争取做坛主，这就是悄然的进步。

成为小坛主，学生口头表达能力也在不断地提高。刚开始，学生羞于站在讲台，声音较小，只有木讷地将稿子读出来。慢慢地，成为坛主的次数多了，锻炼也多了，学生能大方地站在听众前，自信地表达自己的看法，有时还会和听众交流意见，应对自如。小听众在每次参与小讲坛的活动后，也及时地记录自己的所思所想，并用在动笔写作中。

5. 推动了学校国学经典特色教育的形成与发展

（1）国学经典小讲坛的建设研究，促进了学校校园文化内涵的发展，学校已经形成浓郁的国学经典氛围。每学期，学校都开展以"国学经典"为主题的班级板报评比、风雨长廊板块评比。从书法作品、手抄报、诗配画，再到各种古典名著读后感，等等，无处不让人感受国学经典韵味。良好的校园文化，以鲜明正确的导向引导、鼓舞学生，以内在的力量凝聚、激励学生，以独特的氛围影响、熏陶学生。同时，学校图书馆每年都会添置一批国学经典的读物，方便老师和学生的借阅，在物资资源上提供保障。

（2）学校在完成教科书教学任务的同时，不遗余力地推进"经典进课堂"的活动，师生从经典诵读中不断地获取成长的养分和动力。经典诵读作为一种辅助教学形式，我们探索出了不影响正常学习也不占用学生休息的、较容易实施的常态形式。教师们利用早读和午读课，带领学生诵读经典，品读经典。通过小讲坛，使师生大量地接触和领悟国学经典；通过小讲坛，使家长们阅读经典、学习经典，走进亲子共读经典的理想境界。目前，我校读经典、诵经典已经蔚然成风。国学经典特色教育已经初步发展成为学校的特色教育。学校所排演的经典诵读获中山市中小学生中华经典诵读大赛决赛一等奖，2013年中山市少年儿童经典读物情景剧大赛银奖；《千句文诵读之七步成诗》获东凤镇中小学生中华经典诵读大赛一等奖；《弟子规》获东凤镇中小学生中华经典诵读大赛荣获一等奖；五（1）班级（弘毅国学班）被评为2013年度中山市特色班集体。

6. 营造出了浓厚的家校共育氛围

每个学期，班级都会邀请家长进校园、入课堂，和孩子们一起读经典、谈经典。家长们也利用课余的时间和孩子一起共读经典，增强了亲子之间的沟通交流。家长们根据自己对经典的理解及自身的经历，制作图文并茂的课件，举出学生易于接受的例子，找到深化主题的故事，为学生讲述国学经典的内在精神。家长小讲坛的内容丰富，既有《三字经》《弟子规》的习诵，又有《论语》《孟子》等名人名句的解读，更有历史名人的读书传记的读悟，让人大开眼界。有家长感叹道："我和孩子读《弟子规》时，感觉如果熟读并理解这些句子，就能在不知不觉中落实到日常生活中。记得有一次，我喝酒有些过量，回家后，孩子便说：'饮酒醉，最为丑。'让我觉得很是羞愧，从此就不敢再过量，并注意自己的言行了。"在学校的大力推动下，亲子共读经典的活动更让家长们和自己的孩子一起养心弘道，践行经典要义，体悟经典精神。学校的"家长修身经典小讲坛"项目荣获中山市家庭教育工作创新项目评选优胜奖，入选中山市家庭教育工作创新项目汇编。

信息技术背景下的"非遗"咸水歌课程的实践研究

中山市坦洲镇裕洲小学　潘虹

郑凤姚点评：

信息技术与"咸水歌教学"是以信息技术为先导，根据"咸水歌"的教学规律而进行的教学改革。其宗旨是通过"咸水歌教学"有效地学习和使用信息技术，促进"咸水歌教学"内容呈现方式、学生学习方式、教师教学方式和师生互动方式的变革，为学生的多样化学习创造环境，在培养学生信息素养及利用信息技术自主探究、解决问题的能力的同时，提高学生学习非物质文化遗产的学习品质和学习效率。这一点，是中山市坦洲镇裕洲小学校长潘虹课程规划力中最值得一提的。面对新技术时代的到来，怎样让优秀传统文化焕发新的生机，甚至发挥示范引领作用，寻找解决这些问题的途径，是一个具有重要理论和实践价值的课题。

现代信息技术不仅改变着我们的学习、工作和生活，而且改变着我们的教育教学。随着新课程改革的不断深入及教育现代化的不断推进，以多媒体技术和网络技术为核心的现代信息技术逐渐在课堂教学中得到推广和使用。

一、信息技术背景下的"非遗"咸水歌课程提出的背景

掌握多媒体教学已经成为每一个教师的基本技能，而乡土文化作为与社会紧密联系的一门学科，和现代信息技术有着密切的关系。信息技术主要指借助多媒体辅助教学，而多媒体辅助教学是指以计算机模式为基础，结合网络、通信、技术，继承多种信息载体（如声音、视频、图像、图形、文本、超文本）的一种先进的教学手段。它具有形象性、直观性、生动活泼、信息容量大、应用面广、效率高、效果突出等特点。乡土文化作为一门本土学科，贴近学生生活，多媒体辅助教学使动画和声音相结合，唤起学生的兴趣，提高学生的模仿能力。已经定为中国非物质文化遗产（简称"非遗"）的中山坦洲咸水歌，在

教育教学传承的过程中借助多媒体教学，可以更大地激发学生的学习兴趣，拓宽他们的知识面，丰富他们的思维想象，使他们在轻松愉快的氛围中接受、把握和学习，从而提高学习的兴趣及效率。因此，利用信息技术传承非遗咸水歌的策略研究是一个值得研究的课题。

二、信息技术背景下的"非遗"咸水歌课程研究的目标、内容与研究的意义

（一）研究的目标

（1）利用信息技术，让学生进一步了解咸水歌。咸水歌是国家非物质文化遗产，是岭南文化的瑰宝。利用信息技术让学生了解咸水歌的种类、特点、历史、演唱技巧和创作技巧等。通过了解咸水歌继而喜欢咸水歌，传扬咸水歌，最终达到热爱乡土文化，愿意为建设家乡而努力。

（2）利用信息技术辅助，让学生学唱咸水歌。咸水歌按种类可分为高堂歌、对花、大罾歌和姑妹歌等。不同种类的咸水歌在歌谱、歌词、衬词、拉腔和演唱场合等方面各有不同。通过信息技术辅助学习，让学生了解各种形式的咸水歌的演唱技巧。

（3）利用信息技术，广泛推广咸水歌。老一辈随口就能吟唱的咸水歌日趋式微。咸水歌作为岭南文化特色、坦洲的非物质文化遗产，承载着人们对本土文化的深厚感情。只有热爱国家、热爱家乡的新一代，才能更好地为国家、为家乡的繁荣富强而努力，社会也因此更和谐，而利用信息技术广泛推广咸水歌恰好成为培养爱国爱家情感的载体。

（4）利用信息技术融入现代气息，凸显咸水歌课程的特色。咸水歌是我校三大名片之一，以"咸水歌"传唱为学校素质教育特色项目，把学校创建成为水乡咸水歌传唱的特色学校，运用信息技术将咸水歌融入现代气息，激发学生参与的兴趣。

（二）研究的内容

（1）借助我校社团活动，运用信息技术在学校社团活动中开设咸水歌传唱课，聘请校外辅导老师做指导，推广咸水歌。

（2）围绕咸水歌相关活动，利用信息技术，完善校本课程的开发，使师生融入乡土文化的氛围之中。

（3）围绕特色学校创建，利用信息技术提升学校开展的相关活动，达到"以歌颂生活，以歌传承家乡文化"的育人效果。

（三）研究的意义

中山咸水歌，流传于大沙田地区，是水上人民在劳动和生活过程中创作的

民歌，有"金斗湾"之称的坦洲是其典型代表区域。中山咸水歌入选第一批国家级非物质文化遗产，传唱历史悠久，内容贴近生活，语言生动鲜亮，折射出清新质朴的民间气息，闪耀着独特的人文风采，充满着奇妙的艺术美感。但这种古老的民歌并不为现在的年轻人所熟知，面临着失传的局面，处于濒临绝唱的边缘。因此，我们应大力挽救这一独特的文化遗产，持续这份文化之美。

三、信息技术背景下的"非遗"咸水歌课程研究的步骤

（一）准备阶段：2015年9月至12月

组织相关教师参观镇坦洲镇咸水歌展示馆，学习咸水歌的有关理论知识，钻研校本教材《咸水歌韵》，与老歌手交流咸水歌传唱经验，与市、镇电视台和镇宣传文化中心学习影像制作，邀请市、镇咸水歌专家到校为师生做咸水歌的历史、如何唱好和创作咸水歌的指导讲座，利用裕洲村广播站每天的早晚播放时间播放师生的作品，取得市电化教育站的技术资源支持。并组织课题申请。

（二）实施阶段：2016年2月至2017年2月

第一阶段：2016年2月至3月，组织课题组成员进行理论培训。

第二阶段：2016年4月至6月，调查整理当前中山咸水歌的文献资料（包括影像资料），研究传唱咸水歌的有效策略。

第三阶段：2016年7月至2017年5月，探讨利用信息技术广泛宣传、推广、传唱咸水歌的有效策略，与学校特色的建设有效融合，初步形成自身特色的咸水歌韵校本教材、校本课程、亮点项目，为打造咸水歌韵校本文化服务。

第四阶段：2017年6月至7月，总结经验，反思改进，制定下一阶段方案。

第五阶段：2017年8月至2018年2月，利用信息技术进一步研究，宣传、推广、传唱咸水歌的有效策略，挖掘和提炼咸水歌韵后校本文化。让更多的师生咸水歌韵团队在中山交流，走进珠三角其他地区搭建交流实践平台，探索咸水歌传承的可持续性，为进一步积累、搜集各类资料服务。

四、信息技术背景下的"非遗"咸水歌课程研究的主要形式

（1）举行课题研究开题仪式，做到明确课程研究目标、研究任务、研究方法、研究步骤。

（2）组织相关教师参观镇坦洲镇咸水歌展示馆，学习咸水歌的有关理论

知识。

（3）钻研校本教材《咸水歌韵》，与老歌手交流咸水歌传唱经验，与市、镇电视台镇宣传文化中心学习沟通影像制作方面的培训，取得市电化教育站的技术资源支持。

（4）做好课题阶段性总结，并不断修正课题实施过程中出现的问题。注重过程性材料收集。

（5）注重研究过程。

①领导重视，营造校园氛围，传承优秀民族非物质文化。

利用信息技术，营造全校传唱氛围。自立项以来，我校就确定每周三下午大课间时间为全校传唱咸水歌时间，让咸水歌唱响整个校园，营造浓烈传唱氛围。为了普及咸水歌，每周三班会课时间，是各班学唱咸水歌时间。各班主任利用信息技术，以多种形式让学生学唱咸水歌。有班主任播放视频让学生跟唱，也有以音频播放为主要教唱方式，陈竹青老师利用校园广播指导学唱，有的还让唱得好的学生录制教唱……多种形式的唱法，使唱咸水歌不再单调、不再乏味，形成人人会唱，人人爱唱咸水歌的氛围。

利用信息技术，营造特长发展氛围。各班主任根据学生平时传唱的水平，挑出比较出色的学生，组成了学校的咸水歌特长兴趣班，在兴趣班中，学生们利用音频、视频等信息技术，在专业老师的指导下，水平得到了很大的提高。编排的节目参加多项比赛，到多地进行表演，得到了社会人士和领导的好评。

利用信息技术，营造竞赛氛围。为了激发更浓厚的传唱中华优秀传统文化的兴趣，学校组织学生进行多样的比赛，结合元旦、六一等节日契机，开展咸水歌亲子文艺汇演比赛，各班在信息技术的辅助下，以多种形式演绎咸水歌，有独唱、对唱、小组唱、大合唱、歌舞、小品等形式，学生都积极投入到比赛中，咸水歌水平也得到了很大的提高，同时也给了学生展示的平台，当时还邀请了学生家长来参与和观看，得到了家长的一致好评。

②全员参与，完善活动规划，创新开展咸水歌传承活动。

每年2月开始，分派专人负责，利用学校广播系统推进每星期大课间咸水歌教学活动。

3—4月，上网收集教学素材，准备六一会演节目，邀请镇两位女民歌手吴容妹、吴连有老师辅导。

5月，准备六一会演节目，邀请咸水歌国家级传承人陈志辉老师和镇两位女民歌手吴容妹、吴连有老师辅导，并留下音频、视频资料。邀请镇民乐队来校指导学生伴奏，留下音频、视频资料。

6月，在信息技术上网功能的辅助下，各班学生自行排练，举办了学校六一咸水歌专场会演。镇电视台做报道并制作光盘。

7月，成立裕洲小学民歌班夏令营。进行为期一周的民歌夏令营活动，利用信息技术指导教学，邀请专家和著名歌手指导。

9月，继续利用信息技术推进新学期大课间咸水歌传承活动。

10月，挑选并安排学生参加镇咸水歌新星的选拔，利用信息技术开展培训。

11月，请咸水歌专家陈锦昌老师到学校指导老师们学习咸水歌，利用信息技术指导咸水歌亲子元旦专场会演节目。

12月底，汇报演出。

（6）主要成效。随着社会变迁，会唱咸水歌的人减少，非物质文化面临着失传的危机。现在，裕洲小学利用信息技术等先进现代技术把咸水歌带进校园，让学生传唱，并以多种形式传唱，让学生不仅爱唱，而且唱得好，经常到社会上表演，得到一致好评。这样，咸水歌终于又找到了新的传承方式。

通过利用信息技术传承咸水歌的教学活动，我校涌现了一批批能熟练运用信息技术传唱咸水歌的小歌手及创作能手。在坦洲镇咸水歌比赛中，我校《咸水歌串唱》获银奖。陈竹青老师利用信息技术新编的作品《站在河堤唱支歌》参加镇六一文艺汇演，获镇二等奖。2016年5月，学校开展了师生咸水歌创作比赛。学生在传唱的基础上，利用信息技术上网查找素材，学习创作咸水歌，创作出了许多优秀的作品，六（1）班陈政豪同学创作的作品《缅怀中山先生，天天向上》（高堂歌）获镇一等奖。江柳嫦老师、梁带根老师、冯少茹老师的作品获镇二等奖，陈竹青老师，黄彩玲老师、梁灶旺老师和陈玉群主任的作品获镇三等奖。潘虹老师的《运用信息技术学习咸水歌歌词创作的探索与实践》、陈竹青老师的《信息技术在咸水歌文化传承与发展中的应用》、梁灶旺老师的《基于信息技术的小学咸水歌教学探究》等课题组成员论文发表在省级刊物《教育信息技术》总第293、294期上。

与此同时，在现代信息技术的辅助下，我校咸水歌兴趣小组做出了很多创新，并以新作品参加校内外各种演出活动，传播咸水歌文化。例如，参加市主办的全市咸水歌基地交流展演活动，与镇文化站民歌队同台演出，参加村里的庆祝老人节演出活动。在各级演出中，学生得到了很好的锻炼，也很好地传承和传播了咸水歌文化。

依托"团队教研"建构教师学习共同体的校本课程的实践探索

中山市三乡镇载德小学 彭伶俐

郑凤姚点评:

学校教育的最终目的是最大限度地促进学生人格的全面发展,充分释放教师和学生的最大潜能,使他们能主动追求和实现个人对未来社会的价值。所以,也只有着眼于人(教师、学生)的发展,建构学校、教师和学生的共同体,才能更大限度地发挥教育的社会发展功能,满足自身发展需要,促进学生的全面发展。对一所学校而言,教师的发展不仅关系教育质量的产出,更重要的是关系学校的内涵发展水平和教师的生命质量,但教师的工作又是平凡的,很容易在琐碎的事务中迷失自己,教师专业化发展的愿望是否强烈、专业化发展速度的快慢、教师之间专业化发展水平的差距能否缩小,取决于教研组教研活动的质量与水平。三乡镇载德小学依托"团队教研",建构教师学习共同体,让教师把职业当作事业来追求,把教学当作艺术来追求,这才是学校内涵发展取之不尽的巨大动力。

中山市三乡镇载德小学依托"团队教研"建构教师学习共同体的校本课程已实践与探索了八届,让每一个载德老师都成长为更好的自己。这门属于载德的校本课程探索出不同层次、层面、多种形式团队教研模式,营造互助互促、合作的氛围,提升教师整体水平,促进专业发展。探索推动学习共同体有效运行的动力机制,形成长效机制,促进教师专业发展和教师团队精神发展。这门课程让教师在协作中研究,在研究中协作,将自己的发展与学生的发展、学校的发展紧密地联系在一起,提升学校发展内涵。

一、依托"团队教研"建构教师学习共同体的校本课程的背景

(一)改变学校师资现状的迫切需要

随着课程改革的深入,基础教育越来越受到重视,教师发展及其培养模式

也越来越受到关注。课程改革试验的成果要通过教师高质量的常态教学来实现，课改目的之一就是建立一种普遍性的高质量教学过程。因此，新课程改革给教育界带来的最大挑战莫过于对教师的挑战，推动和加速教师的专业化发展是关键中的关键。而载德小学师资力量有限，教研结构"断层化"明显。骨干教师能教能研，但数量稀少，承担任务过多，时常不堪重负。年轻老师有教学激情，工作积极肯干，却研究经验缺乏，工作盲区多。老教师数量比重大，有充足的教学经验，但有职业倦怠现象，工作动力不足。如何打通老中青结构障碍，建构教师学习共同体，实现相互影响、相互促进，实现协作发展、学习共进是亟待解决的重要问题。

（二）开展校本团队教研的前期尝试

载德小学自2012年9月开始进行团队教研，通过短短几年的实践，已有一定的基础。学校每学年把全体教师按一定的形式分成若干个教研团队。各教研团队除按照学校要求开展以课堂教学、课题等为主要内容的日常教研外，还在期末组织团队教研的展示，以团队为单位进行上课、说课、评课、团队文化、才艺展示等环节的成果汇报。

由于组内成员在成立团队初就进行了分工，各负其责，相互合作，人人都是项目负责人，展示时无论是展示课例还是其他环节，老师的参与率都是100%，展示的效果也相当精彩。更重要的是，老师们在团队教学过程中，团队合作的精神得到锻炼，专业能力得到提升。由此可见，开展团队教研对建构教师学习共同体有着较大的促进作用。团队教研是当前教研组建设的有效形式，既注重相互合作、相互学习、平等交流、优势互补，强调发扬集体的智慧共同探讨、研究；又注重观点的交流、思想的碰撞和问题解决的新思路、新方法；还注重发扬合作精神、相互关心、相互帮助形成关系和谐、凝聚力强的团队文化。分团队开展教研，无疑成为建构教师学习共同体的有效方法和快捷路径。

二、依托"团队教研"建构教师学习共同体的校本课程的创新之处

（一）改全员参加为全员展示

原有的科组教研是在固定的时间、固定的地点集中全科组人员统一学习交流，容易出现"人在心不在"的情况。大科组的教研只是一味地对教师输入学习信息，既难保证输入的效果，更难得到输出信息的反馈。而团队教研则是让老师们真正参与到教研活动中来，有思考、有交流、有碰撞，更重要的是，能力差异导致的责任担当问题能得到解决。在团队教研中，教师根据实际能力主动认领

项目，团队协作完成，这才是真正意义上的参与教研活动。时间安排上由原来一周一次的大科组教研改为小团队机动教研，原来教研主要是大科组集中教研和备课组教研相结合，团队教研则安排在大科组设定好教研环节和成果展示时间后，各团队根据实际情况自主统筹，灵活机动教研，科组长跟进教研进度和效果。这样的团队教研，在时间上更加灵活，教师参与面更广，共同学习的力度更大。

（二）改原有的事务性教研为专业提升型教研

原有的大科组的教研活动，一部分时间用在完成上级或学校安排的相关工作，一部分用在分析科组存在的问题和不足，只有一小部分时间用在共同学习。时间得不到保证，教研效果从何而来？我们的团队教研则把更多的时间用在针对专业提升的研究上，事务性的工作分解到各团队自行解决，节省了大科组教研时在此类问题上耗费的时间，可以更多地针对各团队教研中出现的专业问题进行碰撞交流，同时，可以针对学校教研工作中存在的短板，确定不同的专题。教师带着问题教研，是有思考基础的互动；教师带着成效教研，是有交流价值的分享。这样的团队教研更有针对性，更有实效性，更能促进教师共同学习深度发生。

（三）改模糊评价为量化评价

原有的大科组教研对教师的评价极为模糊，根本不能细致的反映教师的真正的教研能力，教师自身存在的问题也就无法得到解决。团队教研则是以教师专业化成长为出发点，每个学期设计不同的评价环节，教师的表现可以客观地通过量化展现出来。这样，教师的工作积极性得到推动，教师的专业技能得以提升，教师的教学短板也会得到及时地改善。这样明晰的量化评价是一种鞭策和鼓励，更多的是一种认可和肯定。久而久之，这样的团队教研就形成了一种助推教师学习共同体及成长的良性循环。

（四）改重点打造为团队共进

原来的大多数教研活动都是集中在极小一部分业务能力强的人身上，集中力量帮助一部分老师，大多数老师没有得到锻炼的机会。而团队教研则是通过任务认领的形式，全员参与，共同推进。在学校教导处的统筹和运作下，专业指导和鼓励相结合，骨干教师更快地成长起来，其他教师快速地提升。这样的团队教研机会均等，更多的教师得以锻炼，有利于教师共同学习和相互促进。

三、依托"团队教研"建构教师学习共同体的校本课程的实施步骤

载德小学的团队教研大赛，坚持走"个性化校本教研"之路，创新开展

"团队教研大赛",用系统管理武装团队,用捆绑评价激励团队,用互助研磨提升团队,走出了一条结合校本实际的教研新路。学校每年上半年组织教学团队教研大赛,下半年组织德育团队教研大赛。每届比赛根据学校研究主题,梳理整合学期教学、德育研究任务,依据重点内容,设计相关项目,将全校教师分成若干实力相当的小团队,依据一定规则开展研究。团队研究中,人人有任务;团队展示时,人人有项目;团队评价里,人人有分值。

(一)分组式学习共同体

1. 年级组队,擦亮德育

以年级为单位,成立一班团队、二班团队、三班团队、四班团队,比赛项目为班会课、学生才艺展示、德育常规评比等。通过德育团队教研大赛促进不同年级的班主任相互沟通班级管理经验,共同研磨班会课,提升班级向心力和凝聚力。

2. 学科组队,点亮教学

每届比赛精彩纷呈,比赛项目个性化设计,涵盖了上课、说课、评课、微课、磨课、送课等,因循教师个性发展及学校工作实际而定,或突破不足,或发扬优势,立足校情,极大促进了团队中教师个体的专业成长。

(二)分层式学习共同体

1. "007"新教师成长团

每学年7位教师为一个成长团队,每周二下午4:30至5:30,一群有共同成长愿景的老师相聚齐读书,同练基本功。团队每周完成"四个一"成长任务:每周阅读一本教学书籍,每周线上观摩一节名师课堂,每周线下听一节同行的课,每周写一篇教学反思。每月的第一、第二、第三周的周二下午举行读书分享和学习分享。

2. 青年教师成长营

载德小学每学期的暑假会成立"青年教师成长营·暑假小语研习",骨干教师带新教师成长。营长为教导处孙玮洁主任、组长为语文科组长曾艳华老师,成长营的六位成员放弃暑假的休息时间,习字、观课、反思、点评。研习活动课堂的教学观摩既有青年骨干教师的赛课和研讨课,也有全国著名特级教师的示范课;既有十几年前的课,也有近年的课;既有低段的识字写字与阅读教学课,也有中高段的同课异构和习作指导课;高低搭配,轻重得宜,饱满充实。观课间隙成员们练习钢笔字、粉笔字,或根据课堂教学的主要技能进行针对性训练。训练营结束后成员们将学习历程结集出版,汇成《遇见名师,洞见自己》一书。

3. 骨干教师写作联盟

课堂需要反思，教师真实地记录课堂、记录反思，就是研究的开始。记录包括教后记、教学日志、教学录像、教学录音、随笔、故事、案例等。学校引领骨干教师记录自己的课堂，并邀请了中山市教研室郭跃辉老师为全校做专题培训、中山市教研室林晓洁老师为教师们一对一指导文章。在学校组织下，精心打磨出课堂教学论文16篇。教育写作，是让教师学会记录课堂，学会反思课堂。

4. 教师成长1+X研究

由以往在学校研究的封闭式性研究改为1+X研究。目前，有一些兄弟学校教研也采用"团队教研"的模式，邀请其他学校"团队教研"队伍举办学术专场、一课同上等教研活动，同一时间、同一地点、同一课题，共同研究，共同展示，共通有无，共同进步。

发展学生核心素养，打造优质学生团队
——以中山市西区小学社团活动和课程教学为例

中山市西区小学　苏文森

郑凤姚点评：

学生的先天素质各不相同，学校应该为发展学生核心素养开辟多种多样的渠道，让他们从各自的兴趣特长出发，学校以为其创造的学习条件中选择合适自己的内容，以精心修炼成材。中山市西区小学打造了这样一整套有计划、有特色的教育和训练体系，既有环境熏陶，也有课程推进，还有活动补充，学生们不但接受了基础性课程的教学，而且逐渐显露出个人素质特长并在此基础上不断强化发展。

一、课题研究背景

教育部2014年印发的《教育部关于全面深化课程改革落实立德树人根本任务的意见》第一次提出"核心素养体系"这个概念，这项历时三年的研究成果，对学生发展核心素养的内涵、表现、落实途径等做了详细阐释。2016年9月13日，《中国学生发展核心素养》研究成果在北京发布。核心素养是指学生在接受相应学段的教育过程中，逐步形成的、适应个人终身发展和社会发展需要的必备品格和关键能力。核心素养是一个多维度的概念，包括知识、能力与态度等多元层面，突出强调个人修养、社会关爱、爱国情怀，更加注重自主发展、合作参与、创新实践，是所有学生都必须获得的，最关键、最必要的共同素养。

教育界普遍认为，根植中国传统文化、回应中国现代化召唤、紧跟中国实际和学生需要，且从基础教育改革中吸取营养的"核心素养"，将为中国新时代教育发展指引方向。基于学生核心素养的教育改革逐渐引起关注，成为许多地区制定教育政策、开展教育实践的基础。

关于核心素养的培育，我们应该如何践行教育以聚焦人的发展、强调人的发展，如何在课程中育人，又是如何培养现代小学生必备品格与关键能力呢？

我校抓住这个契机，充分发挥、挖掘我校自身的社团活动和课程教学的潜在优势，以核心素养的课程体系建设为基础，调整课程结构、丰富课程内容、推进学科融合。以核心素养为纲目，让课程建设更笃实；以特色课程为重点，让课程建设更有型。丰富多彩、意趣盎然的课程设置，给课堂带来新的生机和活力。培养学生全面发展，提升学生的综合素质，打造优秀学生团队。

二、课题研究的目标和内容

（一）研究目标

（1）通过本课题的研究，准确理解学生核心素养，用学生核心素养的内涵、底蕴和精神来培育、发展学生。

（2）发展学生核心素养，提升学生的综合素质，打造优秀学生团队。

（二）研究内容

（1）根据学生实际情况提炼出学生核心素养。

（2）探讨培育学生核心素养，打造优质学生团队的实施策略、方法和途径。

（3）在新型学校课程和社团活动结合的模式下，培育学生全面发展，提升学生核心素养。

（4）家校合作，整合教育资源，共同育人。

（5）发挥教师的主导的作用，发展学生的核心素养。

三、课题研究过程

课题研究应该是务实而规范的，按照课题研究方案，我们课题组进行了以下几个方面的探索。

（一）加强组织管理

一个好的团队必须有健全的组织管理、完善的工作机制。学校在本课题的管理机制上主要做了以下工作。

1. 成立管理团队

成立了以校长苏文森为首的课题领导小组；聘请广东省德育研究会书记韩东才教授，广东省德育专家指导委员会委员、中山市中小学德育研究与指导中心潘志坚主任，西区文化教育局刘海英主任，西区德育专干许丽君老师，美育专干何弘远老师，中山市中小学德育研究与指导中心成员为课题组指导专家；领导小组下设课程实施小组。每学期定期召开会议，规划蓝图，商议制度分工，汇报实施情况，解决困难疑惑等。做到胸怀蓝图，有的放矢，逐步推进。

2. 确定研究团队

为确保本课题的有效实施，光有管理团队是远远不够的。特设立了课题策划组、调查问卷组、资料收集整理组、活动展示组、负责课程发展规划组等。

3. 加强理论研究

课题组建立了学习制度，课题组的老师定期进行学习研讨活动。购买了一批德育理论书籍，如《广东中小学德育》《德育原理》《在学校中培养品德：将德育引入生活的实践策略》《社会主义核心价值观》，分小组进行研读，并定期进行学习交流，使课题组成员德育理论水平得以提升。课题领导小组对课题组教师分类指导，各课题组成员理论联系实际，要求教师坚持自主原则，根据学生年龄特点，开展学校课程与社团活动。

（二）建立课程体系

"发展学生核心素养，打造优质学生团队"不是一个独立于学校课程体系之外而存在的教学样本，而是在发展学生核心素养的总目标下，和语文、数学、英语等课程并重的课程，它应该和其他课程一样建构完整的教学体系。

本课题组成员综合分析了影响目标设置的各种因素，首先制订了学校课程与社团活动的培养总目标：学生走向"全面发展"，教师走向"智育+德育"，学校走向"特色+品牌"。

在学校课程与社团活动的设置上，学校拟订了总体方案，以两种途径在不同层面的学生中开展。

1. 课程教学

以课程为载体，不断提升课程的品质，发展学生综合素质。丰富的课程内容适应学生身心特点、爱好特长，给学生提供多样选择的可能，进而满足学生的差异性需要。以学生的素养不断进阶提升为目标，推进学科融合。充分尊重学生个性，培养跨学科、跨领域人才成长的核心素养。

2. 特色社团

以特色社团为重点，开展发展爱好特长的社团活动。社团活动时间为下午4:10—5:00，立足于学校办学的实际条件，以让每一个学生全面发展为目标，结合孩子的年龄特性、身心发育规律。学校特色社团有羽毛球社团、健美操社团、篮球社团、游泳社团、足球社团、合唱社团、诗歌朗诵表演社团、英语剧社团、传统文化表演社团、绘画社团、剪纸社团等，学校聘请专业教练、教师作指导。孩子们根据自己的爱好，结合学习实际，参加社团活动，获得了大量展示自我的机会。

（三）实施阶段性发展

为了更好地开展本课题，确定采用以下的实施策略。

1. 探索阶段

（1）核心素养的课程体系建设。关于核心素养的培育，苏文森校长和在他带领下的西区小学主要有如下三点做法。

①调整课程结构。学校致力于课程建设，建立健全课程的开发机制，不断提升课程的品质，以课程为载体，发展学生综合素质。他将课程设置为三大类，即基础类课程、拓展类课程、活动类课程，涵盖人文素养、科学素养、艺术素养、运动健康、社会交往五大版块，学生在教师引导下自主建构知识体系，不断提升乐学、善思、质疑、创造四大核心要素的发展水平。

②丰富课程内容。学校全面开发各领域的延伸型、发展型、研究型、创新型等类型课程。这些素养型课程适应学生身心特点、爱好特长，给学生提供多样选择的可能，进而满足学生的差异性需要。

③推进学科融合。以学生的素养不断进阶提升为目标，打破学科界限、融通各学科知识，贯通价值观、思维力和创造力。充分尊重学生个性，并借此激发学生志趣、引导学生制定生涯规划，形成自我修持、自我完善、自我超越的终身学习能力与习惯，培养跨学科、跨领域人才成长的核心素养。

（2）以核心素养为纲目，让课程建设更笃实。让孩子有科学追求，有文化沉淀，有人格完善。培养学生学会做人、学会生活、认知社会、认知自我，做最好的自己。学校课程分为必修课程、校本课程两类，两类课程分块教学，相互渗透，互相促进，以培养学生的基础性能力、创造性能力和发展性能力。

其中，我们学校的人文素养课程（语文、英语、思品等国家课程及书法课程、国学课程、活动类课程）旨在培育公民的基础素质，传承中华优秀传统文化、校园文化，弘扬民族精神，塑造学生深厚的文化底蕴，彰显文化内涵，建立学生对个体、家庭和社会的责任感。

科学素养课程（包括数学、信息技术、综合实践课程）以科学探究为核心，培养学生观察能力、动手实践能力、质疑反思能力及运用科学方法动手解决问题的能力。

艺术素养课程（音乐、美术等国家课程，以及合唱团、诗歌朗诵表演社团、英语剧社团、传统文化表演社团、剪纸社团等拓展类、活动类课程）培养学生高雅的审美情趣，用心感知美、欣赏美、创造美，从而热爱自然、热爱生活。

运动健康课程（包括国家规定的体育课程、心理健康课程，以及羽毛球社团、健美操社团、篮球社团、游泳社团、足球社团等）旨在培养学生养成坚持锻炼身体的意识和习惯，为学生擅长的运动项目的技能提升创设时间和空间，使其身体健康，具有阳光乐观的心态，勇于挑战、不怕困难的意志和良好的团队合作精神。

社会交往课程（包括思想品德、综合实践等国家课程，以及小记者课程、研学之旅课程等拓展类、活动类课程）通过一系列社会实践活动，培养学生具有相互沟通、理解、包容、厚德的优良品质，以及国际理解能力。

（3）特色社团为重点，让课程建设更有型。课程，是学生成长的主跑道，帮助学生在课程中成长，是学校建设的重中之重。指向核心素养的课程体系有着学校自我的价值追求和重点突出。

苏文森校长从学校发展的五年规划蓝图出发，立足办学的实际条件，以让每一个学生全面发展为目标，从学校的实际教学条件出发。学校建有高规格的室内羽毛球场、专用音乐教室、专用舞蹈室、美术教室、书法教室等。再与友好单位中羽体育合作，结合孩子的年龄特性、身心发育规律成立了羽毛球社团、健美操社团、篮球社团、游泳社团、足球社团、合唱社团、诗歌朗诵表演社团、英语剧社团、传统文化表演社团、绘画社团、剪纸社团等品牌社团，并开展活动，学生有了大量展示自我的机会。

绘画社团、剪纸社团、合唱社团、诗歌朗诵表演社团、英语剧社团、传统文化表演社团从美入手，培养学生高雅的审美情趣，与学生天性的爱美之心对接，让学生感受美、认识美、欣赏美、创造美，慢慢地把真与善点燃激发，从而热爱自然、热爱生活。羽毛球社团、健美操社团、篮球社团、游泳社团、足球社团从锻炼体魄入手，培养青少年对人和事物的积极态度，学会团队合作精神。这些活动有动有静，既有趣味性又有连贯性。为了保证社团活动的顺利进行，学校招聘了专业的健美操教练、羽毛球教练、游泳教练、足球教练、合唱专业音乐教师、英语专业教师、美术专业教师、语言艺术专业教师为指导教师。

按哈佛大学认知心理学家加德纳所提出的多元智能理论，在让学生接受学校课程教育的同时，发现自己至少有一个方面的长处，学生就会热切地追求自身内在的兴趣。我们鼓励学生在学校社团活动开展的基础上找到自己的兴趣爱好，从而培养出特长技能，同时通过社团活动的开展，培养学生勇于克服困难、敢于拼搏的精神及团队合作意识；培养学生耐心、表现能力、创造能力、审美能力，对传统艺术的认识与欣赏能力等等。

2. 落实阶段

（1）制定教学计划。学校致力于课程建设，以课程为载体，发展学生综合素质。这就需要制定教学计划，对不同年级的学生的教学目的和内容要有区别。

我们在每一课中重视德育的渗透。例如，国学课，学生通过学习国学经典，传承中华优秀传统文化，弘扬民族精神，使从祖辈得到的道德观、智慧观、人生的意义得以延续。又如书法课学写春联，学生在写春联的过程中对中国传统节日的感情加深，并提高了学生对美的追求。再如，羽毛球课通过学习羽毛球技术动作增强学生对羽毛球兴趣爱好，在练习中培养学生不怕苦、不怕累，积极进取的精神。

（2）专业老师指导，班主任监督。书法、羽毛球、合唱、剪纸等课程，需要专业的老师进行指导和传授技能，也需要班主任老师督促学生进行课后练习，在练习过程中可以把握契机渗透德育教育。

班主任是培养学生良好的心理素质的先行者，同时班主任在学生、科任老师、家长沟通中起着纽带的作用。班主任监督跟进，能及时有效地掌握学生情况，处理好各种关系，并有针对性的进行教育。例如，当学生在练习书法疲惫时，班主任适当地给孩子们讲书法名家的小故事，在快乐的故事中让学生感受到名家勤学苦练的学习态度，充分激发学生学习书法的积极性和主动性。

（3）建立激励机制，提高课程教学效果。课程教学是教育的主渠道，也是衡量一所学校教学质量的标志。因此，在课程教学中，巧用激励机制，是全面提高课程教学质量的重要措施。德国教育家第斯多惠也认为：教学的艺术不在于传授本领，而在于激励、唤醒和鼓舞。将激励机制融于课程教学中，可以使学生在学习的全过程中情绪振奋，对知识、技能的渴求和情感期待保持恒定，使学生非智力因素与智力因素在师生的共同活动中发挥作用，全面提高课程教学效率。

3. 推进阶段

（1）整合多方资源。我们注重挖掘多方资源，丰富课程教学及特色社团内容，不断满足学生需求。

一是教师资源。教师的专业素养和水平将直接影响课程开发及社团活动的质量。一方面，我们让一批有能力的教师率先开发与实施；另一方面，为满足课程开发与特色社团实施的需要，向外聘请有能力和专长的教师、教练。如目前我校羽毛球、足球等特色课程除本校专业老师外也外聘了专业教练。

二是家长资源。我们一直主张家长和教师都是教育者，在课程开发与特色社团的实践中，我们充分利用家长资源。我们将特色社团课程单向家长发放，一方面让家长了解我们所开设的特色社团，另一方面向家长进行招募，吸收有能力、有热情、热爱教育工作的家长来开发和参与课程。

三是社会资源。我们注重实施学校、家庭、社会共育的方式，将社会与学校共建工作常态化。如为满足学生游泳学习的需求，我们与中羽体育俱乐部合作，把全体学生送到中羽体育俱乐部学习，取得了较好的实施效果。

（2）开展比赛提高积极性。在课程教学及特色社团开展到一定阶段的时候，学校会组织学生进行各类比赛，如书法比赛、合唱比赛、羽毛球比赛、游泳比赛等等，既有团体赛也有个人赛。这些比赛不仅为展示学生特长搭建舞台，更为学生良好习惯养成、道德素养熏陶提供过程。为让学生走向更高水准的舞台、得到更好的锻炼，学校精心组织训练参与区级、市级、省级、国家级的比赛，让学生们在不同的舞台上表现自我、张扬个性、增强自信，成为属于自己的第一名。

（3）搭建展演平台促发展。在学习过程中，以学校的体育节、艺术节，传统的六一儿童节、国庆节等节日活动为载体，以比赛为契机，搭设一个展示才艺、表现自我、张扬个性的舞台，如"快乐大舞台活动""运动会特色入场式表演展示""童心飞扬　红领巾唱响中国梦"、一校一特色主题活动等等，全面实践和展示学生的才能。

四、课题研究成果

通过本课题的开展，我们感到了学校系列教育活动的优化、学校师生的共同发展、学校特色的日益彰显，尤其是学生在掌握一定的学科知识、获得一定的技能提高素质的同时，获得了德育发展，培养了健全的人格、积极向上的人生态度和良好的思想品质。本课题给予学生一个幸福学习时代，为学生今后人生奠定了完整而和谐的、可持续发展的人生基础。

1. 学生走向"全面发展"

本课题的开展既激发了学生对知识技能的求知欲，挖掘了学生的内在潜能，也培养了学生的爱好特长，提升了孩子们的综合素质，使孩子们的童年生活更加精彩、绚丽。

（1）学生个性得到了张扬。以核心素养为纲目的课程教学及特色社团激起了广大学生的兴趣，学校内各科组认真落实，学生全员参与课程和各项社团活动，深受学生的喜爱，得到学生和家长的认可和支持。由此可以说明，本课程既丰富了学生生活，也成了学生生活中的一件乐事、一种需要。

（2）学生个性得到了发展。学生的个性包括气质、性格、能力，它比较稳定地反映了个体的特色风貌。通过本课题的开发与实践，陶冶了学生情操，涵养了学生性情，增强了学生综合能力，培养了民主合作的精神和责任心，实现了学生在智力、情感、体质、交际、审美、灵性等方面的整体平衡、优势发展和卓越成长，成为属于自己的第一名。特色社团促进了学生的爱好特长的发展，学生在各级各类竞赛中屡屡获奖，如啦啦操（健美操）队参加全国联赛湖南长沙站比赛获第一名，羽毛球队连续2个学期参加市和区赛均获团体总分第一名，郭华燕同学获全球华人杯冠军、广东省邀请赛女子单打第一名，毕业班连续2年均有8名同学通过面试提前被市四大名校录取，毕业班连续2年创西区小学考入重点中学新高，毕业班语文、数学、英语参加区统考总体成绩连续2年排在区前列（前两名），五年级育苗杯3人获省一等奖，一至五年级语文、数学、英语绝大多数科目均超市和区平均分，合唱比赛获区第一名，三棋获区团体第二名……

（3）培养了学生的创新精神和实践能力。本课题的开展注重学生的兴趣爱好，有助于产生创新的火花。在课题的开发中创设了一种和谐民主的氛围，充分发挥学生的主体性，保证这一火花的闪现，并且在学生有所创新表现时，及时给予恰当的表扬、肯定，能有效地促进创新能力的培养。同时，在个性培养的发展过程中，学生在选内容、学本领、考特长的过程中，经常需要独立解决一些问题，这锻炼了他们的创新和实践能力。

（4）培养了学生的阳光心态。通过本课题的开展，学生的厌学情绪、胆小自卑的心理都得到了很大的改善。无论是学生的自我评价，还是家长的评价，都认为本课题对身心有很大改善。还促进学生德育发展，在"自信乐观、情绪调控、积极主动、应对挫折、心理调控、人际交往、团结合作、意志力"方面有显著效果。很多学生通过学习和兴趣特长的转换，对于平时的课程学习更积极，作业完成的效率更高，言行举止大方得体，自信心增强，同学之间的合作越来越默契。学生的道德品质和人文素养也得到了很大的提高，正向着学校学生理想状态发展：健康快乐地生活、幸福茁壮地成长、自主独立地求知、自信和谐地交往。

2. 教师走向"智育+德育"

通过本课题的进行，教师也学到了不少的技能，如书法、唱跳、诵读、足球、羽毛球等等。教师在此过程中同样学到了知识，感受到快乐。与学生的互动也增强了很多，加深了教师与学生之间的感情，对于教师本身的教学能力也有潜移默化的作用。

同时，教师的学术科研能力得到进一步的提高，有多篇论文发表在《新教育》和《广东中小学德育》杂志上。发表在《新教育》杂志上的有苏文森校长的《求真·向善·尚美》《有一种美好叫豁然开朗》，杜坚南老师的《信息技术展现数学魅力课堂》，欧倩霞老师的《兴趣入手·注重方法·全员参与》；发表在《广东中小学德育》杂志上的有苏文森校长的《求真·向善·尚美》。论文能在《新教育》和《广东中小学德育》杂志上发表是对教师教学工作的激励，同时也意味着德育课题的研究给老师们带来了一定的学术成效，也证明了本课题的学术研究达到了较好的成果。

除了学术科研，学校、老师也屡屡获奖，如学校顺利通过教育均衡市学校评估工作，顺利通过全国卫生城市学校评估工作，顺利通过广东省标准化学校评估验收工作。学校德育工作展评活动获省教厅颁发的二等奖，苏校长获评省"德育百系列"优秀校领导称号。罗婷婷老师获市心理健康赛课一等奖，她的3个微课作品获市一等奖、2个获市二等奖。学校荣获区素质教育目标评估一等奖（总分排在区公办学校第二名），在区教师节座谈会受到表彰。

3. 学校走向"特色+品牌"

通过本课题的推进，学校的校园文化也发生了变化，如满载学生辉煌成果的星光大道，老师和学生一起布置的校园文化墙报，楼梯角充满温馨的读书天地、阳光书吧、真人图书馆，充满人文情怀的阳光丽坊，挂满学生书法作品、剪纸作品的教学楼走廊。每天早上和下午规定时段内，各特色社团都有条不紊地开展活动。学校的面貌大不一样，校园环境变得和谐美好。

感悟篇

"新六艺"校本课程建构与实施随想

中山市小榄镇联丰小学 刘策

学校实施拓展性"新六艺"课程一年多,有成效,也存在许多的问题。问题来自教学质量的压力、教学时间的紧迫、教师观念的滞后、课程评价不科学、实施途径单一和推进力度欠缺等多种因素。学校的初衷是建构一套和国家课程相融合并符合时代特点的"新六艺"校本课程体系,既培育学生的综合素养,也将中华优秀传统文化的传承落到实处。初衷是美丽的,而现实却任重道远,需要加倍努力、持之以恒。

实践总能触发思考,"新六艺"课程实施带给我们的启发是多方面的,也促进我们对核心素养视角下的中华优秀传统文化教育的实施有了更多的认识。

一、与时俱进——"新六艺"校本课程实施的应然要求

我校的"新六艺"校本课程的构思源自孔子的"六艺"教学。"六艺"是孔子教授弟子的六种科目,包括"礼、乐、射、御、书、数"六个方面的内容。这种生发于孔子人才观教育思想和课程体系,体现了培养人综合素养的教育理念,也是中华优秀传统文化的重要组成部分。古代"六艺"用今天的教育理念可以分别属于德育、美育、体育、社会科学和自然科学等课程范畴。传承孔子"六艺",肯定不能照搬照抄,要在理解借鉴其内涵精髓的基础上,结合时代特点和社会发展需要进行校本化改造,赋予古"六艺"以时代的新内涵。

"礼",古指礼节、礼仪。现在可诠释为道德标准和价值观念。包括道德修养、法制观念、自我管理、礼仪文化等。教育学生遵守人类普适的道德准则和高尚的价值观念,具有高度的自律性。培养学生树立正确的人生观、价值观,培育民族自豪感,增强社会责任感。引导学生以"礼"胸怀祖国,以"礼"拥抱世界,让学生拥有良好的迈出校门、走向世界的中华民族的传统美德。

"乐",古指音乐。现在可诠释为美育、艺术、艺术修养之大成。包括音

乐、诗歌、声乐、舞蹈等等，也包括艺术鉴赏、审美情趣。学校应努力为学生搭建提升艺术修养的平台，以高尚的艺术感染学生，提升学生艺术修养，升华其精神世界，培养特长，陶冶情操，洗涤心灵，让学生热爱艺术，感悟美好生活。

"射"，古指射箭。现在可诠释为体育，也为项目竞技和团队竞技。传授学习竞技之道，培养技能，养成强身健体的本领和习惯，全面提高身体素质和团队合作精神。引导学生学习体育竞技课程、开展户外拓展训练，积极参加体育健身和比赛。同时，鼓励学生积极参与丰富多彩的社团活动，提高身体素质，培养协作能力，平衡技能和体能，全面提升学生未来幸福生活需要的健康身体和良好的竞争、合作素养。

"御"，古指驾车的技术，现可理解为驾驭之术，诠释为驾驭力。包括领导力、自信心、自律性、执行力、社交能力和团队合作能力。引导学生在团队辩论赛和演讲比赛及自主创建各类社团、策划实施各类活动中，培养独立思维、协调和创新能力，增强学生自信心及心理素养。为学生提供综合提升、展示自我的舞台，培养其对未来发展的规划和驾驭能力素质。

"书"，古指书法，现在可理解为书法、识字、阅读，亦可诠释为东西方文化交流、古今文化融合及人文情怀。培养学生具备丰厚的文化底蕴、知识涵养及良好的文字书写表达能力。既要注重传统文化的积淀，又要融合东西方文化精髓，培养学生博览古今中外文化的意识和能力，使其一生能够尽享全球文化的滋养。

"数"，古指算数，现在可理解为技术、方法、技巧，进而诠释为自然科学和理性思维。包括逻辑判断、分析力、推断力、想象力、运筹学，以及信息技术知识、现代科技知识和学习技巧，还有生存、生产、生活能力。要对学生的运筹思维、科技知识和生存技能进行系统培训。

总之，赋予"新六艺"以时代内涵，着眼于日常生活和教育教学的文化熏陶和身心修养，让学生在对美和文化的学习中传承传统文化的精神，提升现代发展的素养，才是"新六艺"校本课程实施的应然要求。

二、道器兼修——优秀传统文化教育回归的必由之路

中华文化源远流长，绵延不绝，蕴藏着巨大的能量，是中华民族伟大复兴、获得民族自信的文化之根。国家层面的积极倡导、民众传统文化意识的觉醒，使中华优秀传统文化教育成为当今教育的热点。在国家出台学生发展核心素养的今天，对中华优秀传统文化的重视和弘扬成为教育部门的一项重任。纵观近年来的传统文化热潮，可见诸多乱象。诵经、苦背、古装秀此起彼伏，热

度不减。但也说明从国家到普通老百姓已经意识到优秀传统文化的宝贵,这是中华文化在当代的自我觉醒,优秀传统文化教育的回归已成必然。

教育部印发了《完善中华优秀传统文化教育指导纲要》,制定了教育领域传承优秀传统文化的框架和各学段开展传统文化教育的行动纲领。但现实却是:广大教师在接受师范教育的时候对传统文化知识的积淀不深,对实施传统文化教育的途径方法学习不够,导致学校在传承优秀传统文化的时候对"学什么""怎么学"思路不清,实施起来往往只是停留在"技"的层面上,死记硬背者居多数。在实际操作层面,急需大批能懂得中华传统文化之"道"和教育教学之"器"的教师群体。

何为"道"?有经商之道、处世之道、为人之道、教育之道。传统文化的教育之道正如著名国学大师钱穆之子、国际儒学联合会顾问钱逊所言:"应以学习传统中华文化关于做人的道理,重建中华文化人生理想信念、道德信仰为中心"。也正如武汉大学国学院院长郭齐勇所说:"传统文化教育的核心是如何使人成为全面发展的人,尤其是有道德的人。"归根结底,传统文化教育之道的核心就是教会做人。也如陶行知先生所言:"千教万教教人求真,千学万学学做真人。"在全社会弘扬传统文化、国学教育即将进入中小学课堂的大好形势下,如何让传统文化教育少走弯路是我们绕不过的话题。

何为"器"?可做多解。古指器皿,能容纳物品。后引申为才华,指人所具有的资质和才能。《法言·先知》中说:"先自治而后治人之谓大器。"《易经》中说:"形而上者谓之道,形而下者谓之器。"意思是说道是无形的,器是有形的,所有有形的物质都为器。而道,则指器物存在、运动、发展的总规律。道与器是不可分离的。在孔子看来,只有悟道,才有信仰,才有驾驭各种复杂事物的能力。悟道总是在器中,悟道之后在器中运用。

我的理解是:懂得了传统文化教育的核心在于教人做一个有道德的人之后,教育工作者就要思考通过怎样的途径和方法去实现,就要思考怎样具备达成目标的素养和能力。教育部门无论在师范教育还是在岗位培训上,都不该缺了传统文化素养这一课。也就是本文所说的要道器兼修。"新六艺"课程就是要力争明悟教育之"道",探索达成之"器"。

三、止定静安——慢的艺术才能走好未来的教育之路

教育应当是慢的艺术,需要一个静待花开的过程。然而,现实却是"不能让孩子输在起跑线上""出名要趁早""识字要趁早""补习要趁早""出国要趁早""凡事都要趁早"。中小学生每天学校紧张学习,课外加紧补修,小小年纪就背负着父辈们无限的期望而马不停蹄。更为可悲的是,这些现象都是

在"天将降大任于斯人也，必先苦其心志，劳其筋骨……曾益其所不能"的古训支撑下发生的；都是在"没有爱就没有教育""蹲下身子来倾听孩子""一切以儿童为中心"的理念下发生的。理念似乎越来越先进，而如此浮躁之风却大有愈演愈烈之势。一些孩子已经苦不堪言，畏学、厌学情绪高涨。中国古代"揠苗助长"的寓言故事可谓家喻户晓，正印证了人们如此急切所必然导致的恶果，但却不能使人们警醒。回归常识、回归理性，守住底线似乎成了难上加难、遥遥无期的事情，这不能不令我们深思。

西方人建教堂往往有一个理念，就是"一旦造好了就要永久屹立在这块土地上，再不能轻易地毁去"，要建就建成传世之作。著名的上海圣三一堂，据说建造了22年，地基打桩就达8000根。德国的科隆大教堂建造时间竟达600余年。北京的紫禁城、万里长城，哪一个不是历经了几十年、上百年甚至几个朝代的漫长建造过程，才得以永世巍然屹立，令人叹为观止。没有一种"慢"的精神如何成就如此的神圣？

《大学》中有言："知止而后有定，定而后能静，静而后能安，安而后能虑，虑而后能得。"这是一种境界，一种"慢"的艺术。教育不追求这种"至善"的精神，就不可能有大智慧、大境界。大家都熟悉"静能生慧"这句话，但父母、老师乃至学校办学者能静下心来深思的并不多，或者说能经常这样静心思考的并不多，多的是随波逐流的盲目。学校和老师为追求升学率，追求出特色，短期行为、高压突击现象比比皆是。而一旦被"不能让自己的孩子输在起跑线上，也不能输在长跑途中，更不能输在终点线上"的思维所主导，一切都将变得难以控制：你家孩子要趁早，我家孩子要更早；你家孩子在起跑线上"抢跑""偷跑"，我家孩子就想跑得更早、更快；人家学校有特色，我也要有特色；你用一年创立品牌，我就用更短的时间创立。至于这样做的科学性、实际性先放一边，反正先做起来、快做起来再说。可笑的是，虽然这种短期行为带来的巨大改变的可持续性尚待考察，但以此获得上级表彰、得到赞赏的现象却并不罕见。如此一来，越来越多的家长，越来越多的学校陷入一种类似"囚徒困境"的恶性循环之中。

当一些家长、一些学校仍乐此不疲地驱赶着孩子们在更早、更快的道路上狂奔时，事实却在不断地证明着其行为的不可持续性。某小学为打造国学特色，制定了一年计划，于是学生人人背诵指定的国学篇目、排练古装节目，校园内遍布广告公司制作的古典名言、经典篇目。检查评比时校园古乐悠扬，学生彬彬有礼，演出更是古韵悠长，师生身穿汉服，高声诵读《论语》，一派浓厚的国学氛围，效果极其震撼。于是，上级肯定、同行佩服、家长认可，特色创建可谓大功告成。至于之后的持续与否似乎无人问津，学生究竟从这种特色创建的行动中获得了什么也已不再重要。这种教育的短视行为在现实当中大量存在，大有积重难返之势。其弊端却少有人去恰切评估。

正是基于如上的想法，我校的"培养良好习惯，收获美好未来"的主题风纪文明评比目前已做了十年，"特色班级文化"创建目前开展了九年，"木刻特色"活动目前坚持了八年，"数学好玩，玩好数学"益智游戏进行了六年，"红色德育"创建目前做了五年，就是近年开展的"校园吉尼斯大擂台"活动也做了三年多。虽然谈不上效果显著，也少有轰轰烈烈的展示，但是师生乐在其中，得到了师生家长的认可与欢迎。其中的苦与乐、甘与甜非亲身参与难以体会。而推动"新六艺"课程才刚刚起步，未来的道路还很漫长，目前的思考和探索依然非常浅薄。

但是，我们一直固执地认为，教育不是轰轰烈烈的搞活动，也不是单纯的创特色、树品牌，要的是实实在在的举措、踏踏实实的行动。慢的艺术也许不讨巧，但飞瀑之下必有深潭，滴水穿石的功效也非一日可见。人的成长更需要耐心、细心来呵护，立德树人的道路上需要这种"止定静安"的境界。

中国学生核心素养的提出，为我们的立德树人之路提供了新的思考、新的思路。教育要根植于社会，更要引领社会，纵有种种弊端，只要我们不向世俗妥协，坚持回归底线、回归常识、回归理性，就能把学校办成精神的高地、圣地。只要我们对未来还有坚定的信心，就该静下心来慢慢思考，让今天的教育发生改变，哪怕这种改变不那么惊天动地，甚至微不足道，只要心怀远方，这样的行动必然收获其历史的意义。

从兴趣爱好到校本课程开发

中山市神湾镇神湾中心小学　谭瑞香

随着新一轮基础教育课程的实施,新的课程改革给基础教育注入了新的活力,校本课程的开发及实施,给学校的发展、教师专业的发展、每个学生个性的发展提供了新的舞台。特别是通过校本课程的实施促使教师自身成长为复合型、专业型人才。搭建平台,让教师参与课程的开发,赢得继续教育的良机,既可以提高教师的专业能力,又可以更大程度地满足社会、家长和学生的需要。我们认为校本课程的开发应立足于教师的个性,让教师真正成为校本课程开发的直接参与者。而作为校长,我更应该在学校做出示范引领的作用,于是便有了"特色烘焙"综合实践活动校本课程的开发与研究。

一、开发校本课程的原因

子曰:"知之者不如好之者,好之者不如乐之者。"想到要开发关于烘焙的综合实践活动校本课程,是缘于我个人对烘焙的喜爱。近年来,随着健康理念的普及,家庭烘焙已越来越流行。在学生和家长中都有不少手工制作烘焙食品的爱好者。为了给孩子们创造一个理想的学习场所。我便想到了要在学校开设这样一门课程,为学生的全面发展打开一扇门。我一直认为烘焙是能激发人内心情感的一门艺术,是爱与美的体验。通过烘焙制作,激发人与人之间沟通、分享、爱的能力。烘焙制作,既传承健康生活理念,又提高学生生活能力。我想烘焙课应该是一门爱的课程,是一门分享的课程,也是一门发现自己的课程吧!通过这样的课程,可以让师生成长为更好的自己。

二、实施校本课程的实践与感悟

神湾中心小学"特色烘焙"综合实践活动校本课程的开展,旨在让参与者感受烘焙中蕴含的美好情感,了解烘焙的基础知识,学会蛋挞、寿饼、蛋糕、元宵、月饼等食品的基本制作方法,提高生活技能,体会烘焙的魅力。从而获得亲身参与实践的积极体验与丰富经验，增加对家乡特产、自然、社会和自身内在联系的整体认识，培养对自然的关爱和对社会对自身的责任，形成从自己的周围生活中或制作过程中主动发现问题并独立解决问题的态度和能力，发展动手能力和对知识的综合运用和创新能力，养成合作、分享、积极进取等良好的个性品质。

在"特色烘焙"综合实践校本课程开发的过程中，我们遇到了很多亟须解决的困难。

首先，烘焙综合实践校本课程是一门特殊的课程。这门课程虽然可以很好地培养学生各方面的综合能力，但它对场地的特定需求，成了课程开发的一大难题。因此，我们在做课程规划的时候，就把场地的规划列入学校的课程发展规划当中，争取上级和家长委员会的支持，完善各项设施设备，以确保烘焙综合实践校本课程能在神湾中心小学落地生根。

其次，教师自身校本课程开发的水平非常有限。校本课程的开发要求教师具有关于课程建设的基础知识和经验，要具有课程问题意识、课程改革意识及课程开发意识。近年来，我有幸在广东郑凤姚名校长工作室的引领下，系统地学习了校长课程规划力提升的研究，对课程开发体系的理念、整体目标和总体要求，以及当前国家教育方针和教育政策有了一定的了解。但在开发课程中实践—评估—开发模式、在实践中对自己所面对的情景进行分析、对学生的需要做出评估、确定目标、选择与组织内容、决定实施与评价的方式等方面的能力，我还有待加强。

最后，校本课程的开发需要良好的校内支持。为了特色烘焙课程的顺利实施，校方必须给予教师足够的自由时间和空间、良好的计划组织、可用的教育资源方面的信息、外部参照系、课程理论与技术指导等资源。在做烘焙综合实践课程的开发过程中，我们也遇到了同样的难题，特别是外部参照系、课程理论与技术指导等资源方面，可供借鉴的案例不多。因此，从课程的开设计划、方法措施、课程的实施与管理等方面我们都做了大量的实践与探索。比如，我们在做中秋传统食品月饼的烘焙制作课程时，就尝试着发动家长的资源，让孩子在了解神湾菠萝的历史、栽培、用途、效益、辨别方法的基础上，引导学生把我们的家乡特产融入烘焙食品中，制作出具有本土特色的"神湾菠萝月饼"。

三、实施校本课程的收获与反思

近年来，我们尝试设计编写适合学校实际且能有效激发学生兴趣的"特色烘焙"综合实践活动校本课程。先后开发了"神湾菠萝知多少""神湾菠萝干""神湾菠萝蛋挞""神湾菠萝蛋糕""神湾菠萝饼干""神湾菠萝月饼"等具有地方特色的烘焙食品课程。通过校本课程的实践和不断改进，我们丰富了特色烘焙课程教学的资源，推进了学校的课程改革，为学生提供有针对性、实效性和主动性的教育模式。就学生而言，学生学习的兴趣浓厚，积极参与教学过程，主动实践，大胆想象，把课程的实践和社会生活联系在一起，应用于生活实践当中，生活中的各种能力得到了发展。对老师而言，课程的开发提高了课程设计的能力。鉴于烘焙特色课程的特殊性，实践操作需要老师带领学生自行解决，因此需要老师不断地充实自己，让自己的教学技能更有深度和广度。"要给学生一滴水，教师要有一桶水；要给学生一碗水，教师要有源源不断的水源；要给学生泉水，就要教学生寻找学习的方法。"只有教师不断成长才能引领学生不断成长，而校本课程的开发，就是这样一条教师自我成长之路。

提升校长课程规划力的策略

中山市大涌镇旗南小学　梁绮琴

校长课程规划力是指以校长为核心的学校课程共同体根据办学使命和培养目标，整体把握课程方向、全面建构课程体系、总体分配课程资源等课程文化建设的能力。它是校长课程领导力中的起点。既要突显校长在整个学校的领导作用，从领导层面真正的重视和落实课程改革，又要让学生受益，达到提升教育教学质量的目的。所以，学校如果要增强自己的影响力，提升学校的教学水平，关键就是要塑造校长在课程改革方面的规划能力。

一、理念引领，提高校长的课程定位能力

（一）有正确的教育观

（1）课程观：让学校安排的课程更加全面。目前，国家已经对学校课程理深层次的改革，校长作为一间学校的最高管理者，落实课程改革责无旁贷。校长首先需要对新课程有一个正确的认识，新课程是充满发展潜力、开放思维、实时进行更新的。倡导课堂上的教学模式就是通过情景的投入，去更加生动和形象的进行教学。老师除了领导学生之外，还要让学生自己对知识进行独立的思考和研究，将理论知识应用到实际的事件里去进行讲解，帮助学生对知识进行理解和记忆，这样做不仅可以带动课堂的氛围，让学生和老师能够积极地进行互动，还活跃了教学的气氛。

（2）教师观：提升老师的专业能力。老师是课堂上最重要的一个引导者，是践行新课程最前沿的主体。老师拥有系统的知识体系和丰富的教学经验，能正确地向学生传授知识。因此，校长必须要信任并且支持老师的教学模式和方法，这样就可以将课程管理转变成课程领导，老师也能够更好的发挥自己的才能。

（二）有扎实的理论基础

校长必须具备丰富先进的教育理论知识，具体地说，一是要有较深的政治

理论功底，了解当前国家教育方针、政策、法律法规、课程体系等，并能自觉运用到日常的管理中。这个时代的变化很快，如果要进行学校课程规划就必须在了解最新的教育信息的基础上，同时还要将国家的大方针和当地的政策结合起来去规划本校的课程，这样才能紧跟发展的方向，使学校课程开发得更符合时代潮流。二是要具有系统的知识体系。校长应该有教育学、心理学等专业知识，对学校各科目的课程标准，更要对国家课程、地方课程和校本课程三级课程的开设有专门研究，只有这样，才能让学校的教育教学在校长深厚扎实的文化底蕴指导下开展工作。三是校长要具备一定的教育能力和管理能力。校长首先应该是一名优秀教师，能指导教师教育教学专业化发展。其次，在校长职业化要求中，校长一定有正确的价值观，能处理好教育、教学和管理三个方面的关系，并且做好为教育奉献一生的准备。

（三）对学校现状有正确的认识

学校校长必须要清楚知道本校的实际状况。可以使用 SWOT 法，从四个方面认识学校现在的优势、学校的缺点、未来的机遇、面临的挑战。具体包括学生的学习状况、老师的教学质量、家长的家庭情况等等。同时，校长还应该知道现在学校内针对老师的培训计划是如何安排的。只有清楚地了解了学校的状况，这样才能进行有针对性的规划，设计出更合理、更有实际效用的课程。

（四）建立课程愿景，制订课程规划

一方面，课程愿景应该是这个学校全体师生及家长的愿景，它是大多数人想要追求的愿景。但另一方面，课程设计的实施地点在学校，学校是以教书育人为大前提的，因此就要在学校实践和课程理论基础上制定长远发展的课程规划。

学校课程体系的形成要考虑很多因素：要体现国家课程、地方课程和校本课程的充分整合，不同的年级和不同的班级的实际情况等等，因此设计的课程也有所不同。但是，课程设计的共同基础是：立足于本校的实际情况，努力贯彻实施国家对于课程的改革，形成本校独一无二的课程体系。

二、加强研究，提高校长课程选择能力

在制定课程规划之前，校长要清楚说出学校校课程体系结构的发展历史、目前开设的校本课程体系及其开设的校本课程的依据，同时还能详细列举学校之后的五年会新开设什么类型的课程。课程类型的选择，能从侧面反映出校长的课程领导力。

（一）课程选择的原则

第一，要注意基础性与时代性的统一。校长在选择开设的课程类型的时候，课程的内容要能让学生学习到专业的知识和培养各种学习能力，帮助学生更好的在校园里完成学业，要顺应现在国家教育改革的相关内容，还要体现社会未来的发展方向。兼顾了上述三个方面，才能使新开设的课程真正发挥出预期的作用和效果。这样不仅能让学生打下坚实的知识基础，而且让他们掌握更多的社会所需要的知识技能与经验。

第二，遵循学科性原则。课程的内容应该是正确和科学的，可以形象地将科目的性质的重点反映出来，并且能在未来促进社会向前进步。

第三，符合本校的实际状况。由于学校条件、教师水平的不同及学生的差异，学校不可能满足每个学生学习的需要，所以必须在课程选择范围内充分考虑课程内容是否适合学生、教师和学校的实际需要。

（二）课程选择的依据

宏观来说，一是社会发展需要。在现实社会中，个性、合作、创造被普遍视为人所应具备的重要素质，而如何满足现实社会对这些素质的需求成为课程内容选择的重要依据。二是学生的需要、兴趣与身心发展水平、需要会使学生产生学习的动力。学生的兴趣对于有效的学习是非常重要的。三是社会发展需要。让学生离开学校进入社会之后，能充分运用学到的知识去推动社会发展。四是课程的性质。涵括了内容的重要性、实用性、正确性等。

微观来说，一是课程目标，参照教育规律和教育目的提出课程的具体价值、任务指标和依据等。二是课程内容本身的性质，包括内容的重要性、实用性、正确性，如重视课程目标中学生学习兴趣或学习态度的培养，加强"习惯养成"在课程目标中的重要地位，加强"问题解决"等综合能力在课程目标中的重要性等。

（三）课程选择的基本环节

确定课程价值观和课程目标。根据学习者的需要，社会生活的要求和学科发展的需要，规划出新的课程目标。

确定课程选择的基本取向。包括学习者的经验、学习活动和学科知识三个方面。

确定课程选择的组织原则。要能体现出基础性、先进性和整体性原则。

确定具体的课程体系。要融入现代科技最新成果和现代社会的新理论、新方法，选用学习者熟悉的事件、人物来叙述教材内容等。

三、团队合作,提高校长的课程组织能力

(一)建立合作型团队,发挥集体力量

从课程规划的性质去分析就会发现,要将各方的主体集合到一起去分析和讨论,才能做出最后的决定。小组的成员有课程专家、行政、科组长、一线教师,这样才能及时了解课程的落实情况。学校应有专门的课程规划工作团队,并且有明确的活动制度、建设方案和相关规定,要有保证课程规划团队素质提升的制度或方案,还要有开展课程规划工作的专项经费,进而团队的工作都集中在提高课程的质量上。

(二)落实课程规划方案,提升课程执行力

校长作为课程规划开发第一责任人,能清楚说出学校课程管理规定的内容,能简要说明学校课程管理文件的主要内容,并对学校课程开设效果进行评价并有能力做出调整。校长从宏观上提出课程设置、开发与实施的总体要求;教导处负责微观上具体计划的制定,将要求落到实处。学校成立以校长亲自担任组长的课程规划团队,负责对全校课程开发与实施工作进行指导、培训、管理。不仅要完善已经实行的制度,同时还应该积极地落实新课程,形成完整体系,确保课程实施过程具有规范性、有序性、有效性和创造性。

课程执行力,就是指科学地发展、落实课程理念、教学改革、学校文化等过程中所表现出的能力。校长要掌握学科教学的课程标准和教学规律,增强在教学决策和指导上的信度,了解全体教师的特点和发展的需求;校长还要不断转变观念,使自己的思想意识紧跟教育改革的步伐,不断调整工作思路,不断改进工作方法,推动学校健康持续进步。

教育的理想与情怀

中山市坦洲镇裕洲小学 潘虹

随着基础教育新课程改革的力度不断加大，校长在学校课程开发及实施中所承担的责任越来越大。而课程规划力是课程开发能力（即实施能力）的前提，如何提升课程规划力，是值得教育工作者高度关注的课题。有幸在郑凤姚名校长工作室的指引下，我参加了为期三年的学习和实践，收获、感触颇多，下面我从三个维度浅谈自己的心得体会。

一、学校管理者要有饱满的工作热情，当好师生的公仆

郑凤姚校长是省、市具有较高知名度的名校长，曾代表我市参加过在北京人民大会堂举办的全国教育工作会议并做发言。最初认识郑校长，是因她参加全国教育工作会议后在全市视频会议上所做的精彩报告。有幸进入工作室学习，近距离接触郑凤姚校长后，她民主、睿智、充满工作热忱、平易近人的举止言谈令人倍感亲切，她毫无保留地帮助工作室成员提升，引领工作室发展，让我们感佩。

三年的点滴相处中，我们感受到郑校长在工作中充满热情、激情、深情。投身教育事业几十年的她，精神饱满、体力充沛，以校为家、早来晚归。她热爱教育事业，喜爱学生，把教职员工当家人。她殚精竭虑引领工作室健康发展，引进张洁博士等珍贵资源，为学员们提升课程规划力创造了很多宝贵的学习机会。外出学习途中她对工作室学员非常爱护关心，为了减轻学员负担，让学员全身心投入到学习中去，工作室的很多工作她都亲力亲为，统筹安排，不辞劳苦。在她身上，我们感受到了满满的正能量，体会到了名校长的担当与职责。我感受到，只有具有郑凤姚校长的人格魅力及工作热情，才能在以后的工作、学习和生活之路上获得长足的进步。

二、学校管理者要有开阔的教育视野，指引学校的方向

思想有多远，行动上就能走多远。进入工作室学习后，我们深深感受到了

区与区之间、校与校之间还是存在一定差距的。究其原因，我认为除了客观原因，从主观上来说，我们作为学校管理者，都有想把自己学校管理好的愿景。对于管理能力不够强，经验不够丰富的自己来说，总想着快快把学校的各项教育教学工作都做好，过于急功近利，而对于学校课程的发展——特别是如何良性发展，往哪儿发展的方向性决策，我们往往缺乏高瞻远瞩的眼光。在参加了工作室组织的深入珠海容闳学校、北京亦庄实验学校观摩学习名校课程文化、课程融合创新，并参加聆听了全国教育学会会议之后，我跟工作室学员们一样，内心受到的震撼难以言表：原来中国还有这样的教育，原来学校课程还可以这样为孩子们服务。闭门造车，不如抬头望路，学校管理者只有具有开阔的教育视野，具备课程开发规划力，才能指引学校课程朝着正确的方向前进。

三、学校管理者要有不断创新的教育追求，引领学校的发展

作为工作室学员，我受益匪浅，不管是郑校长、张博士，还是团队每一位成员，都充满了孜孜以求、不断创新的教育精神。我领悟到作为一名新时期的教育工作者应有的新理念、新思想，教育教学活动的开展要重创新、讲实效，积极推进教育改革的方法和教师创新能力、教育教学艺术的提高，为每一位学生全面的成长和发展提供最佳的营养"套餐"。其次要强化教育教学课程化建设目标的调整，学校务必要求真务实，分别制订出各层面的课程建设目标，并要根据既定目标，制订切实可行的课程研发方案，落实目标，提高质量。在实施过程中不仅仅要重视其结果，更要关注实施的过程，总结和反思，从而激励师生有效地工作、学习，全面和谐的发展。

四、提升了课程规划力，拥有了办现代学校的教育管理思维

在工作室的引领下，我们用时三年，开展了校长课程规划力提升的研究，从三个维度得到了长足的收获。

第一个维度是，具有了清晰的课程开发体系的理念、整体目标和总体要求，熟悉当前国家的教育方针和本省、市的教育政策，了解学校课程设置始终不能偏离国家、省、市的教育方针和政策。想当然的课程设置，只会成为无本之木，不能支撑下去。我们重点考虑了学校的课程体系与学校办学理念及育人目标的关系：完善学校课程设置，形成学校课程体系，说到底都是为了达到学校的育人目标，实现学校的办学理念。如果不符合这一原则，只会打造出一系列乱象、假象。学校课程设置的完善要有充分的资源支撑。教师资源、家长资

源、社会资源的利用，全体学生的参与认可，都是学校课程设置的重要因素，缺一不可。

第二个维度是，加强学习，实现课程选择能力的提升。一所学校要形成自己的课程设置体系并不容易，而课程体系一旦形成，了解目前学校课程体系形成的依据必须是全体人员必须参与的事情。所谓知其然还要知其所以然，才会更好的贯彻下去。而一个庞大的课程体系，该选择哪些课程作为重点打造的课程，哪些课程作为后续发展的课程，都需要校长具有一定的选择和判断能力。能力不是平白产生的，校长必须具有清晰的学校发展理念，才能厘清课程发展的轻重缓急。

第三个维度是，践行于斯，保障课程组织能力的提升。认识到一旦确认本校课程定位及完成课程设置的选择，对课程的组织实施就是水到渠成的工作了。要践行学校制订的课程规划，一个专门的课程规划、实施团队必不可少，校长的挂帅指导及高度参与必不可少，学校的专项经费支撑乃至经费倾斜必不可少，团队明确的活动制度、建设方案必不可少，保障课程规划团队素质提升的制度和措施必不可少。

回顾在郑凤姚名校长工作室跟岗学习历程，点点滴滴都闪耀着教育的智慧，彰显出她对教育的无私奉献，对教育工作充满爱心的执着。我的感受是：不管是作为教育工作者，还是学校管理者，首先都要对教育工作充满热情、激情和深情，明白个人及学校的发展方向，找准路径，达到目标。其次要开拓工作思路，具有开拓创新的动力。通过工作室的平台，我还结交了工作室来自各区、镇的教育精英，为我今后的持续提高奠定了基础。静静品味学习过程，总结自己的收获，深感人生中明师难求，庆幸自己在教学旅途中有这样一次增长见识、开阔视野的机遇。

研学在路上　课程促成长

中山市石岐太平小学　郑结霞

我荣幸地成为郑凤姚校长省、市工作室的一名学员。三年来，我珍惜着每一次和工作室同伴一起学习的机会。在郑凤姚校长的引领下。我以学促成长，以研促感悟。三年的研学，一路花香。

一、名校长管理魅力得熏陶

有这样一句话："诗人之所以是诗人，是因为他是把内在的自我和身边的世界连接在一起的体系。"郑凤姚校长正是如此，她对学校管理的出彩不只是因为朗晴小学先进的管理理念，而是她内在的自我与孩子们的世界编织成一个体系。每一次走近郑凤姚校长，总惊讶于她宽广的视野、睿智的管理和平和、优雅的态度。工作室的每次活动都安排得主题鲜明、考虑周全。走进朗晴小学，不管是学校教育理念的倡导还是孩子课堂上的表现，都让我深刻感受到校园育人活动所展现出极其超前的育人理念且贵在实在。从凤姚校长的微信分享中，不时能看到她对老师、家长细致行为的欣赏，对孩子们童真童趣的赞美。

郑凤姚6校长是一个有教育理想、教育情怀、潜心于人本且对"童心"呵护有加的教育人。在这位名校长管理魅力的熏陶下，我对"校长即课程"有了更深层次的理解。

二、科研课题研究中成长

我和工作室的同伴以市级立项科研课题"基于核心素养的校长课程规划力提升研究"为载体，在课题的引领下，在凤姚校长的精心安排下，带着严谨而踏实的研究精神，一起走进了课程的研究。

课余，我们查阅文献、投入讨论、辨析梳理、论证修改，如火如荼地开展着学校课程规划的研究。在这过程中，我改变了最初以为课程高不可攀的误解，渐渐地接受了课程理念，并根据学校的实际开展课程规划。如今，学校已经建立起具有石岐文化特色的课程体系，这个过程真可谓是研学并进、挑战自我、乐在其中、获益满满。

三、课程规划建设勇实践

在学习的过程中，我学以致用，结合学校的实际，进行了课程设置的探究。我根据《中小学生德育大纲》《中小学生守则》和《中小学心理健康教育指导纲要》，按照学生的年龄特点和学校的实际情况，制订了学校育人的分层目标。

德育处每学期根据学校德育校本课程的纲要，确定每周班队活动的主题及形式。各部门的老师根据这一安排表，组织学生开展细致、连贯、针对性强的班队活动课程。这不仅让学生在校六年接受到系统而极具层次的专题教育，还帮助授课教师节省了备课过程中选择主题的精力，受到师生的欢迎。

学校组织全体教师就校本课程的开设进行深入探讨，引导老师们结合当地的文化特点，为学生创设走进、了解家乡文化的机会。经过群体讨论，开设的校本活动课程项目有：语文小观园之岐人岐事、寻找汉字和石岐话的乐趣、小脚丫探中山文化、石岐传统文化之剪纸艺术、讲石岐人的故事、画石岐骑楼等，十六个活动校本课程都与家乡文化密切相关。活动校本课程成为学校德育课程中的重要组成部分，促进学生的健康成长。

根据学生的年龄特点，学校以主题式项目形式设计家庭作业。把学生在校六年的校外活动进行整体规划，鼓励学生坚持阅读、锻炼，引导学生练就规范的书写习惯，学会生存的基本技能，并把相关的内容以表格的形式记录下来，成了学校特有的德育校本课程。在这个过程中，学校引导学生明确任务，学会合理安排时间，练就坚持的意志品质；并建议家长承担好监督的责任，创新方法，引导孩子长期坚持，以形成习惯，促进学校与家庭教育的一致性。

我们以假期社会实践活动为阵地，建立假期德育校本课程，以此引导学生走出课堂，在校外开展体验活动，在实践中进行感悟和学习。假期的德育校本课程以社会实践活动倡议书的形式进行。通过设计主题、设定项目、活动引导、展示方式的选择等形式，引导学生在安全、健康、文明、愉快地度过假期的同时，开展益德、助智、健体、促美的活动。

就这样，学校的德育校本课程级建立起来了。在实施过程中，学校坚持以学生的实际需求和认知水平出发，为学生创设贴近童心、亲近自然、重实践体验的课程活动体系，努力让德育校本课程把孩子培养成德行美好、学有潜力、身心健康、具有审美情趣的人。

四、累累硕果立管理信心

三年来，在郑凤姚校长的引领下，我将所学的理论知识、管理经验与管理实践相结合，致力于学校的课程规划，以"做一名厚积薄发的学者，做一名善思善言的智者，做一名躬身实践的行者"为目标，获得了自身与学校的共同成长。

我于2016年4月被聘为校长，2017年顺利通过职称评定，成为小学德育高级教师。我校课题"石岐文化传承与校园文化建设的研究与实践"在2019年5月23日顺利结题。在结题现场上，专家们一致认为课题的互动效果好，达成了文化和课题的研究成果，认为课题的研究对学校的整体发展起到了推动作用。

三年来，我先后在市级科研课题推广现场上进行主题为"用小课题引领促成长"的宣讲。我主持的"激励措施在小学特色文化建设中的应用研究"课题获中山市小课题一等奖，小课题"创设活动阵地 传承乡土文化的探究"获石岐区2017学年小课题成果一等奖。我撰写的《传承石岐文化、打造精致校园》一文获中山市校园文化征文特等奖，撰写的《小学德育校本课程建设的探究》《凸显区域文化色彩的激励评价体系创新》分别刊登在《广东教学》报和《广东教育》管理栏目上，我和黄喜雪主任合作撰写的论文《乡土文化传承的校本文化策略》发表在《中山教育研究》上。

一枝独秀不是春，百花齐放花满园。感谢中山市教育局和中山市教师进修学院为百花齐放搭建的优质发展平台和成长家园；感谢郑凤姚校长树立起的这一面旗帜，工作室给予我的学习机会和发生的引领作用，将一直影响着、带动着我。以名校长工作室这个阵地促进自身的成长，走近名校长、走近教育专家，和工作室的同伴们一起在学习中提升，以实际行动和孩子们一起成长，以纯粹的心管理学校，为幸福工作而努力向研究型校长迈进。

共研共修　砥砺同行

中山市阜沙中心小学　梁业昌

光阴似箭，日月如梭，在"郑凤姚名校长工作室"这个优秀团队里，导师悉心指导，学员积极参与。我们在磨砺中前行，参与着形式丰富多样的学习：专业理论学习、实地考察、专家报告、焦点论坛、专家会诊、学员共研等。大家相互交流和学习，相互支持和勉励，得到了许多收获和快乐。参加的一次次活动就是经历了一次次教育思想教育理念的洗礼，促进了我课程规划与开发策略能力的提升，让自己的教育管理视野更开阔，对学校教育管理的思考变得更加深入。学员们的激烈观点碰撞、导师高屋建瓴的精彩报告、名校特色考察活动等等都历历在目。

一、课题引领，研讨提升

我们团队在郑凤姚校长的精心规划下，通过集思广益、专家论证、充分讨论，结合国内外校长队伍对课程规划力的研究薄弱的现状，大家一致确定将"基于核心素养的校长课程规划力提升研究"课题作为我们工作室学习研讨核心，特邀请中国传媒大学张洁博士及其团队指导。三年来，每个学员在所在学校进行尝试实践，反复修正，理论与操作相结合，对教师课程规划能力与校长课程规划能力进行对比，寻找异同，先后对比，从实践中取得的直接经验，形成科学的课题研究理论体系。每位成员通过全国的问卷调查，制作量表，反复修正，形成所在校成功的校长课程规划力提升的成功案例。学员们学校之间相互交流研讨，互相学习，思维碰撞，让每位学员的的课程规划能力得到进一步的提升，课程管理水平得到进一步的提高，使学生的核心素养得到充盈。三年的学习，达到了共同进步、共同成长的入室学习初衷。

二、学习思考，完善自我

郑凤姚导师紧扣校长课程规划力提升研究探索和实践，为我们送上了一份份发人深思的课程规划力研究大餐,并引发我们思考与共鸣。在名校长工作室里学习,我发现了自己在课程规划力方面存在的问题与不足:理论知识缺乏、实践经验滞后等等。也许正是有压力才有动力,利用工作之余,我阅读了大量的与研究课题有关的国内外书籍,包括工作室特意为我们购买的《把课堂还给学生》《课程与教学的基本原理》《学校课程》等书籍,拓宽了自己的视野,增强了自身成长的理论的支撑,并在日常的学校管理中反复实践研究。经过三年的研修学习,我这名中山本土的小学教育管理者,入室学习的目标得以实现,课程规划力进一步提升。我们学校向着纵深方向发展,教师在课程的开发与利用等方面取得点滴成效,学生快乐高效学习,我校校本课程《国学》科学合理并得到广泛推广应用。学校的课程管理与规划做到规范、科学、接地气,我校已经开发出"快乐写字""游泳""国学""水墨陶俑""经典诵读""劳动实践"等校本课程。我撰写了科研论文《浅谈提升校长课程规划力策略——以开展中华优秀传统文化教育课程实验为例》《国学教育的实践与对策研究——以阜沙中心小学为例》,提炼了我做校长的课程规划能力和管理能力,阜沙中心小学现在正向着创新和超越方面去迈进。

三、考察探索,汲取经验

在三年的学习中,我们考察了北京亦庄实验小学、西藏朱拉乡中心小学、珠海香洲一小、莞城中心小学、潮州所成中心小学等名校,分享了各地名校长的先进的教育思想和超前的教育视野,让我如沐春风,如饮甘泉。所到学校特色亮点记忆犹新,我深深体会校长的课程规划力提升要做到理念开放、立德树人、管理精细、规划科学、以人为本、培植素养,这也是学校在课程发展规划提升的必由之路。我每到一所学校,都把眼光聚焦在学校的课程规划与建设方面,结合自己所在学校的状况,不断总结、不断反思、不断探索和践行。我根据学校的现状,重新建构了学校课程规划的体系,扎实有效地开展实践和摸索,从不同角度对学校课程实施的策略和方法进行梳理,制订《阜沙中心小学课程规划五年规划》《阜沙中心小学校本课程实施策略》《阜沙中心小学特色课程的重构》等方案,真正把"一切为了每位学生的发展"的新课程改革核心理念落到实处。

四、反思成长,砥砺前行

按照工作室的要求,我对自己的学校在课程管理做了新的审视和新的规划,在这一过程中不断反思、不断学习、自我规划、自我激励、不断追求进步，以期实现自我发展，提升管理水平。由于我主管学校全面工作，整天忙于日常事务性工作，思考学校长远的发展成为被动应付状态。自从进入这有思想、有凝聚力、有活力的工作室团队，让我在交流中获得智慧与经验，在反思中提升自身修养、开阔了视野、拓宽了思路、找到了差距、明确了努力的方向。三年的名校长工作室的学习，为我在课程规划力提升上提供了一个非常好的平台，校长课程规划能力得到了提升，取得了预期的学习效果。回首三年的学习，我感到充实与快乐，在前进的路上，有一批有思想、有能力、有活力的课程研究同行者，我们的工作将会有更进一步的开拓创新突破。我在今后的学习中会倍加努力，向导师学习，向工作室的同行者学习，充分利用好这一资源，不断研究、不断实践、不断创新、迎难而上。

百年大计，教育为本。落实立德树人根本任务的关键课程，研修学习的路上，只有起点，没有终点。在校长课程规划力提升的道路上，有中山市教体局、中山市教师进修学院、东区朗晴小学及专家导师的指导引领。郑凤姚名校长工作室的全体成员所在学校的课程体系中必将会开出艳丽的花，结出丰硕的果！

幸福同行　期待绽放

中山市三乡镇大布小学　简艳

一转眼，有幸加入郑凤姚名校长工作室已经有三年的时间了。这三年近距离领略了导师们、专家们独特的个人魅力和独到的教育主张，让我对校长这个职业有了更全面的认识。感谢导师郑校无私的指导和帮助，也因为参加工作室有缘得到另外两位导师张洁博士、Addie博士的教诲，感受团队成员的思维碰撞和相互激励，在这样的环境里个人的成长与提高成了一种必然。

首先是精神引领。精神是一个人的灵魂，是一个人持续发展的动力。我们工作室导师郑凤姚校长和两位博士的教育智慧潜移默化地影响着我们，让我明白主动发展的精神、过硬的功底与出众的才华是校长成功与发展的必备素质，教育理念是校长成功的精神力量与支柱。

其次是思维方式的变化。思想有多远，发展就能走多远。我们这个工作室从导师团队到每位学员都是那么充满教育情怀和工作热情，导师们更是榜样，对于每件细微的事情，都能进行深入的思考，把思考作为一种习惯，而且是长期地坚持下去。跟着他们使我们懂得全局式的思考方式和学习方式，锻炼我们透过现象看本质的能力，让我们懂得做一名好校长首先要做一个灵魂丰富的人，才能办有灵气的教育，才能将教育真正落脚在人的成长上。对于资历尚浅的我来说，无疑为我校未来的发展打下了坚实的思想基础，找准了办学的方向。

最后是对能力的系统科学的培养。在工作室的学习中，导师们一直着力于帮助我们提升作为校长的综合能力，尤其是对课程的领导力。能力培养的方法见大亦见小，我们既学习了国家八次课程改革及国内外课程改革的宏观理论，也学到了如何做行之有效的读书笔记；我们既领略了顾明远、叶澜、常丽华、张宏伟老师们的风采，也尝试着倾听学生的心声。大到如何建构学校课程体系，小到与人说话的眼神表情，在学习中，我仿佛被打通了任督二脉，豁然开朗。

工作室为了提升校长课程领导力，不仅从理论层面展开了集体学习与个人分享，还从清华附小、亦庄实验小学、北京小学等实例中学习课程体系的建构。在实践操作上，我们在亦庄实验小学聆听了常丽华老师的语文课、唯美个性的晨读，在朗晴小学聆听张宏伟老师的课和讲座，一睹这位"数学疯子"的风采，通过这些学习，加深了我对课程建设的了解。影响最大的莫过于东区每月的未来学习项目的系列学习。这是一个立足"以人为本，立足未来"的项目。学生在任务筐的统领下主动学习，自觉成长，这是一种真正唤醒学生内在生命力的学习，也是让学生终身受益的学习。

"学而不练空把式"，如何让我们所学的真正在学校合理的开展起来呢？学校成立了课程建构的团队，初步有了融合课的构想和方案，但是实际操作并没有带来应有的效果。老师们要跟上课程改革的新思维仍然显得颇为艰难，具备融合学科的能力需要教师自身的成长意识和不断学习实践之后的厚积薄发，但往往自我革命的勇气和动力不足。大时代的变迁和小学校的瓶颈矛盾如何突破，新理念和经验如何对接，我们面对的问题还有不少，课程必定要破旧立新走向一个新的领域，开创一个新的教育生态环境。

一、践行责任教育，丰富"责任"品牌

（一）大任在肩，传承红色文化

大布小学是中山第五区遗址，宿有中山"小延安"之称，我充分利用红色资源，传承责任教育。我校率先成立了少工委，少年军校领袖团成立。为了进一步发挥少先队阵地的作用，开展了丰富多彩的活动，如入队知识培训、以亲子、高低年级结对的形式参观校中山市党史书屋、革命前辈访谈、讲红色故事，结合"建队日""国家公祭日""建党节"等纪念日激励学生以国家富强、民族兴盛为己任，发奋图强，做"责任少年"。

三年来，我校获得省红旗大队、市红旗中队，多名师生获得优秀队员、优秀辅导员称号。2018年，我校还被评为中山市师德先进单位。

（二）科研引领，丰富责任教育内涵

我主持了省德育课题"打造责任教育品牌学校的策略研究"，并以课题为引领，以育人三模式为抓手，探究责任教育内涵。

（1）自主管理模式的探究。让学生参与学校管理。实行校长助理、德育小助理、队干三种方式参与学校的管理。从两届学生参与管理的实施情况来看，学生不仅参与学校办学章程的拟定，还对每周学校所发生的事情进行分析盘整，用学生视角看待学校的办学行为。这让学校的各项决策更贴近孩子的心愿。学生策划品牌活动能力提高，2020年的"寻找游戏达人"活动，从组织

策划到海选招募，从初赛到复赛全部由校长助理独立完成。

（2）加强自主生活模式的建构。学校完善了《责任教育培养目标》《责任少年评比制度》《先进之星评比条约》；通过评比和宣传活动，身边的榜样激励教育效果明显；把劳作课列入校本课程，实施德育课程化。如中、高年级开展烹饪课的学习和展示；走出校园制作茶果，传承三乡文化；在坦洲伊泰莲娜参加DIY活动；举办在佛山高明开展种植实践活动；举办"感恩父母"——护蛋行动。充分挖掘了校内外的资源，让更多的学生拥有动手操作的机会。研学课程获得市优秀课例奖。

（3）培养学生环保理念。我们组织了一系列活动，不断将环保的意识渗透给孩子们。从植树节全员种植，到护绿行动的开展；从小花圃到开辟植物园回收塑胶瓶做花盆的悬挂区；从"美邻美换"环保教育活动，到每月举行的"捡爱行动"，再到午餐牛奶盒整理回收等。

二、厚积薄发，提升团队竞争力

我深知学校发展要先发展队伍，注重对老师的师德引领，倡导用专业的姿态心平气和地工作，对教师修养的要求细化。带领教师大量阅读、对教师购买专业书籍不设限；定期组织教师"读书沙龙"活动，交流读书心得，营造学习型组织的氛围。注重对教师普通话、随笔撰写、三笔字、美文朗读等基本功的培训。

（一）请进来——海纳百川

本学年，我先后邀请市教体局、市督导室、进修学院、教研室的专家、领导，德育导师省德育专家王惠教授，省名班主任余建勇、黄平，国家级礼仪、语言培训师陈丽，对我校的各项工作进行指导。并筹划组建教师的导师团队，聘请教育部国培专家闫颖教授成为我校学科顾问，为教师的专业发展的做好了铺垫。

（二）走出去——开阔视野

三年来，我每年组织参加省内外学习近100次，努力做到人人有份，有所侧重。推动各个科组与全市多所学校开展教学交流活动过百场；通过外出学习和交流掌握教育教学改革信息，分析教改形势。

（三）搭平台——展示促发展

制订大布小学团队研修方案，两个学期所有的"一人一课"和团队展示我都全程参与，做老师们的忠实"粉丝"，哪怕手术休息期间没参与的课我都会看回录像。了解每一位老师的课堂情况和教学特点，不断调整团队研修方案。参与学科教研外出学习，跟团队一起外出磨课，参与所有参赛课例的设计和打磨，从思路到细节都和老师们反复斟酌。

（四）树典型——教师学习有目标

以团队研修为载体，鼓励教师外出交流、互动，语文、数学、英语、道德与法治、德育科组先后到坦洲、南区、西区展示课例 50 多节，做讲座 8 次。我校有镇骨干教师 1 名，先进教师 8 名，我鼓励教师向这些骨干教师学习，争取专业上的更大发展。

（五）出硕果——教学成果显成效

三年来学校，英语录像课三次获得教育部"一师一优课、一课一名师"活动"优课"；1 节语文课堂教学实录上送省里参加评奖；作文课、数学课、体育课的课堂教学比赛都获镇一等奖；数学教师论文、设计获一等奖；品德课获得二等奖。英语、数学课都代表三乡镇参加市课堂教学比赛并分别获得一、二等奖，语、数、英、班会、道德与法治、体育课堂教学比赛都在镇区名列前茅。教师获奖、发表论文过百篇，获奖微课 15 个，老师指导学生在省级刊物上发表文章 30 多篇。

三、推行课程特色，促进学生全面发展

（一）建构课程体系，完善责任课程"整体性"学习

我校将责任教育确立为学校的课程主题，包括责任德育、责任课程、责任才艺、责任活动、责任校园。责任德育通过责任理论的进一步研究、品牌策略的建构、责任队部的建设来培养责任少年；责任课堂旨在培养学生乐于学习、善于沟通、敢于质疑、勇于承担、敢于创新的责任学科素养；责任才艺将学校"俱乐部课程"与科技创新纳入尚雅崇艺的培养目标；责任活动（阳光体育、学科活动）与责任校园（书香校园、传统文化、校史室）的建设旨在打造责任文化，让学生接收责任文化熏陶。

责任课程的整体性学习主要涵盖四个部分，即责任少年基础性学习、责任少年专门性学习、责任少年独特性学习，最终培养具备核心素养的责任少年。其中，基础性课程主要是对国家课程的重新定位。专门性学习主要是指传统文化（语文）、数智汇（数学）、课本剧场（体育）、阳光体育（体艺）等，旨在学生学科素养的专门性学习。独特性课程是以培养责任少年学科素养为宗旨的、以创造机会为手段的情境性课程，是强调学以致用的综合性课程，是以实施整体性的全域课程。通过对国家课程的结构与重组、领域划分，夯实基础课程，开设专门性的学科课程，进行责任少年的独特性课程，培养具备核心素养的责任少年。

（二）创新主题月，发现新的生长点

立足为教师、学生的成长服务，因此一要辐射全员，二要创新形式，让学生喜闻乐见。例如：在体艺节，有冬季晨跑，书法比赛、球类赛事科幻画、即席挥毫、"红歌向党"学生们积极参与的活动，还举办了新校建成后第一次田径运动会、队列及广播操比赛让孩子全员参与。在读书节中，我们开展了以年级为单位读名家名篇作品的读书活动，做到有指导、有分享、有展示。每学期亲子朗诵会也是家长和孩子们越来越喜欢的活动，参加的家庭超过40个，在活动中和家长们达成共识，准备成立读书联盟，定期组织爱读书的家长、老师一起交流读书体会和方法。

（三）科学素养，不断提升

连续几年对科学学科的重视，初见成效。科技月里成功组建学校烹饪队、气象站，并多次开展综合实践活动。利用植物园与气象站进行劳动和科技实践。在市的航模比赛中有38人次获奖，市科技创新大赛中有8名师生获奖。科学实验操作考核成绩优异。

（四）学科活动，成绩喜人

各学科组开展了丰富多彩的活动。如英语科组的英语单词竞赛、口语技能大赛、英语作文竞赛、阅读比赛等，语文科组的听写大赛、晒书活动；数学科组举行了"数学游园活动"为主题的快乐"数智汇"。

三年来，这些特色教育成效显著，在镇的四棋比赛中获团体第二名，国际跳棋一直稳居第一。多名学生在英语、作文、数学、演讲、主持项目竞赛中获奖，在体育、美术、音乐、科学和航模类赛事中载誉归来

幸福是奋斗出来的，教师的幸福人生就是在为教育事业不断添砖加瓦的过程中，自我价值得到认可，才华得到展示，不断成长为更好的样子。做一名永远在路上的教师，做一个终生学习的践行者，做一个在研究中成长的教育人。用攀登的姿态影响学生，引领学生；用全面的教育培育"完整"的学生；用精湛的教学助力学生在知识的海洋中畅游。做一名有情怀信仰、有沉淀思考、有付出耕耘的教育人。亲身的实践让我懂得在未来的工作中应该以教师专业发展和职业规划来激励老师追求幸福的教育人生。

如果最初的遇见是一种幸运，那么这一年我们就是在奔跑，导师们带着大家朝着同样的方向，奔跑在成长的快道上。导师们总鼓励我们坚持每个人独立的思考和独特的个性，我想未来我们将收获绽放，学员们带领自己学校的发展一定会有不一样的绽放，各美其美！

行走苦乐间　做最好的自己

中山市南朗镇云衢小学　阮连凤

郑凤姚名校长工作室正式启动后,我有幸在中山市新一轮中小学名校长工作室建设中被吸收为郑校长工作室的一员。三年光阴如白驹过隙,三年的学习履痕却历历在目。回顾这些年走过的一串串深浅不一的足迹,我欣慰:在教育的圣土上,我为自己的成长历程写下了充实与骄傲的一笔。

一、与课题对话,提升研究力

课题研究是校长专业成长的必由之路。在主持人郑校长的引领和指导下,我们工作室以"基于核心素养的校长课程规划力提升研究"这一课题研究为抓手,在不断研究中夯实职业基础,提升自身专业水平。

作为一名经验尚浅、理论不足的年轻校长,面对"校长课程规划力"这一既没有"前车之鉴",也没有"他山之石"的研究对象,我感到了巨大的挑战。于是我从理论学起:全面了解全国课改的情况、梳理本校的课改历史、阅读《课程与教学的基本原理》《课程教学理念与实践引领》等一部部有关课程研究的书籍,认真做笔记,反复思考,吸收其中的精髓,并结合自己所在学校的具体情况进行比对。在工作室安排的一次又一次课题研讨活动中,我贪婪地吮吸着课题研究的新乳汁,体验着学习的新感受,采撷着思考的新收获,我越来越喜欢这项研究给自己带来的挑战和发展。然而作为一名副校长,工作的繁重又不允许我投入更多的时间和精力,于是常常放弃了节假日的休闲,静心思考,仔细完成课题组的任务。就这样,在这三年的时间里,我逐步树立了全新的课程意识、资源意识、规划意识,转变了自己的学习观、课程观、发展观、儿童观,逐步实现了由课程执行者到课程开发者和课程研究者的角色转变。在潜心学习研究的三年里,我先后在省、市、镇各报刊发表了相关论文 9 篇。如今,我还希望以研究者的理性思考、管理者的大胆尝试、实践者的亲身体验,更新老师们对课程的认识,带领我校更多的老师投身到课程设计和实践的道路上。

二、与名校对话，提升行动力

基于自身工作，通过自己的实际行动，以切实有效的措施去改变学校的现状，这是校长开展行动研究中的重要内容。工作室基于校长课程规划力提升的课题学习需要，组织学员走进当今民办学校中的旗帜学校——珠海容闳书院、容闳小学，饱览了这所名校的校园文化建设；走进了珠海第一小学，领略该校以"互联网+"为学生综合素质助力的鲜活经验；拜访北京亦庄实验小学，感受基于生本的全课程模式及充满活力的课堂。这些考察活动就像是一面大大的镜子，把自身的优缺点都照射出来，让我们在别样的空间审视自己的不足！当中"远离作秀，回归本真""远离浮躁，回归实践"的教育价值观一次次冲击、回荡在我的脑海，让我且行且借鉴！

工作室一系列的外校观摩学习不断促进我们的行动力的提升，做"思想上的巨人，也做行动中的巨人"成为我对自己越来越明确的要求。在一系列的学习中，我不断思考着学校课程改革的整体规划，形成了云衢小学课程规划的初步构想，并通过"基于主题活动提高学生'四气'素养的实践研究"的德育课题开展实践研究。三年来，在郑凤姚校长的指导下，在成员们的互相学习共同提升中，我所主持的学校德育课题、校本课程建设、校本教材开发分别荣获省市级奖励；在工作室创设的平台中我不断历练，曾在市教师进修学院主办的名师名校长提升课程领导力主题论坛中代表工作室课题组向全市校长做发言，并获好评。这些点滴的荣誉和成绩都是自己在工作室中获得行动力提升的最好印证！

值得一提的是，在团队的交流中，工作室的领航者郑凤姚校长以切实的行动为我们树立了一个砥砺前行的榜样。东区朗晴小学以新一轮课程改革撬动学校的整体发展，大胆尝试。正如郑校长所言：课程改革是大势所趋，与其被动接受不如带领老师们更新观念，主动融入，饮得"头啖汤"。郑校长总是以自己对学校课程改革那富有激情的展望和思考燃烧起我们心中的熊熊烈火。"虽不能至，然心向往之！"我深知这样的境界我或许无法企及，但不断学习，努力变得更加优秀的决心却愈加清晰；更为自己能够追随这样一位有教育理想、有育人情怀、有远大追求的优秀校长，深感骄傲、自豪！

三、与大师对话，提升思维力

经验源于实践，但它不等于科学。这就需要作为校长的我们通过对经验进行加工，从经验中提炼有价值的东西，使其上升到理论的高度。这需要良好的个人思维能力。导师张博士在工作室数次学习中就十分注重对学员们进行思维力的锤炼。本来，知识就是知识、技巧就是技巧、理论就是理论，而张博士总能平易近人传真经、暗香浮动启智来！如在"如何用科研引领学校发展"的主题培训中，张博士针带我们对中华人民共和国成立以来八次课改进行整理，以"想到的""知道的""做到的"三个问题启发学员深入思考和交流，这种以方法为训练核心的研训过程让我始终保持着激荡的思维。她多次以能力提升为重点的思维能力研训，既让我得到知识的积淀、管理技艺的提升，又得到观念的洗礼、理论的升华！

在参加完张博士最近开展的一次思维培训后，我回味良久并渐渐发现，当她以"找出两样事物的相同点"的游戏向我们呈现事物之间存在无数未知的联系、当她出示"央视第一次发布交通预报""青岛港自动化码头"等新闻视频引导我们找出这些社会现象与教育教学之间的联系时，正是为我们打开思维提升的一扇大门——人与人之间的差异不仅仅只是数量，更是知识之间的联系。在这种思维训练下，我不断如下训练自我。①建立知识之间的联系。学习知识后问自己，有什么现象可以被这个知识解释？②建构知识的多种用法。这个事件或知识可以用于教育吗？还能用于哪些方面？如何用这个事件改变我们的行为？③探索事物背后的原因：为什么会这样？就像张博在培训中问及的"这些工人为什么再就业？"如此，个人的洞察力、知识网络化经过不断的思考和探究得到提升，同时也刺激了大脑神经突触的增长。怪不得在工作室学习后我总觉得自己变"聪明"了！

人们都说人有三幸：读书时遇到一位好老师，结婚时遇到一位好伴侣，工作时遇到一位好师父。作为一位新上任的副校长，当我战战兢兢走上岗位时，能遇到一位不断引领前进的好导师，何其幸哉！因此我珍惜每一次学习的机会，还在课下虚心向张博士讨教有关课题的相关内容，在她的细致、全面的评点中我深感自己研究素养的不足，如此又为自己的提升注入了动力！

成功，不是必然；成长，却是必须。三年来，与名师智者同行的研究之旅，我无限感恩，幸福无比！如今，读书学习成了我生活和工作的常态，反思与实践成为我不断提升自己的阶梯。尽管今天的我只是教育战线上的一个不起眼的小兵，但回顾几年来的工作室学习经历，总有说不完的感动！今后，我将继续行走在教育的苦乐间，努力做最好的自己！

后　　记

　　核心素养的提出、讨论及发布是指引基础教育课程改革的风向标。

　　如何将核心素养从一套理论框架，落实与推行到具体的教育教学实践当中，进而真正实现其育人功能与价值？这需要高水平的课程建设，而校长能否高屋建瓴地引导师生按照人的生命成长需要、教育改革需要和学校发展需要规划课程，又直接影响课程建设的品质。

　　遗憾的是，在学校教育的现实境遇中，在核心素养落地的过程中，校长课程规划力却存在着应然状态与实然状态之间的矛盾冲突：课程规划的意识不强，课程规划的理论不足，课程规划的方案不细。如何评价校长课程规划力？如何提高校长课程规划力？是学校"新课改"迈向"深课改"进程中不得不面对的命题。

　　三年来，工作室全体成员用手中的笔写下了对课程规划的反思和感悟。我们坚持以科研为先导，积极投入课程改革，推进素质教育，不仅努力攻读教育理论，而且身先士卒，带领教师们纵身投入课程改革的历史潮流。在教育思想、学校管理、课程规划、校园文化等领域，积累了许多宝贵的经验，用自己的智慧与心血在教苑里孕育出最美丽芳香的花朵。这本文集，有实践的体验，也有理性的思索。我们希望它能够引发更多从事教育管理工作的同仁对课程规划的共同关注。

　　中国基础教育正迈入核心素养的新时代，这要求校长既是课程的参与者也是指导者，既是课程的探索者也是开拓者。这样，学校才有可能营造一种积极向上、和谐温馨、人人参与、力求完善、追求卓越的课程文化。感恩遇见这些优秀的同行者：执着坚定的郑结霞校长、低调扎实的李正可校长、灵动活泼的简艳校长、儒雅稳重的黄逵明校长、热情勤奋的彭伶俐校长、大气理性的宁云志校长、底蕴深厚的刘策校长、知性秀气的潘虹校长、严谨治学的苏培森校长、擅长统筹的谭瑞香校长、热爱研究的阮连凤校长、低调谦逊的冯祐培校长、风趣干练的梁业昌校长，他们个性鲜明、锐意创新，用行动与果敢勾勒自己灿烂的拼搏轨迹。我与他们携手并肩，在互相鼓励与鞭策中，奋然前行。这一路的喜和忧、乐与苦、顺利与挫折、成功与失误，都将镌刻在拓荒之路上，镌刻在彼此的心中。

犹记西藏送教,两地校长一起参管理之道、悟课改之禅,于对话沟通中借鉴互补。郑洁霞校长克服高原反应,坚持上课。课堂上的她神采飞扬、妙语连珠,可谁又知道,前一天,她刚刚打了吊针。

犹记总结会上,你言心得他道成长,一众泪眼婆娑,共话研究路上暖心之事,同叙相知路上情谊之深。

…………

我们用坚实的步履迈过了1000多个日子,一步一个脚印串成峥嵘岁月。回首过往,春华秋实。有机会将提升校长课程规划力的不寻常历程,进行一次检阅,无论是对我们,还是对正在跨进这一领域的同行,都是有益的。

衷心感谢对此课题倾情关注的龚孝华处长、廖诚副书记、高科院长,他们的鼎力支持、精准把脉,为课题研究指明了方向和路径。

有幸得到中国传媒大学张洁博士的全程指导,为书作序,在此谨表深深的谢意!

衷心感谢指导、爱护课题的领导、专家、朋友、同事。工作在爱与温暖当中,我感恩复复。

由于时间所限,本书未及之处甚广,缺漏甚多,权且作为引玉之砖,希望中山更多、更好的校长文集及早问世。

为探索更有效的提升校长课程规划力的方法与策略,我会一直努力深耕!

郑凤姚